房地产开发与管理系列经典教材

房地产金融与保险

（第三版）

栾世红　主　编
宋煜凯　叶　盛　关成广　副主编

Real Estate Finance and Insurance

大连理工大学出版社

图书在版编目(CIP)数据

房地产金融与保险 / 栾世红主编. — 3版. — 大连：大连理工大学出版社，2014.6

房地产开发与管理系列经典教材

ISBN 978-7-5611-9170-5

Ⅰ.①房…　Ⅱ.①栾…　Ⅲ.①房地产－金融学－教材②房地产－财产保险－教材　Ⅳ.①F830.572②F840.65

中国版本图书馆CIP数据核字(2014)第105745号

大连理工大学出版社出版

地址:大连市软件园路80号　邮政编码:116023

发行:0411-84708842　邮购:0411-84703636　传真:0411-84701466

E-mail:dutp@dutp.cn　URL:http://www.dutp.cn

大连力佳印务有限公司印刷　　大连理工大学出版社发行

幅面尺寸:170mm×240mm　印张:20　字数:390千字

2008年6月第1版　2014年6月第3版

2014年6月第1次印刷

责任编辑:邵　婉　责任校对:诗　宇

封面设计:波　朗

ISBN 978-7-5611-9170-5　定　价:40.00元

房地产开发与管理系列经典教材编委会

丛书序

1987年,我国在深圳特区率先开展土地使用权有偿出让和转让试点,在改革开放近10年的时候开始了新时代真正的房地产经营管理。在过去的20多年里,中国的经济取得了举世瞩目的快速增长,房地产业的发展速度也明显加快,在部分大中城市已经成为具有支柱产业性质的行业,在国民经济中的地位不断提高。在纪念改革开放30年的今天,随着中国社会主义市场经济的发展,随着房地产市场日趋成熟,中国房地产开发企业正面临着越来越激烈的市场竞争,政府和行业管理者同样面对着复杂多变的局面。如何提升房地产经营管理者的领导力及执行力,已成为应该深刻思考和热切关注的问题。全球化的市场又为中国房地产业带来了国际市场竞争的机遇与挑战,这些机遇与挑战要求中国房地产业的创业者与业内人士必须关注中国经验的实践与理论,必须关注中国特色的提升与完善,必须关注房地产业的趋势与明天。

我们一直关注和参与中国特色房地产业的实践和发展,一直关注和参与中国特色房地产业的建设和完善,一直关注和参与中国特色房地产业的专业教育和人才培养。1993年,我们在与大连理工大学出版社策划"房地产开发与管理系列教材"时我就说过:"高等教育应该为房地产业的科学化、规范化、规模化和高移化做出贡献(刘亚臣,1993)"。在由我主编的这套丛书多次再版时,我也多次重复这样的观点。今天,应广大房地产业人士与学生的要求,为了便于房地产从业人员充分了解和认识我国的房地产政策,掌握有关房地产经营与管理方面的理论知识和实践技巧,提升行业水平,我们与大连理工大学出版社重新策划组织筛选了一批精品教材,再版为"房地产开发与管理系列经典教材",奉献给我国高校房地产专业的老师和学生以及广大业内人士,并向我国改革开放30周年献礼。

本系列教材的编者以沈阳建筑大学骨干师资力量为主体，并吸收了大连理工大学、辽宁大学、辽宁工业大学、辽宁石油化工大学的骨干教师及政府管理部门的人员。1993年，沈阳建筑大学成为我国最早独立设置房地产经营与管理本科专业的院校之一。1998年国家教育部学科目录调整后，沈阳建筑大学管理学院一直独立设置房地产学系，其工程管理专业也一直设有房地产经营管理方向。2006年，国家教育部批准沈阳建筑大学重新设置房地产经营管理本科专业(目录外)，并开始面向全国招生。所以，此套教材的编著是以沈阳建筑大学管理学院为主体的参编人员，通过长期的、大量的辛苦工作凝结而成的。为应对房地产经营理论与模式的不断创新，我们在多年教学讲义的基础上，几易其稿，多次与国内外有关专家学者及实践工作者交流探讨，完善该系列教材各学科的知识体系。

本系列教材从房地产开发建设及管理入手，囊括房地产经营管理和房地产开发与管理专业课程设置中的房地产经营管理、房地产市场营销、房地产物业管理、房地产投资分析、房地产估价、房地产会计学、房地产法学、房地产金融与保险、房地产经纪人、房地产经济学和房地产管理信息系统等方面内容。整套教材具有内容简明扼要、通俗易懂、覆盖面宽、理论联系实际、实践指导性强等特色。

本系列教材以中国房地产经营管理体制改革的理论与实践为指导，结合了当前市场的需求，全方位、多角度、深层次地揭示了房地产开发经营各环节可能出现的问题，为房地产开发经营管理、物业管理和中介服务从业人员提供了重要参考。本系列教材既可作为房地产经营管理、房地产开发与管理、工程管理、工商管理专业的相应课程教材或阅读参考书使用，同时也可以作为其他专业了解房地产行业以及房地产有关活动的入门书。我们希望读者能在阅读参考中掌握房地产开发管理的真谛，使本系列教材成为地产人士的良师益友。

刘亚臣

2011年8月

第三版前言

随着我国社会主义市场经济体制建设的逐步完善、人民生活水平的不断提高、农村城镇化进程的不断加速，房地产业的发展方兴未艾、前程似锦。房地产业已经发展成为国民经济重要的支柱产业，并拉动相关配套产业形成了一个支撑宏观经济快速发展的重要产业群体，成为国民经济发展的基础性、先导性和支柱性产业，在国家经济与地方经济中占有举足轻重的地位。

房地产业具有投资周期长、投资大的特点，房地产业的发展离不开大量的资金投入和相关的风险保障，房地产业与金融业和保险业的关系越来越密切。房地产金融是房地产业的“发动机”。在经济发达的国家，房地产金融已成为国内金融的主要业务，在金融体系中占据极其重要的地位，一般占其信贷总量的40%左右，甚至更高。在我国，房地产金融作为金融业的重要组成部分，为加快住房建设、促进房地产业的健康发展提供了有力的保证。但是，中国房地产金融业发展水平仍然很低，还存在巨大的成长空间。美国“次贷危机”的发生以及由此引发的华尔街金融海啸提醒我们：需要对房地产金融和保险业务进行科学的管理——金融创新是必要的，但必须进行风险控制。本教材可以在房地产经营管理、土地资源管理、工程管理、金融学以及其他经管类专业本科教学和研究生教学中得到应用，也可以为从事房地产金融与保险业务的工作人员提供理论参考。

房地产金融学，是一门介于房地产经济学、货币银行学、保险学和投资学等学科之间的边缘学科。它是以这些学科的基本理论和基本方法为基础，逐步建立和发展起来的，是专门研究房地产金融活动的方法和规律的学科。它的研究对象是货币资本在房地产生产、交换以及消费领域的配置方式与配置效率。本教材主要以房地产金融为研究对象，阐述了房地产信贷资金的筹集、房地产抵押贷款、房地产开发贷款、住房公积金制度和房地产信托及保险等融资理论和方法。第三版在编写时，力求理论联系实际，充实了大量的房地产金融与保险案例，通过案例分析，使读者能更好地掌握相关的理论知识。

本教材由沈阳建筑大学管理学院栾世红主编。第 1 章、第 2 章、第 3 章、第 5 章由栾世红编写；第 4 章由宋煜凯编写；第 6 章、第 8 章由叶盛编写；第 7 章由关成广编写。在编写过程中，参考了众多相关方面的教材、论著和资料，在此谨向作者表示感谢。

尽管我们有通过多年从事房地产金融与投资领域教学、科研和社会实践活动所积累的知识和经验，尽管我们抱着全心全意对读者负责（也是对我们自己负责）的态度进行工作，但是由于房地产金融与保险处于发展阶段，各种业务变化较快，加上编者的水平有限，书中难免会有缺陷、问题和不妥之处，欢迎广大读者批评指正。

编　者

2014 年 6 月

前言

我国房地产业已经发展成为国民经济最重要的产业之一，2006年投资规模近2万亿元，拥有企业近6万家，从业人员150万人，年销售面积6亿平方米。房地产业已经和汽车产业一起成为我国新时期消费结构和产业结构变化的动力，成为名副其实的支柱产业。而房地产业的发展离不开大量的资金投入和相关的风险保障，房地产业与金融业的关系越来越密切。

房地产业是国民经济的基本载体，是在工业化、城市化和现代化中兴起、发展所形成的独立产业。房地产业是国民经济发展的基本要素，是为生产乃至整个社会活动提供基础性条件的产业，房地产业可带动多个不同的行业，其产值在GDP中占有很大的比重，并且通过回顾效应、旁侧效应与前瞻效应对经济、社会的多方面带来重要影响。金融市场化带来了房地产经济的产业化，房地产业和金融业的结合推进了国民经济的发展。房地产金融已经成为商业银行或国民经济内部的重要战略组成部分。

金融业和房地产业同样是国民经济的支柱产业或重要产业，为国民经济增长做出了很大贡献。房地产业的发展需要房地产金融的支持，房地产业的发展为金融业的发展提供了广阔的业务载体。房地产业的快速发展对房地产金融的发展也产生重大的影响，扩展了金融业的宽度，加深了金融业的深度。

本书主要论述房地产信贷资金的筹集、房地产抵押贷款、房地产开发贷款、住房公积金制度和房地产信托及保险等融资理论和方法。由于房地产投资规模大、需求资金多，因此，金融业的介入对开发商而言是必需的；对居民购房者而言，由于房屋是市场经济社会中家庭最主要的财产，住房消费贷款也是不可或缺的。因此，房地产金融问题不仅是房地产业的问题，也是金融业和宏观经济的问题。本书在编写时，力求理论联系实际，对房地产金融的理论和实践进行阐述，对当前房地产金融领域已有的经验和做法做出总结，并对房地产金融的发展进行一定的探索，希望能使读者对房地产金融有一个较为全面、系统的认识。

本书由沈阳建筑大学管理学院栾世红主编。第 1 章、第 2 章、第 3 章、第 5 章、第 8 章由栾世红编写；第 4 章由关成广编写；第 6 章、第 7 章、第 10 章由叶盛编写；第 9 章由周琳编写。本书编写过程中，参考了有关教材、论著和资料，在此谨向作者致谢。

由于房地产金融处于发展阶段，各种业务变化较快，加上编者的水平有限，书中难免会有缺点、问题和不妥之处，敬请读者批评指正。

编　者

2008 年 5 月

目 录

第1章

房地产金融概述

1.1 房地产金融的产生与发展

1.1.1 房地产金融的产生

从世界范围分析，房地产金融的产生是与解决住房短缺紧密相关的。19 世纪中叶以来全世界大致经历了三次大的“房荒”。所谓“房荒”是指住房严重供应不足，居住拥挤，环境恶化所导致的严重的住房短缺现象。这三次大的房荒，大致始于产业革命，止于 20 世纪 80 年代末期，前后经历了 150 多年。

1. 第一次房荒

第一次房荒，始于 19 世纪中叶，以英国为代表的产业革命，推动了西欧各国城市化的发展。随着城市化的推进，大量人口集中于城市，造成了严重的住宅缺乏。正如恩格斯在《论住宅问题》中所指出的那样，本来就很恶劣的工人居住条件因人口突然涌进大城市而变得特别尖锐化，房租大幅提高，有些人无法找到住所。住房缺乏的现象不仅局限于工人阶级，而且也伤害了小资产阶级，因为霍乱、肠热症、天花以及其他造成大量死亡的疾病……超出它们的发源地传播到资本家先生们居住的空气较好的比较卫生的城区去。住宅短缺问题不是单纯的经济问题，而是一个社会问题。为了解决住宅短缺问题，英国于 1775 年成立了世界上第一家住房协会——克特利住房协会，应当说这是住房金融的萌芽。该协会自发组成，入会会员共同集资购买土地和建造房屋，房屋建成后所有会员抽签，中签者先购房，其他会员继续缴纳会费，建造新房。这种自发组织协会是短期契约型互助的一种组织形式。1845 年，英国成立了第一家永久性住房协会——都市公平住房协会，这标志着英国的住房金融机构由短期契约型互助向常设型互助转变。住房协会的资金来源也不再限于吸收会员的股金，同时也吸收非会员的储蓄存款。1874 年英国议会颁布了《住房协会法》，明确规定了住房协会的法律地位、业务范围等。英国住房协会逐步发展成为非银行的专业住房金融机构。

美国于 1831 年成立了“牛津节俭会”，到 1890 年各州相继成立了类似的组织，第二次世界大战后，正式更名为储蓄贷款协会。1816 年在费城、波士顿和纽约成立了互助储蓄银行，后来逐渐发展成为专门从事抵押(含住房)贷款的银行。

2. 第二次房荒

第二次房荒始于20世纪20年代美国的经济大萧条，止于20世纪70年代。美国经济大萧条对美国商业银行和节俭机构造成严重的损害，全国约有1600多家储蓄贷款协会倒闭，储蓄贷款协会的数量减少了40%，资产累计损失达30%。经济萧条孕育了美国新的金融体系，也确立了美国现代住房金融体系的基本框架，使全球的住房金融得到了长足发展。1922年，美国成立了与联邦储备体系平行的联邦住宅贷款银行体系，全国设立了12家区域性的联邦住宅贷款银行，同时也相继成立了联邦住宅管理局、退伍军人管理局和联邦全国抵押贷款协会等政府机构。联邦住宅管理局和退伍军人管理局主要是为较低、中低收入家庭或退伍军人购买住房提供融资担保和保险，联邦全国抵押贷款协会通过购买和出售由联邦住宅管理局和退伍军人管理局担保保险的抵押贷款，发行债券为住宅市场和大规模资本市场之间提供直接联系，这为美国住房二级抵押市场的建立和发展打下了基础。

第二次世界大战给人类带来了惨重的灾难，据不完全统计，欧洲国家的住宅损失达总数的22%，而德国住宅的损失则达75%，日本280万套住宅遭到破坏。战争的破坏，使住房相当短缺；而为医治战争创伤，大量农村劳动力转移到城市，又加剧了城市住房的紧张状态，“房荒”再次爆发。为了克服“房荒”，各国政府采取了许多政策兴建住房，同时也使住房金融得到了发展。这一时期，住房金融的发展具有以下特点：

(1)成立专业性的住房金融机构。美国成立了联邦住宅贷款银行、西德成立了互助储蓄信贷社、巴西成立了国家住房银行、日本成立了住宅金融公库等专门为住宅的生产、消费融通资金的金融机构。

(2)政策性的住房金融体系得到发展。新加坡建立了中央公积金制度，西德建立了储蓄-配贷的住房融资机制，日本通过住宅金融公库为购房者进行贷款，美国建立政府担保机制等。

3. 第三次房荒

第三次房荒从20世纪70年代至80年代末期，主要是发展中国家的住房问题。发展中国家由于经济发展水平低，人口增长过快以及城市化速度过快等原因，导致住房严重短缺以及居住环境恶劣。据不完全统计，1980年拉美地区短缺住房3000万套左右，印度短缺住房2100万套。

为解决发展中国家的住房问题，1978年正式成立联合国人类居住中心，把发展中国家的住房问题作为一个重要议题进行研究，并对一些国家的住房提供技术和政策咨询。1987年被确定为为无房者提供居所的“国际住房年”，同时将每年10

月第一个星期一确定为“世界人居日”。联合国人类居住中心旨在通过实施注重平等、可持续性和社会公正的政策来减少城市贫困现象，推动各国政府解决住房问题，特别是中低收入者的居住问题。这一时期，世界银行集团（国际复兴开发银行、国际开发协会）、国际金融公司帮助发展中国家进行城市基础设施及住房建设。起初，世界银行将住房金融目标放在低收入者住宅项目与涉及借款人支付能力的有关问题上。然而在许多发展中城市或地区 80%～90%的住房投资并不依赖通常的贷款解决，因此，世界银行极其重视促进一个具有活力和效率的住房金融系统的发展。另外，一些债务沉重的国家发生了严重的信用问题，许多住房金融机构也卷入其中，促使世界银行把如何进一步完善有关住房金融机构和更广泛地聚集住房资金提到议事日程。世界银行住房金融目标主要有四个：①有效地动员资源和鼓励居民存款；②向社会各阶层提供同等的金融服务；③逐步清除种种阻碍私人住房金融组织及有关基本金融工具产生的强制因素；④慎重审议计划项目与不断削减通过信用机构提供的补贴。在 1972～1981 年由世界银行核准的 36 个市区住宅项目中，世界银行贷款总额为 9.42 亿美元，占总投资的 50%。

国际金融公司于 1956 年成立，它的目标是：促进发展中国家的经济进步，帮助这些国家动员国内和国外资本，鼓励私人部门增长。投资于住房金融机构是国际金融公司发展金融系统的一个重要方面，其目标为：①增加中长期资金的供应；②鼓励住房金融机构作为初级贷款者，长期储蓄机构作为二级投资者，在抵押贷款工具中广泛竞争；③引导金融创新，建立住房贷款的新机制；④鼓励私人部门介入住房金融；⑤动员住房的附加资源。20 世纪 70 年代国际金融公司先后帮助发展中国家成立了六家住宅银行。

1.1.2 房地产金融的发展

20 世纪 80 年代后期，房地产金融在世界范围内得到了广泛的发展。主要表现在以下方面。

1. 房地产证券化成为金融发展的一个重要方向

房地产证券化在 20 世纪初出现，20 世纪 80 年代以来在西方国家发展相当迅速，已成为房地产投融资的主要信用工具。1990 年诺贝尔经济学奖获得者夏普和米勒指出，房地产证券化将成为未来金融发展的重点。房地产证券化的发展以美国、日本为代表。美国房地产证券化的发展主要有两种形式：一是以房地产抵押贷款（主要是住宅抵押贷款）为基础的房地产抵押信贷证券化；二是以房地产信托投资为基础的房地产投资证券化。

美国房地产抵押信贷市场是世界上规模最大的房地产金融市场。据有关资料统计，到 1998 年，经政府国民抵押协会担保发行的抵押担保债券余额为 5422 亿美元，政府国民抵押协会将联邦住宅管理局和退伍军人管理局担保的贷款 96.7%实现了证券化。抵押贷款证券占未清偿抵押贷款的比重从最初不到 5%，发展到现在的 4 万多亿美元，未清偿抵押贷款中的 50%实现了证券化。美国房地产投资证券化主要有两种方式：不动产投资信托和不动产有限合伙。美国不动产投资信托产生于 1960 年，鉴于从事房地产投资需要大量资本，而个人资金又有限，美国国会 1960 年通过立法准许设立房地产投资信托公司，以这种组织形式来聚集房地产投资基金。美国目前总共有 300 多家房地产投资信托基金，管理的资产总值 3000 多亿美元，在全国证券交易所上市交易的有 188 家，其中 149 家在纽约证券交易所，27 家在美国证券交易所。房地产证券化将随房地产业和金融业的不断发展而成为金融市场的重点。

2. 住房金融机构呈多元化经营发展，与商业银行经营逐步趋同

20 世纪 80 年代开始，以美国、英国为代表的专业住房金融机构开始由专营住房抵押贷款业务向多元化方向发展。利率攀升、金融自由化和政府放松管制是这一变化的外部原因，而作为存款机构，专门从事住房金融业务，短存长贷，容易造成利率风险、流动性的问题，是这一变化的内在原因。英国是以商业银行兼并住房协会，扩大经营范围渐进式地完成这一变革的；美国是以住房储贷协会突变式爆发危机形式完成转轨的。

英国住房协会和商业银行在 20 世纪 70 年代以前，都在各自划定的业务范围内经营，但是到了 20 世纪 90 年代末期，英国住房协会和商业银行之间的竞争，导致了住房协会的变化。1997 年商业银行发放住房贷款的余额首次超过了住房协会。1970 年，住房协会和商业银行发放住房贷款各占全部住房贷款总额的 87%和 3%，到 2000 年，这一比例变为 19.95%和 72.28%。1989 年英国第二大住房协会——艾比国民协会第一个放弃原来的互助性质，而成为公众有限公司，变为商业银行；1993 年英国最大的住房协会哈利法克斯与第五大住房协会地利兹进行合并，并改组为银行；1994 年英国劳埃德银行出资 18 亿英镑收购切尔腾汉姆与格洛斯特住房协会。而继续保留互助性质的住房协会实际上也转变成了“准银行”，实行多元化经营。

20 世纪七八十年代美国节俭机构出现了“净值”危机，全国约有 90%的节俭机构经营亏损，联邦住房贷款委员会每年垫款总数达 600 亿美元。为了应对节俭机构不断倒闭引发的危机，1982 年国会通过了《存款机构法》，进一步放宽节俭机构经营商业信贷和消费信贷业务；准许联邦存款保险公司和联邦储蓄贷款保险公司跨州兼并银行和节俭机构。这进一步加大了节俭机构的经营风险。20 世纪 80 年代末，节俭机构大量倒闭。

1.2 房地产金融的内涵

1.2.1 房地产金融的概念

房地产业是国民经济中具有先导性和基础性的重要产业，是国民经济中兼有生产和服务两种职能的独立产业部门，包括了房地产开发、房地产经营和各种房地产中介服务、房地产资产管理等内容。2003 年，国务院第一次明确肯定了房地产业是国民经济的支柱产业。

从房地产业最一般的产业活动——房地产开发经营过程来看，一个房地产投资项目基本上都要经过前期准备、土地开发、房屋建造、房屋销售(出租)、房屋资产管理等多个环节才能形成或获得投资收益，由此形成了需求量大、资金回收期长的产业资金运行特点，使房地产业呈现资金密集型的特点。

由于资金对房地产业发展的重要性，房地产金融伴随着房地产业发展起来。房地产金融是研究个人、企业和政府之间在房地产领域内进行货币和信用转移的过程、机构、市场和工具的科学。房地产金融体系则是创立和购买这些工具的机构及转移这些工具的市场的总和。通过完善的房地产金融体系，将使储蓄通过直接融资和间接融资两种方式从所谓的资金盈余单位向所谓的资金赤字单位转移。

关于房地产金融的内涵，理论界存在着争论，大致有以下几种代表性观点：

第一种观点认为，房地产金融就是通过各种信用方式、手段及工具，有效地组织和调剂房地产领域中货币资金的运动(杨继瑞，1994 年)。

第二种观点认为，房地产金融有广义和狭义之分。广义的房地产金融是指利用各种可能的方法、工具为房地产业各相关部门筹集、融通、清算资金，提供相应服务的所有金融活动。狭义的房地产金融就是金融服务于房地产业的行为(谢经荣，2002 年)。

第三种观点认为，房地产金融就是住房金融，即为住房生产和再生产筹集、融通资金，并为个人提供住房贷款的金融行为(郑修建，1993年)。

上述观点均不全面，大多数的观点将之归纳为房地产金融，没有把房地产抵押(担保)和房地产金融联系起来。

房地产金融的产生，是以产业发展需要为基础的，但房地产金融的发育和壮大，都是金融业本身结构变革所推动的。金融是在商品经济发展的基础上，随着商品交换和货币流通信用的产生而形成的，现代金融在快速发展的同时，伴随而来的风险也日益增大。这种风险集中在两个方面：一是存款风险，二是贷款风险。存款风险是指存贷结构的平衡问题，也就是顾客取款的随意性和贷款的长期性如何协调的问题。一旦顾客取款发生困难，就会导致银行信誉下降，甚至倒闭。贷款风险是银行面临如何保证贷款顺利收回的问题。为了避免和减少以上风险，现代金融机构通常采取的主要措施就是发行房地产证券和以房地产为担保发放贷款。普遍将不动产(房地产)作为长期信用的最佳担保，其原因主要有以下三个方面。

第一，是由不动产(房地产)自然特性决定的。不动产(房地产)具有位置的固定性、寿命的耐久性等特征，因此不动产(房地产)不可移动，保存与监管较为容易。一旦担保债权到期不能收回，债权人可以处置不动产(房地产)来保证债权的实现。

第二，是由不动产(房地产)经济特性决定的。不动产(房地产)数量有限，随着城市化的推进、人口增长等原因，不动产(房地产)价值必然呈不断上升的趋势，这种保本增值的特性决定了不动产(房地产)具备作为长期信用担保品的基础。

第三，不动产(房地产)具有自偿性，受信人(借款人)可以通过对不动产(房地产)的经营不断地获得收入，从而增加其偿本付息的能力。

由于不动产(房地产)具有保价增值性和自偿性，能满足人们对财富保障的心理，因此，许多经济学家认为，不动产(房地产)是“唯一合格的长期信用担保物”。

金融机构充分利用不动产(房地产)这一良好的资产特性，发行不动产(房地产)证券，替代或局部替代存款，从而减少存款风险；以不动产(房地产)为担保发放贷款，增强贷款收回的保障，大大减少贷款的风险。因此，房地产金融已不仅仅是产业金融，在更大程度上说，也是担保金融。

综上所述，房地产金融包括不动产(房地产)担保金融和不动产(房地产)产业金融两个方面。不动产(房地产)担保金融是指金融机构以不动产(房地产)为信用条件，为不动产(房地产)持有者或第三人融通资金的行为。不动产(房地产)产业金融是指为房地产业及其相关部门筹集、融通、清算资金，并提供相应服务的金融活动。

1.2.2 房地产金融的分类

1. 按经营性质可分为政策性房地产金融和自营性房地产金融

政策性房地产金融是指按政策规定办理的与房地产有关的各种货币资金的筹集、融通和结算等信用活动。目前主要指与住房制度改革有关的金融业务。主要包括:公积金存款、住房公积金贷款、合作建房贷款、经济适用住房开发贷款等。

自营性房地产金融是指银行与非银行金融机构在国家政策允许的范围内办理的与房地产有关的资金筹集、融通和结算等信用活动。

2. 按融通方式可划分为直接金融和间接金融

直接金融是指不经金融中介机构作媒介而由资金供给者和房地产资金需求者双方直接协商所进行的融资。直接金融方式主要有:政府发行的住房建设债券、住房公债、土地债券、投资基金,房地产公司发行的股票、债券、房地产投资券等。

间接金融是指经过金融中介机构参与的资金融通活动。间接融资的主要形式有:银行吸收的各种长期存款、短期存款,向房地产开发企业提供的土地开发贷款、商品房开发贷款、短期流动资金贷款以及向居民个人发放的住房消费贷款等。

3. 按放款形式可划分为信用放款和担保放款

信用放款是指凭借款人的信誉,无需提供任何担保的融资活动。

担保放款是指借款人需提供第三人担保,或提供财产作担保的融资活动,即人和物的担保。人的担保主要有保证方式;物的担保主要有抵押、质押、按揭等方式。

1.2.3 银行的房地产金融业务

银行的房地产金融业务种类很多,主要业务可划分为房地产信用业务和非房地产信用业务两大类。房地产信用业务是指资金的吸收和运用。非房地产信用业务是指表外业务以及其他金融服务。具体可以划分为以下三类。

1. 资产业务

资产业务,即银行运用资金,使其资本不断增值的业务。资产业务根据银行运用资金的方式,可分为房地产投资业务和房地产放款业务。房地产投资业务是指银行运用资金向外购买房地产股票和房地产债券,从中获取利润,或者直接投资房地产,从事房地产的开发、经营,从而获取利润。房地产放款业务是指银行根据必须归还的原则,按一定利率向外供应资金,获取利息的一种信用活动。根据放款内容不同,可分为房地产开发经营性贷款、居民个人住房消费性贷款;根据款项还款期限,可分为短期放款和中长期放款;根据"受信和授信"的担保性质,可分为房地产信用放款、房地产质押放款和房地产抵押放款。

2. 负债业务

负债业务,即银行通过负债业务吸取资金的业务。银行拥有的资本越雄厚,越能增强自身的经济活力。同时,负债的多寡,也是银行资金安全与否的关键因素。所以,负债业务是银行赖以生存和发展的最基本和最主要的业务,是银行经营的基础。负债业务的规模决定了其资产的规模。银行的负债业务主要有:存款业务、借款业务、金融机构往来业务等。

3. 表外业务

表外业务,即银行通过代替客户承办支付和其他委托事项而收取手续费的业务,统称为表外业务。这类业务不涉及动用银行自己的资本金,故也称中间业务。房地产表外业务主要有房地产信托业务、房地产租赁业务、房地产咨询业务和房地产代理业务等。

1.2.4　房地产金融的特点

房地产作为商品,与其他任何商品一样,其再生产过程是一个从货币资金到生产资金再到商品资金,通过交换,又从商品资金转化为货币资金这样一个循环往复连续不断的资金运动过程。但是房地产商品有其特殊性:交换形式上的多元性、房地产流通的固定性、房地产流通与消费时间的并存性、房地产资金积累上的初始性以及价值大、使用期限长等。房地产商品内在的特殊性决定了房地产金融活动不同于其他金融活动,有其自身的特点。

1. 集中性

房地产是特大商品,这不仅表现在其本身的面积和体积上,还表现在其内含的价值上。由于房地产相对于绝大多数商品来讲单件价值大,一幢房屋一般来讲其价格少则几万、几十万,多则数千万,甚至上亿。因此,在房地产再生产过程中,无论是生产环节,还是流通环节,或者是消费环节,必须有巨额的资金投入,方能使其生产、流通和消费得以顺利实现和完成。因此,在房地产金融活动中,房地产开发贷款、房地产流通贷款或者房地产消费贷款,必须有金融机构的参与和稳定充裕的信贷资金来源。在国外,房地产资金的融通通常由专门金融机构(如美国联邦住宅储蓄银行、巴西住宅银行、日本住宅金融公库等)来从事。

2. 资金周转期长

房地产开发建设需要经过取得土地并进行开发,使之“三通一平”(即通水、通电、通路及平整场地)或“七通一平”(即给水、排水、供电、供热、供气、电讯、道路及平整场地等),之后再进行房屋施工、装修、竣工验收等一系列复杂且耗时长的过程。相对于其他商品的生产周期来说,房地产开发所需时间更长,短则一年、两年,长则几年。房屋建成后,在流通领域,因其价值大,购买者往往无力一次付清房款,常采用分期付款方式购房;若房屋租赁,通过租金收入方式收回投入资金,则资金回收期更长。因此,房地产资金从投入到产出(即收回),快则几年,慢则十几年,甚至几十年才能全部收回。

3. 资金运动固定性

房地产在物质形态上是连为一体、不可分割的,土地不能移动,因而房地产固定在某一场所,不能移动,通常称之为不动产。在交换上,它既不可能发生空间位置的移动,也不存在物流,它的流转只是权属关系的变更。因此,房地产商品的生产、流通、消费都是在同一地域位置上依次完成的。这就决定了房地产资金的投入、形态的转换以及补偿,都在同一固定的位置上按顺序进行。

4. 资金增值性

一方面,房地产金融资金能带来利息,这是房地产金融增值的一种表现。房地产金融的增值是社会再生产的结果,是物质生产者的劳动创造。房地产再生产过程中的资金不间断地运动下去,就能实现一次又一次的增值。另一方面,土地是不可再生的资源,也是人类生产与生活的基本要素,随着社会经济的不断发展,对作为生产要素的房地产的需求日趋增加,使得房地产变得越来越稀缺,房地产价格也不断地上涨。因此,在政治稳定及社会稳定的前提下,房地产不像其他绝大多数工业商品那样,因时间的延续和技术的不断发展而出现“无形损耗”,即价值减少,价格下降,相反却是不断增值的。虽然房地产价格偶尔也会回落,但只是短暂现象,从长远来看,它是不断增值的。因此,金融机构为了使自身的货币资产得到保值增值,也乐于把货币资产转化为房地产资产,乐于从事房地产投资活动。鉴于房地产的这种自然增值性,对其贷款也较为安全,因而金融机构也乐于从事房地产信贷活动。

5. 风险性

在房地产金融活动中,由于存在事先无法预料或虽能预料但难以避免的诸因素，有可能使预期的房地产金融收益与实际的房地产金融收益相背离，或造成损失，面临风险。房地产资金融通大多数是中长期融资，从资金投入到收回投资资金期限较长，在这个投入产出过程中，如果融出的资金难以收回，就会产生房地产金融风险。这种风险主要有以下来源：

(1)政策风险。

(2)决策风险。由于房地产市场和金融市场出现了不同于投资决策时所预计和判断的情况，产生房地产投资决策的失误，无法实现预期的投资效益，导致房地产金融融通的资金无法收回。

(3)自然风险。房地产金融活动中，融出的房地产资金用于投资开发房地产，当遇到各种自然灾害(如地震、洪水、火灾等)，使房地产项目遭到破坏或不复存在，从而难以收回融出的房地产资金。

(4)财务风险。在房地产金融活动中，由于种种原因，致使债务人不能偿还贷款本金利息；或者证券发行者到期不能偿付，从而发生房地产金融的财务风险。

1.3　国内外房地产金融体系概述

1.3.1　中国房地产金融的产生与发展

我国房地产金融的产生是同住房制度改革(简称“房改”)密切相关的。住房短缺是房改发动的最初动因。房地产金融是随房改的逐步深入而发展起来的。

1. 住房金融的兴起

我国住房金融出现于19世纪80年代中期。为配合烟台蚌埠两市的房改试点，经中国人民银行总行批准，1987年12月1日和12月8日先后成立烟台住房储蓄银行和蚌埠住房储蓄银行。这两家专业住房金融机构都是股份制。从此，房改金融的政策性和商品房开发的经营性开始有了区别。一是明确了承办机构。除在烟台、蚌埠两市成立住房储蓄银行外，其他城市由当地政府委托银行设立房地产信贷部，专门办理有关住房生产、消费资金的筹集、融通和信贷指标等业务。二是明确了办理房地产信贷业务机构的管理体制，即房地产信贷机构是专业银行为住房制度改革提供配套金融服务的内部机构，实行单独核算、自主经营、自负盈亏、自求平衡、单独缴税。三是明确了住房公积金管理体制上政策性和经营性的区别。要求政策性信贷业务要划分出专项资金来源，建立房改信贷基金，单独核算、自主经营、自负盈亏、自求平衡、就地缴税，国家在计划安排、信贷规模、利率、税收等方面给予优惠；要求经营性信贷业务要充分发挥各金融机构的积极性，按现行规定拓展房地产开发信贷业务。四是明确要求大力发展个人购建房信贷业务的住房抵押贷款业务。

2. 政策性住房金融制度的建立

提租补贴立足于原有住房投入资金的转换，即把原来用于住房维修、管理、建设的资金转化为对职工住房补贴（二次分配变为一次分配）以支持租金大幅度提高，从而促进售房，实现住房商品化。1990～1991 年，北京、上海等市住房改革基本上采取小步提租不补贴的方法。1991 年 6 月，国务院发布了《关于继续积极稳妥地推进城镇住房制度改革的通知》，提出分步提租、缴纳租赁保证金、新房新制度、集资合作建房、出售公房等多种形式推进房改的思路。同年全国第二次房改工作会议肯定了上海等地的做法，确定了租、售、建并举，以提租为重点，“多提少补”或“小步提租不补贴”的租金改革原则，提出住房制度改革“贵在起步”，全国的住房制度改革进入全面起步阶段。

1991 年，上海在全国率先借鉴新加坡的模式建立了住房公积金制度。到 1993 年末全国地级以上城市中有 131 个城市建立了住房公积金制度，占地级以上城市总数的 60%，归集住房公积金 110 亿元，使住房制度改革和发展初步具备了一个稳定的资金来源。

3. 住房金融体系的初步确立

中共中央十四届三中全会通过的《中共中央关于建立社会主义市场经济体制若干问题的决定》明确提出了加快城镇住房制度改革的方向和目标。1994 年国务院《关于深化城镇住房制度改革的决定》，标志着中国住房制度改革进入了新的阶段。《关于深化城镇住房制度改革的决定》对住房制度改革的根本目的、基本内容和近期改革的重点作了规定。住房改革的根本目的是建立与社会主义市场经济体制相适应的新的城镇住房制度，实现住房商品化、社会化，加快住房建设，改善居住条件，满足城镇居民不断增长的住房需求。

与住房改革全面推进相配套的政策性和商业性住房金融体系初步确立。

(1)在全国建立住房公积金制度

由财政部、国务院住房制度改革领导小组和中国人民银行联合颁发的《建立住房公积金制度的暂行规定的通知》，明确住房公积金是一种长期性住房储蓄。建立住房公积金的目的是形成稳定的住房资金来源，促进住房资金的积累、周转和政策性抵押制度的建立，转换住房分配机制，提高职工解决自住住房能力。住房公积金的使用范围和顺序是：职工购买、建造自住住房抵押贷款；职工自住住房大修理贷款；城市经济适用住房建设贷款；单位购买、建设住房抵押贷款。

(2)区分政策性和自营性住房信贷业务

由人民银行牵头，国家有关部门制定出政策性、自营性住房信贷业务的性质范围等有关规定。政策性住房信贷业务是指受各级政府和军队、煤炭、铁道、石油等系统委托，由指定银行以政策性住房资金为来源而经营的住房信贷业务。政策性住房资金来源：城市住房基金；行政、企事业单位住房基金；行政、事业、企业单位收取的住房租赁保证金；职工住房公积金；地方政府发行住房建设债券筹集的资金；国际金融组织为地方政府提供的住房贷款资金。政策性住房资金的运用范围：对实行房改单位的职工购买、建造、大修理自住住房发放抵押贷款；发放城市经济适用住房开发贷款；对实行房改的单位购买、建设职工住房发放抵押贷款；经委托人同意购买国家债券。中国人民银行明确政策性住房信贷业务属委托业务。中国建设银行、中国工商银行和中国农业银行为政策性住房信贷业务的指定银行。商业银行自营性住房信贷业务是指商业银行以本外币存款作为资金来源自主经营的住房贷款业务。商业银行自营性住房信贷包括：住房开发贷款、个人住房贷款。

(3)住房贷款担保机制开始建立

《个人住房担保贷款管理试行办法》的颁布标志着中国住房消费信贷有了政策依据。这一试行办法规定了发放个人住房担保贷款的对象、范围和经办银行。个人住房贷款的对象是只能用于购买用住房公积金建造的自用普通住房，不得用于城市居民修、建自用住房；范围仅限于实施国家安居工程的城市。

到 1998 年 6 月底，全国归集住房公积金总额已达 980 亿元，增加了住房资金来源，成为住房分配货币化的主要形式之一。在个人住房消费方面，到 1998 年末，中国建设银行、中国工商银行、中国农业银行等国有商业银行个人住房贷款余额达 710.05 亿元，其中自营性住房贷款余额 490.64 亿元，较 1997 年末增长 151%。

4. 住房金融的完善与发展

1998 年 7 月国务院发出《国务院关于进一步深化城镇住房制度改革　加快住房建设的通知》，明确提出深化城镇住房制度改革的目标是：停止住房实物分配，逐步实行住房分配货币化；建立和完善以经济适用住房为主的多层次城镇住房供应体系；发展住房金融，培育和规范住房交易市场。由此住房金融的发展真正建立在住房商品化的基础之上。《国务院关于进一步深化城镇住房制度改革　加快住房建设的通知》的主要政策有以下几个方面：

(1)从 1998 年下半年开始停止住房实物分配，逐步实行住房分配货币化后，新建经济适用住房原则上只售不租。职工购房资金来源主要有:职工工资、住房公积金、个人住房贷款以及财政、单位原有住房建设资金转化的住房补贴等。

(2)对不同的家庭实行不同的住房供应政策:低收入家庭租赁由政府或单位提供的廉租住房;中低收入家庭购买经济适用住房;收入高的家庭购买、租赁市场商品住房。

(3)发展住房金融:一是扩大个人住房贷款的发放范围,所有商业银行在所有城镇均可以发放个人住房贷款,取消对个人住房贷款的规模限制,适当放宽个人住房贷款的贷款期限。二是对经济适用住房的开发建设贷款实行指导性计划管理。商业银行在资产负债比例管理要求内,优先发放经济适用住房开发建设贷款。三是完善住房产权抵押登记制度。发展住房贷款保险,防范贷款风险,保证贷款安全。四是调整住房公积金贷款方向,主要用于职工个人购买、建造、大修理自住住房贷款。五是发展住房公积金贷款与商业银行贷款相结合的组合住房贷款业务。

1998 年 5 月,中国人民银行颁布了《个人住房贷款管理办法》,取消了许多限制条件,放宽了个人住房贷款条件,扩大了个人住房贷款范围。住房金融发展迅速,住房贷款结构从过去以开发贷款为主转向以个人住房消费贷款为主,商业性和政策性并存的住房金融体系进一步完善。2001 年 6 月 19 日,中国人民银行印发了《关于规范住房金融业务的通知》(银发[2001]195 号),规范住房金融业务,防范住房贷款风险。其要点:一是严格审查住房开发贷款发放条件,切实加强住房开发贷款管理。住房开发贷款对象应为具备房地产开发资质、信用等级较高的房地产开发企业,贷款应主要投向适销对路的住宅开发项目,企业自有资金应不低于开发项目总投资的 30%,开发项目必须具备"四证"(《国有土地使用证》《建设用地规划许可证》《建设工程规划许可证》和《建设工程施工许可证》)。二是强化个人住房贷款管理,严禁发放"零首付"个人住房贷款。借款人申请个人住房贷款购买期房的,所购期房必须是多层住宅主体结构封顶、高层住宅完成总投资的三分之二。三是规范个人商业用房贷款管理。借款人申请个人商业用房抵押贷款的抵借比得超过 60%,贷款期限最长不超过 10 年,所购商业用房应为现房。

1998~2002 年,房地产金融发展迅速。以 2002 年为例,房地产开发贷款达 2149.1 亿元,个人住房贷款余额 8258 亿元。

1.3.2 国外房地产金融制度

房地产业和金融业同属于国民经济的第三产业,两者之间存在相互促进、相互依赖、共同发展的密切关系。由于我国房地产业和房地产金融都还处在较低的发展阶段，学习、借鉴国外先进的房地产金融制度，无疑有利于推动我国房地产金融的改革和发展。

1. 金融制度与房地产金融制度

对金融制度的理解存在广义和狭义的区分。从广义的角度讲，金融制度泛指约束金融市场主体的一系列行为规则，它是指有关资金融通的一个体系或系统。具体包括构成这一系统的各个重要组成部分（包括个人及机构）；各类金融机构在这一系统中的地位、作用、职能以及它们彼此间的关系；整个社会资金在这一系统中如何进行流通、各资金融通机构的运行机制以及在这一系统中的金融监管机制。从狭义的角度理解，金融制度主要是指社会资金的融通方式和金融机构的运行机制及金融监管，是与金融机构和金融市场并行的概念。

房地产金融制度，是指从资金盈余者手中吸收资金，通过各种融资渠道转让给资金短缺者的金融运行机制，其实质是房地产资金融通模式。房地产金融制度的基本职能是为房地产业的运行筹集资金与分配资金。因此，房地产金融制度的发展是与一国房地产业的发展和金融业的发展相适应的。迄今为止，与金融体系的发展相对应，房地产金融制度的发展或者说房地产融资模式的发展也经历了三个阶段。

第一阶段是银行本位时期，在此阶段，银行占据房地产金融体系的主要位置，由于通过银行等中介机构进行间接融资的效率高于直接融资，房地产业的资金需求者获得的大量外部资金依赖于银行贷款；第二阶段是市场本位时期，此时，资本市场成为资金融通的主渠道，通过发行房地产股票、债券、基金等有价证券的房地产直接融资比例大幅上升；第三阶段是强市场本位时期，在此阶段，房地产金融市场出现大量化解金融风险的金融产品，新的融资技术实现了直接融资和间接融资的有效结合，这一阶段的突出特点是房地产金融机构通过信贷资产证券化进行筹资和分散风险。

2. 国外房地产金融制度的主要类型

由于房地产业及金融业所处的发展阶段不同，世界各国采取了不同的融资模式支持房地产业的发展，从而形成了不同风格的房地产金融制度。概括而言，目前各国的房地产金融制度大体可分为四种主要类别：直接融资制度、储蓄制度、合同制度和抵押银行制度。

(1)直接融资制度

直接融资制度是在房地产业和金融业都不发达、资金融通量非常小的情况下存在的一种房地产金融制度。在这种制度下，社会资金盈余者和资金短缺者之间的资金融通，直接通过融资双方协商成交来完成，而不借助于任何的金融媒介。在我国住房商品化的初期，个人购房者通过向有资金剩余的亲戚朋友借入资金筹集购房款的行为便属于此种融资模式。直接融资制度是一种低效率的房地产金融制度，难以顺利完成资金供求双方的匹配过程。在房地产市场信息不对称的情况下，资金盈余者和资金短缺者往往并不能互通信息，而且两者的需求也不容易达成一致。同时，直接融资还要受到融资双方资金量、融资时间、地域及资信程度等因素的限制，具有很大的局限性。世界上先进的国家和地区已经很少使用直接融资这种方式。

(2)储蓄制度

储蓄制度是一种较为普遍的房地产金融制度，是指由存款性金融机构通过吸收社会储蓄筹集资金，然后将一定比例资金用于发放房地产信贷的资金融通方式。在国外，存款性金融机构主要包括商业银行、节俭机构、储蓄银行、信用合作社等。由于房地产信贷资产，特别是住房抵押贷款具有很低的违约率，因此一直是上述金融机构金融业务的重点。

德国是实行住房储蓄制度最典型的国家，其住房互助储蓄银行是依据政府特定的法律而设立专门从事个人住房抵押信贷服务的金融机构。德国住宅储蓄银行选择了自愿互助性储蓄为主和政府奖励为辅的融资机制。德国第一家住房储行建于 1885 年，最初理念是大家共同集资建房购房。第二次世界大战后，联邦德国资本市场近乎崩溃，面临住房短缺的同时，也面临资金不足的压力。在随后金融系统重建过程中，政府把住宅储蓄制度作为一个重要内容加以保留，希望通过住宅储蓄制度能发挥储蓄者的积极性，筹集建房资金。20 世纪 50 年代以来，随着住宅建设持续增长，住宅储蓄也得到了快速发展，而两德统一和东欧国家的改革，更为住宅储蓄制度提供了新的发展机遇。目前，大约每四位德国人中就有一位拥有住房储蓄合同。与此同时，住宅储蓄制度也为德国住宅建设做出了重要贡献。

(3)合同制度

合同制度，是指借贷双方通过合同契约规定借贷行为的房地产金融制度。潜在购房者与指定机构订立资金存贷合同，潜在购房者按合同约定，定期到指定机构存储资金，当储存到一定时间和数额后，便自动从该机构获得与存款利率和数额挂钩的住房抵押贷款的权利。在这种制度下，如果购房者的存款不能满足购房资金的要求，购房者就可以利用合同制度解决短缺的那一部分购房资金。

在合同制度下，购房者在一定期限内以低于市场利率的存款利率进行存款，当存款达到一定时间或数量后，即可获得低于市场利率的贷款。由于合同制度采用了较优惠的贷款利率政策，并且能获得政府的补助，因此能吸引大量居民签订储蓄合同，有效保证房地产信贷资金来源。合同制度的具体实施，一般由专业的金融机构来负责。如在奥地利，采用合同制度所进行的房地产金融业务，主要由建筑与贷款协会负责。专业金融机构所提供的合同贷款不一定能够满足购房者全部资金的需要，因此，合同制度往往与其他房地产金融制度同时并用，相互依存。

(4)抵押银行制度

抵押银行制度是指通过在资本市场发行债券筹集资金，以收受土地、房屋等不动产为抵押品，办理房地产抵押贷款的一种金融制度。在抵押银行制度下的抵押银行既可能是独立的金融机构，也可能是附属于商业银行而存在，甚至没有固定的组织形式。

3. 典型国家的住房金融制度

世界各国的房地产金融制度不仅与房地产业和金融业的发展紧密相连，也与住房制度改革密切相关。由于住房是人类最基本的消费品之一，住房金融便在各国的房地产金融中都占有极为重要的地位。以下介绍包括美国、英国、德国、新加坡几个典型国家的住房金融制度，以从侧面体现其整个房地产金融制度。

(1)美国的住房金融制度

美国的住房金融制度实质是住房抵押贷款制度。美国是世界上住房抵押贷款业务开展最早、最发达的国家，拥有世界上最大的住房抵押贷款市场体系。该体系是市场主导型的，由规范运作、有机衔接的住房抵押贷款一级市场、二级市场和保险市场构成。美国政府正是利用这种完善的市场体系实现其“要为所有美国人提供体面和合适的居住环境”的住房政策目标。

美国成熟的住房抵押贷款体系的形成得益于其高度发达、完善的国内金融市场和政府对住房金融的大力支持。众所周知，美国的金融市场是全球最发达的金融市场，拥有包括货币市场和资本市场在内的完善的市场体系，以及大量创新性的金融工具。高度发达的金融市场为住房抵押贷款体系的形成创造了良好的市场环境。除此之外，美国政府对住房金融发展给予了大力的支持。为缓解20世纪30年代美国储蓄贷款协会的还款危机，美国政府着手建立了全国性的二级抵押贷款运行体系和住房抵押贷款担保机构，有效弥补了金融市场本身的缺陷，促进了住房抵押业务的繁荣。

(2)英国的住房金融制度

英国同样实行住房抵押贷款制度，与美国不同的是，英国的整个住房制度相对缺乏市场性。第二次世界大战后，由于战争破坏，英国住房严重短缺。政府以集中建设出租公房为重点，大力促进住宅建设、增加住房供应的政策。与住房政策相适应，英国的住房金融制度更多地保留了国家干预的痕迹，最大的住房金融机构——房屋互助协会便受到政府的特殊保护。

(3)德国的住房金融制度

德国实行契约型住房储蓄制度，其住房储蓄体系是由购房者与专门的储蓄银行签订存贷契约，在银行存款达到一定时期和数额后(一般为5～7年)，由储蓄银行给储户发放贷款用于建房买房或住房改建。其主要特点是实行普遍的契约储蓄原则，住房金融的资金完全来源于储蓄存款和国家相关补贴，融资体系不依赖于资本市场的发展。

(4)新加坡的住房金融制度

新加坡解决国民住房问题的核心政策是推行住房公积金制度，将国家建房后的低价出租转变为居民分期付款购买。公积金的主要用途是雇员支付购房首付款和分期偿还贷款本息。新加坡住房金融制度具有以下特征：①长期强制储蓄。新加坡中央公积金制度是一个长期强制储蓄系统，它的建立，既对个人有好处，也对国家有好处。住房公积金的积累最终用于住房，不仅将大大促进住房建设的发展，促进产业结构的调整，有利于国民经济健康协调发展，还能有效地调整消费结构。在租金难以大幅度提高的情况下，能使住房消费在职工家庭消费总支出中达到一个合理的比例。②政府的作用。新加坡公积金除用于住房贷款和支付个人提取外，其余部分首先用于购买政府债券，保证了住房资金的良性循环和住房公积金的保值增值。③完善的法律制度是公积金制度得以巩固和发展的基础。④公积金的利息确定应该实现保值增值，这是公积金缴存人具有持久支持力的条件之一。

1.3.3 国外房地产金融机构

房地产金融机构是在房地产资金融通过程中，媒介资金盈余者和资金短缺者的信用中介组织和为房地产资金融通提供服务的其他金融组织。由于房地产金融机构的主要职能是进行房地产资金融通，因此一定的资金融通模式或者说房地产金融制度便决定了与之相应的房地产金融机构。

1. 国外房地产金融机构的分类

由于经济基础、金融环境及房地产金融制度的差异，世界各国在房地产金融机构的设置上呈现不同特点。但就房地产金融机构的种类来看，无外乎五种基本类型，即商业银行、住宅储蓄贷款机构、抵押银行、合同制金融机构及政府公营或保证的房地产金融机构。

(1)商业银行

发达国家的商业银行是经营货币业务的企业,其主要业务是吸收存款、进行投资和发放贷款。商业银行的目标是使自己的投资和贷款获得足够高的收益率,以期在支付了资金来源的利息以后,仍能获得最大利润。房地产金融业务一直是商业银行信贷业务的重点。在美国,房地产信贷资产占商业银行总资产的比例已达到30%以上。英国的房地产金融机构大部分是非银行金融机构,但商业银行经营的房地产业务也占有一定的数量。英国的商人银行是经营住宅融资业务的代表性银行,始建于18世纪中叶,它既经营居民抵押贷款业务,也经营房地产证券交易业务,并对建筑商和房地产代理商办理相关业务。在法国、日本、意大利和瑞士等国,抵押贷款在整个商业信贷中甚至占有统治地位。

(2)住宅储蓄贷款机构

住宅储蓄贷款机构是一种以储蓄业务为主要资金来源,以住宅抵押为条件,向购建房者发放住宅贷款的专业型住宅机构。住宅储蓄贷款机构所吸收的住宅储蓄是以获得较优惠利率的住宅贷款为目的的一种定向储蓄。在日本、意大利等国,住宅储蓄贷款机构是其住宅金融的主要力量。

(3)抵押银行

抵押银行是在抵押银行制度下设立的专业银行,其主要业务是发放长期抵押贷款。如前所述,抵押银行在不同国家具有不同的组织形式,有的附属于商业银行存在,有的是作为独立的金融机构存在,有的根本不存在固定的组织形式。美国的抵押银行实行高度专业化经营,其中,60%独立经营,40%则属于银行和储蓄协会。

(4)合同制金融机构

合同制金融机构是专门经营房地产存款和贷款的金融机构。这种金融机构通过合作社形式,利用群众性的互助互利进行住宅融资。它通常根据合同储蓄制度的基本原理,采用先存后贷的办法,为购建房者提供资金。该类金融机构向借款人提供的贷款数量要根据其存款的数量来确定,由于它并不能保证提供购建房者所需的全部房款,因此,他们往往与其他金融机构一起合作开展房地产金融活动。

合同制金融机构最早起源于欧洲国家,其历史可以追溯到1775年由英国伯明翰的几十个工人发起的以集资建房为目的的互助团体——建房协会,这是全球第一家互助合同制的住房金融机构。目前,英国的建房协会已更名为住房协会,并成为英国最大也是最主要的房地产金融机构。全英国现在共拥有住房协会131个,分会7000余个,拥有会员4400万,总资产3010亿英镑,办理的住房金融业务达到全国业务总量的80%以上。

(5)政府公营或保证的房地产金融机构

政府公营或保证的房地产金融机构的主要职能是贯彻国家关于房地产业或住宅产业的发展战略,通过吸收社会储蓄,为房地产信贷特别是住房信贷提供资金来源。世界各国政府公营的房地产金融机构在金融业务上各具特色。日本的住宅金融公库是典型的由政府公营的房地产金融机构。该机构是日本国会建立的最大的专业住宅金融机构。其主要任务是向个人提供长期、低息的住房开发贷款,以实现政府的住房计划。匈牙利的国家储蓄银行则不仅向居民和开发商提供住宅信贷服务,而且还直接投资开发住宅,并以信贷的方式出售给居民。

2. 典型国家的房地产金融机构

(1)美国的房地产金融机构

美国是实行房地产抵押制度最典型的国家,拥有完备的房地产一级和二级抵押金融市场。并拥有众多的私人或民间金融机构以及较为完善的政府金融中介机构。根据美国房地产金融市场的特点,可以将其金融机构分为房地产金融一级市场金融机构和房地产金融二级市场金融机构。

①房地产金融一级市场金融机构

房地产金融一级市场金融机构主要是在一级市场发放抵押贷款以及为抵押贷款提供担保的金融机构。主要包括储蓄与贷款协会、商业银行、互助储蓄银行、抵押银行、人寿保险公司、联邦住房管理局及退伍军人管理局等。

a. 美国的储蓄与贷款协会,是一种在政府支持和监管下专门从事储蓄业务和住房抵押贷款业务的非银行金融机构,通常采用互助合作制或股份制的组织形式。美国共有 4700 家储蓄与贷款协会,其中 55%在联邦政府注册,45%在州政府注册。第一家储蓄与贷款协会于 1831 年诞生在宾夕法尼亚州。从第二次世界大战结束到 20 世纪 70 年代,美国住房市场需求旺盛,给储蓄与贷款协会的发展带来了一段黄金时期。到 20 世纪 70 年代末,美国储蓄与贷款协会的总资产已突破 6000 亿美元,成为美国仅次于商业银行的第二大金融机构。然而,谁也无法料到,几年以后,美国的储蓄与贷款协会就陷入了重重危机,1989 年 2 月,布什总统亲自宣布了处理美国储蓄与贷款协会危机的紧急计划。根据这一计划,美国人民需要在今后 30 年时间里花费 4000 亿～5000 亿美元,才能彻底还清储蓄与贷款协会所带来的巨额债务。

b. 商业银行。美国商业银行在美国金融体系中占有主要位置,1980 年,美国共有商业银行 15082 家,总资产为 21147 亿美元,占金融界资产总额的 30%左右。早期美国法律限制商业银行经营长期房地产抵押贷款业务,后来随着房地产抵押贷款二级市场的建立及银行存款结构的改变，美国银行法放宽了商业银行兼营房地产抵押贷款业务的限制。1970年以来各主要商业银行为扩大业务经营范围，增强生存能力，积极开展存贷款以外的业务。由于1933年制定的《格拉斯·斯蒂格尔法》禁止商业银行从事投资业务，也不能经营证券发行和买卖，因此，许多商业银行都设立信托部，参与证券经营活动。1986年4月1日，美国完全取消对储蓄存款利率的上限，这样各种银行完全可以自己决定对存款付多高的利息，这大大增加了银行业的竞争。但随之而来的银行倒闭率也开始上升，根据美国联邦存款保险公司统计，1991年全国已有1000家银行被列入有可能倒闭的“危险银行”，另外在200家大银行中，至少有35家还需44亿～63亿美元的资金支持，否则可能在当年宣布倒闭。

c. 互助储蓄银行。美国的互助储蓄银行作为互助组织首先创建于东海岸区，包括纽约州、新泽西州和新英格兰各州。它最早是作为一个鼓励穷人储蓄的慈善机构，用吸引慈善、宗教等非营利性部门的存款来给穷人发放贷款。近年来，多数的互助储蓄银行都改组为特许股份机构，其存款由美国联邦存款保险公司负责保险。储蓄银行的总资产主要集中在住宅抵押贷款和抵押支持证券，现在，储蓄银行已被允许投资于公司债券和股票，但其资金的大部分仍用于房地产融资。

d. 抵押银行。美国的抵押银行机构历来被划为专业化的中介机构，专指分布在各个地区，为房地产开发商和购建房者发放房地产贷款的机构。其经营活动通常主要是住宅和收益性房地产贷款的发放和服务性工作。近年来，抵押银行还开始充当养老金的投资顾问，指导其向房地产业的放贷和投资活动。他们向这些基金推荐购买或出售特定的房地产或抵押贷款。有时，抵押银行对某投资计划的资金具有处理权，而有时则只是提供参考性的建议。

e. 人寿保险公司。作为非银行金融机构，人寿保险公司的资金主要来源于投保人的保险准备金和退休金等。该机构发放的抵押贷款包括购物中心、写字楼、公寓等大型工程项目贷款以及对商业房地产项目的中短期贷款。人寿保险公司是仅次于商业银行的美国商业性房地产贷款的第二大提供者。该机构早期倾向于持有政府担保的抵押贷款，近几年减少了住房抵押贷款的持有量，增加了商业和公寓的抵押贷款。

f. 联邦住房管理局。联邦住房管理局创立于1934年，隶属于美国住房与出售发展部，是一级市场上房地产抵押贷款的官方担保机构。主要从事贷款保险业和执行政府房屋补贴计划，其重点是对居民重建、新建住宅及购买住宅的抵押贷款提供担保。联邦住房管理局的担保对象是所有符合条件的申请了住房抵押贷款担保的美国公民和外国在美的永久居民，其担保的抵押贷款发放机构一般由该局指定。

而且放贷之前，贷款人、借款人及抵押住宅都必须符合联邦住房管理局相关贷款条件的规定。

g.退伍军人管理局。退伍军人管理局成立于1930年，原是政府办理退伍军人津贴的独立机构，美国通过法案允许该机构为符合条件的退伍军人购房提供担保，从此，该机构演变为专门为住房抵押贷款提供担保的官方机构。退伍军人管理局成立的主要目的在于通过为退伍军人偿还抵押贷款提供担保，帮助他们取得住房抵押贷款。有了退伍军人管理局的担保，退伍军人无需支付定金即可购买住房，并获得银行100%的担保。目前，该机构担保的抵押贷款主要包括固定利率、累进偿还等类型。

除上述机构外，美国房地产金融一级市场金融机构还包括房地产信托投资公司、私人担保保险机构、农场主住房管理局等。

②房地产金融二级市场金融机构

美国是二级抵押市场最发达的国家，二级抵押市场的高度发达是美国房地产金融市场的一大特色。美国房地产二级金融市场的发展，是美国政府多年来大力扶持和干预的结果。在二级市场上，存在由政府机构、政府发起设立的企业及私营机构构成的房地产金融机构。其中政府机构或由政府设立的机构主要是众人皆知的联邦国民抵押协会、政府国民抵押协会及联邦住房贷款抵押公司三大机构。

a.联邦国民抵押协会。成立于1938年的联邦国民抵押协会是由原华盛顿国民抵押协会更名过来的一家政府机构。在1950年9月以前，其业务范围非常有限，主要限于购买和出售由联邦住房管理局担保的抵押贷款。1954年，美国的《住宅法修正案》通过，该法重新明确了联邦住房抵押协会的功能和业务范围。包括在二级市场上买卖抵押贷款，以提高抵押信贷的流动性；为政府特定的住宅政策目标项目提供资金支持以及管理和经营政府持有的抵押贷款。1968年，联邦国民抵押协会被分离为两个性质和职能不同的公司：一个是行使政府职能的政府国民抵押协会，隶属联邦住宅与城市发展部管辖；另一个是以营利为目的的私营股份制公司，继续沿用联邦国民抵押协会的名称。为了完成二级市场的运作，联邦国民抵押协会也以自己的名义发行由其所购抵押贷款组合担保的抵押支持证券。

b.政府国民抵押协会。政府国民抵押协会成立于1968年，是原联邦国民抵押协会改组后的产物，由联邦住宅与城市发展部管辖，并受到美国财政部的监督。该机构的资金主要来源于财政资金、发债筹集的资金及提供抵押证券担保所获得的担保费。作为政府机构，其主要职责是经营和清偿原联邦国民抵押协会作为政府机构所购买的抵押贷款和抵押资产；为政府项目特别是政府补贴的住宅项目，提供特别资金支持；购买联邦住宅管理局、退伍军人局、农场主管理局担保的抵押贷款，并为符合条件的私营机构以政府担保的抵押贷款组合为基础发行的抵押支持证券提供担保。由于政府国民抵押协会对证券的担保意味着以政府信用担保，因此该类证券能获得较高的信用等级。

c. 联邦住房贷款抵押公司。联邦住房贷款抵押公司成立于 1970 年，是由美国政府设立的。该公司为负责监督储蓄机构的联邦住宅贷款银行体系所有，主要负责向储蓄机构发放的常规抵押贷款提供二级市场服务。公司的初始资本金是通过向联邦住宅贷款银行体系的 12 家地区住宅贷款银行发行 1 亿美元的物投票权的普通股筹集的。作为联邦住宅贷款银行体系所有的机构，联邦住房贷款抵押公司的董事会由会员银行选举产生，其中 3 人是由总统任命的联邦住宅贷款银行董事会的成员。联邦住房贷款抵押公司成立以后立即投入二级市场运作，于 1971 年推出了自己的抵押贷款证券产品。自 1985 年起，联邦住房贷款抵押公司发行的抵押支持证券开始向外国投资者开放。目前，该公司已成为美国房地产二级市场抵押贷款债权及相关证券的最大交易商。

(2)英国的房地产金融机构

英国是最早开展房地产金融业务的国家，早在 18 世纪，英国就创建了世界历史上最早的房地产金融机构。目前，英国已经形成了包括房屋互助协会、商业银行、住房金融公司等机构在内的健全的房地产金融机构体系。

①房屋互助协会

房屋互助协会是英国规模最大也是最重要的房地产金融机构，同时还是世界历史上最悠久的房地产金融组织。作为是一个高度专业性的不以营利为目的的群众性组织，房屋互助协会的会员遍布全国，规模大小不等，小的协会只管理房，大的拥有一万多套房。房屋互助协会主要是向低收入家庭、年轻单身汉、无家可归者、老人和残疾人等提供住房。房屋互助协会的大部分房屋用于出租“可价”租金。确实付不起房租的，可向有关机构提出房租补贴申请。协会住房的租户在两年后，有权以优惠折扣买房，或半买半租，其优惠补助可由政府资助。老年人向协会买房只需自付 70%，其余的 30%由政府资助，如买房人迁出，必须将住房返售给协会，但本人可得住房增值部分的 70%。协会的资金主要来源于股票和存款，两者占其融资总量的 90%以上，股票不是商业意义上的股票，股东可以退股，股东也不是商业意义上的股东，仅是协会的会员而已。房屋互助协会的行为受到严格的法律限制，按照相关法律规定，协会只能吸收以贷款为目的的储蓄，提供一定范围内的附带服务，而不能投资于金融市场。房屋互助协会提供的住房抵押贷款的主要品种是可变利率抵押贷款，这样可以有效防止贷款的利率风险。该机构发放的抵押贷款期限一般为15～25年，特殊时还可延长到30～35年。

②商业银行

英国较典型的商业银行主要包括存款银行、商人银行、贴现所和外国银行，其中办理住房金融业务较多的是存款银行和商人银行。其中，商人银行起源于18世纪中叶英国的承兑所，是那时来到英国的移民为适应外贸经济的活动而发展起来的金融行业，是一种由私人银行业者建立的家庭企业。商人银行是伦敦承兑所委员会的成员，也是贴现市场和股票市场的成员和参与者。20世纪70年代初，商人银行开始从家庭型企业向股份公司转化，几经兼并，逐渐增大，目前英国的商人银行约有100家。除办理承兑票据外，该机构还办理各种贷款业务，对个人购房发放抵押贷款，如对住宅建筑商、代理商等办理融资业务。

③住房金融公司

住房金融公司同房屋互助协会一样，是一个行业性服务机构，金融公司的宗旨是向私人筹集资金为住房协会提供建房资金。由于房屋互助协会分散，有的规模很小，银行不愿意向其提供条件优惠贷款。住房金融公司统一向银行取得长期贷款(30年偿还期)，然后以同样条件转贷给协会，住房金融公司另一资金来源方式是利用发行债券方式筹集建房资金。

除上述金融机构外，英国的房地产金融机构还包括财务公司、保险公司、退休基金会、国民储蓄银行和信托储蓄银行等。

(3)德国的房地产金融机构

德国的金融机构体系以中央银行为核心，以股份制商业银行为主体，专业银行和其他多种金融机构同时并存。德国的金融机构很多，诸如私营的专业抵押银行、消费信贷银行、投资公司、私人房屋建筑贷款协会、担保银行、邮政储蓄银行、公共房屋信贷协会、互助储金信贷社等。各个银行与金融机构之间没有严格的分工，业务交叉重叠，几乎每个银行或金融机构都可以提供所有银行的全部金融服务。而主要从事房地产金融业务的金融机构包括抵押银行、私人建筑协会和公营建筑协会、储蓄银行、住宅信贷协会、住宅互助储金信贷社等。

①抵押银行

抵押银行是德国对居民购房予以长期贷款的最大银行。按资金来源可分为私人抵押和公营抵押。私人抵押银行的资金大部分来自发行债券，公营抵押银行的资金有一半是政府提供的。抵押银行的资金有相当一部分用于住房建筑和为居民买房提供贷款。

②私人建筑协会和公营建筑协会

私人建筑协会和公营建筑协会是德国第三大类从事住房信贷的银行机构。获得私人建筑协会和公营建筑协会的贷款的前提是必须首先签订一个建筑储蓄合同，只有当储蓄人的储蓄额达到合同金额的 33%到 40%时，才能有资格得到一笔建筑贷款。

③储蓄银行

储蓄银行是政府设立的不以营利为目的的受地方政府控制的公共金融机构，仅在地方开展金融业务。储蓄银行在德国共有 600 家左右，其资金来源大部分是居民个人储蓄存款，同时也发行各类债券，其中，建筑储蓄银行主要为建房、买房筹资融资，储户经过一段储蓄时期后，可以从储蓄银行取得购建房的贷款，这种存、贷款利率都较低。

④住宅信贷协会

住宅信贷协会是专门经营住房储蓄和住房贷款的住房金融机构，分为国营住宅信贷协会和私营住宅信贷协会两种。国营住宅信贷协会是地区性的，按照普通的储蓄银行方式开展业务；私人经营的住宅信贷协会的经营范围不受地区限制。由于该机构发放的住宅贷款享有免税特权，贷款利率较低，因此具有较强的吸引力。

⑤住宅互助储金信贷社

住宅互助储金信贷社是专门从事契约储蓄业务的房地产金融机构，是德国最大的居民个人购房贷款机构之一。任何居民个人按照合同契约规定，连续几年存入一定数额的定期储蓄存款，存足一定金额时，即可取得住房贷款的权利，贷款金额相当于存款金额，且存款利率和贷款利率都低于市场利率，当贷款需求超过信贷资金来源时，则按入社时间先后顺序或规定的顺序分配贷款。当社员购房时，政府按其每年储蓄额的一定比例支付补贴。低收入家庭还可以减免个人所得税。住宅互助储金信贷社实施贷款利率与存款利率挂钩的办法，当选定的存款利率为2.5%时，贷款利率为 4.5%；当选定的存款利率为 4.5%时，贷款利率为 5.75%，还本付息期限为 10 至 15 年。

除上述机构外，德国的信用合作银行、商业银行、保险公司等金融机构也从事房地产金融业务。

(4)新加坡的房地产金融机构

新加坡实行强制储蓄的住房公积金制度，政府对房地产市场实行强有力的国家干预。在房地产金融市场上，金融机构以官方金融机构为主体，并以专业房地产金融机构为支柱。从事房地产金融业务的主要金融机构包括住宅发展局、中央公积金局及邮政储蓄银行。

①住宅发展局

新加坡住宅发展局是政府的一个法定机构。在发展公共住宅方面，它既代表政府行使权力，负责制定住宅发展规划及房屋管理，实现居者有其屋目标。同时，又作为房屋开发商，负责房屋建设的工程发展及房屋出售和出租。住宅发展局在经济上实行独立核算、自主经营的政策。其资金主要来源于政府预算拨款和政府出让土地收益，此外政府发放的专用于建房的贷款及居民购房预付款也是其资金来源。住宅发展局的房屋租金和售价都是由政府确定的低于市场的价格，因此，造成的收支差额由政府核定预算时给予一定的津贴。

②中央公积金局

新加坡中央公积金局成立于 1955 年，是政府为实行公积金管理而专门设立的官方机构。中央公积金局隶属于劳工部，由劳工部制定有关政策并进行监督。中央公积金局依法独立操作，其他部门不加干预。中央公积金局实行董事会领导下的总经理负责制。董事会主席和总经理由劳工部委托，任期三年。董事会由 11 人组成，主席 1 人，董事 10 人，董事中包括政府代表 2 人，雇主代表 2 人，专家 4 人。董事会每两个月开会一次，对重大问题进行决策。董事会下设两个委员会，即人事财政委员会和计划决策委员会，负责处理具体政策问题。中央公积金局设总经理和副总经理各 1 人，日常工作由总经理负责。下设会员服务部、雇主服务部、人事部、行政部、电脑部及内部审计部 6 个部。在房地产金融方面，中央公积金局主要发放面向住宅发展局的公共组屋建设贷款和面向会员个人的个人购房优惠贷款。

③邮政储蓄银行

新加坡的邮政储蓄银行成立于 1887 年，储蓄存款是其资金的主要来源。到了 1990 年，邮政储蓄银行改名为新加坡储蓄银行。目前，该银行网络共有 130 间分行，21 间自动分行，以及 669 台自动提款机。客户的储蓄户头数目增加到 510 万个，存款额达 258 亿元，超过 95%的新加坡成年人拥有该银行的储蓄户头。该机构的房地产金融业务主要包括向中高收入者提供住房贷款和受政府及法定机构委托发放公务员和法定机构雇员的住房贷款。

3. 国际房地产金融机构

世界经济和金融的全球化，要求就金融问题展开国际性的合作，因而诞生了国际金融机构。在房地产金融领域，主要的国际金融机构包括建筑社团和储蓄协会国际联合会、建筑社团和储蓄协会亚洲太平洋联合会、世界储蓄银行协会、世界银行和国际金融公司等。

(1)建筑社团和储蓄协会国际联合会

建筑社团和储蓄协会国际联合会是一个专业住房金融组织的国际集团。国际联合会组织章程始于1971年,1980年和1983年有所修改。章程第三条规定国际联合会的目标是:鼓励储蓄和在全世界促进一种较高的住房标准;通过提供定期的会议设备和其他职能,鼓励成员之间的合作精神;在全世界部分政府和人民中,激发和鼓舞储蓄、住房所有权和足够住房的兴趣;通过比较研究和实践,广泛地鼓励普遍采用可靠的和有效的标准,以助于储蓄和住房的有秩序发展;鼓励开展和促进立法和其他措施,以保障储蓄和住房金融活动或它的任何组成部分的扩大,并保持世界各地所有机构的威望;制定和采用其他建议,以达到这些目标,包括组成世界住房银行或类似的金融组织。

国际联合会的成员有两个等级:正式成员和准成员。正式成员适用于一切积极从事住房金融和鼓励住房所有权的机构,它们是须经本国政府承认的立法和其他目的的谈判机构。准成员适用于其他机构、政府和准政府组织以及个人。章程规定代表会至少每三年召开一次。联合会的总政策和事务由理事会控制。理事会由联合会负责人和每一成员国代表组成。主席任命一个执行委员会(由理事会成员组成)管理联合会的事务。

(2)建筑社团和储蓄协会亚洲太平洋联合会

建筑社团和储蓄协会亚洲太平洋联合会是1979年5月在新加坡会议产生的。联合会的目标包括:推进储蓄和住房所有权原则,通过劝告、商议和推荐,改进亚洲太平洋区域各国人民的住房标准;和国际联合会协作,推进建筑社团和储蓄协会的建立,帮助没有建立全国建筑社团和储蓄协会的国家建立全国协会;和亚洲太平洋区域政府合作,并和国际组织合作,以满足住房需要;向成员推荐统一的作业和实践标准。联合会成员向国家建筑社团和储蓄协会以及个人机构开放,协会规定至少每三年召开一次大会。

(3)世界储蓄银行协会

世界储蓄银行协会于1994年正式成立,前身为成立于1924年的国际储蓄银行协会,现有代表成员107个,其中在中国的有3个,分别为中国工商银行、中国邮政储蓄局、澳门储蓄银行。该机构的基本职能是加强储蓄银行之间的经验交流和合作。它定期搜集储蓄银行感兴趣的课题信息提供给会员。协会有四个部门:国际关系部负责发展会员之间各种领域的关系,包括和其他国际组织的关系。它的一个特别重要的职能是鼓励发展合作;信息部负责信息服务,出版书刊;营业管理部负责协调活动和发起会议、研讨会,包括组织、数据加工、自动化、审计、市场、广告和训练等领域；行政部门负责会议服务、技术和会计活动。

(4)世界银行和国际金融公司

世界银行和国际金融公司作为两个国际性的金融组织，都与住房建设和住房金融有密切的联系，其中国际金融公司属于世界银行集团的一部分。世界银行包括国际复兴开发银行和国际开发协会两个机构，它们共用同样的工作人员，这两个机构的共同目标是"通过提供金融和技术帮助，主要是对公共和私人部门的特别项目的帮助，促进发展中国家的经济进步"。

目前，世界银行极其重视促进具有活力和效率的住房金融系统的发展，另外，一些债务沉重的国家面临严重的信用问题，完善住房金融机构和广泛筹集住房资金摆到议事日程。除了改善有关住房政策外，世界银行住房金融目标主要有四个：一是有效地利用资源和鼓励居民存款；二是向社会各阶层提供同等的金融服务；三是逐步清除种种阻碍，如住房金融组织及其有关基本金融工具产生的强制因素；四是慎重审议计划项目，不断削减通过信用机构提供的补贴，精确测算两者对政府预算的直接和间接影响。

国际金融公司成立于 1956 年。它的目标是"促进发展中国家的经济进步，帮助这些国家动员国内和国外资本，鼓励私人部门增长"。投资于住房金融机构，是这个公司发展金融系统的一个重要方面。该机构在金融部门有五个目标：一是增加中长期资金的供应；二是鼓励住房金融机构作为初级贷款者，长期储蓄机构作为二级投资者，在抵押贷款工具中广泛竞争；三是引导金融创新，诸如进行住房贷款机制的创新；四是鼓励私人部门介入住房金融；五是动员住房的附加资源。

中国目前是国际金融公司投资增长最快的国家之一。在 2006 财政年度单年，国际金融公司共向 24 个项目承诺投资 638 亿美元。从 1985 年批准第一个项目起，至 2006 年 6 月 30 日止，国际金融公司在中国共投资了 115 个项目，并为这些项目提供了 28.6 亿美元的资金，其中，22.4 亿美元为自有资金，6.25 亿美元来自银团中的其他银行。

1.3.4 国外房地产金融市场

国外相对发达的房地产业和金融业促成了房地产金融市场的发展。目前一些国家的房地产金融市场已经成为本国金融市场的重要组成部分。了解国外房地产金融市场的现状，有助于建立和完善我国的房地产金融市场。

1. 金融市场与房地产金融市场

金融市场是随着商品市场和商品交易的发展而产生和发展起来的，它是货币的借贷、各种票据和有价证券的买卖等融资交易活动的总称。金融市场可以是有固定场所进行的各种融资活动，也可以是没有固定场所，由参加交易者利用电讯手段进行联系洽谈而完成的融资交易。金融市场按业务活动期限划分，可分为货币市场和资本市场；按成交后是否立即交割，可分为现货市场和期货市场；按证券是否新发行，可分为证券发行市场和证券流通市场；按地域范围划分，可分为地方性、国内性、国际性金融市场；按市场职能划分，可分为货币市场、资本市场、外汇市场、黄金市场。

房地产金融市场是房地产资金交易活动的总称。它是金融市场的重要组成部分。房地产金融市场从大的方面可划分为两类：一是协议信贷市场；二是公开市场。协议信贷市场是资金交易双方协议确定借贷条件的市场。这一市场活动通常以较固定的客户交易关系为限，也就是所有的交易均在固定的客户关系范围内进行。市场的交易价格是待定的，所有的交易都是资金供求双方（即交易双方）按照自愿互利原则，面对面进行的。协议信贷市场的交易工具因人、因时、因事而异。

住房存贷款市场、抵押保险市场、各类房地产抵押贷款市场等均属于协议信贷市场范畴之内。公开市场与协议信贷市场正好相反，它不以客户为限，任何人、任何机构都可以自由进出这个市场；市场交易价格是公开的，根据当时市场资金供求状况，由大量的资金交易双方自然形成，具有不确定性。公开市场的资金交易双方不一定面对面商洽，而往往都是由经纪人和交易商作为中介。

2. 国外房地产金融市场的类型

由于各国房地产业和金融业的发达程度不同，政府对房地产业管理理念及相应社会环境的差异，世界各国形成了不同类型的房地产金融市场，按照房地产金融资金主要来源渠道的差别，可以将房地产金融市场具体划分为抵押型房地产金融市场、基金型房地产金融市场、储蓄来源型房地产金融市场和混合型房地产金融市场四种类型。

(1)抵押型房地产金融市场

抵押型房地产金融市场又称完备型房地产金融市场，主要出现在美欧等资本主义国家，其中以美国最为典型。这些国家在第二次世界大战后经济迅速发展，金融市场规模得以不断扩张，并形成了完备的金融体系。房地产业和金融业的紧密联系，创造出了丰富多样的房地产金融工具。房地产业及房地产金融机构所需资金完全可以通过房地产金融市场来筹集，而不需要建立强制性的储蓄和住房基金作为金融机构房地产信贷的资金来源。在抵押型的房地产金融市场上，抵押市场是整个房地产金融市场的核心，支撑着房地产金融。市场以抵押品为金融媒介，按照供求机制进行自发调节。这种房地产金融市场的主要特点表现为：

①房地产抵押信贷是市场资金流动的中心环节，房地产抵押是这类市场最基本的特点。

②私人机构操纵和控制房地产金融市场。

③抵押趋向多样化。为避免资金贷放过程中的风险，抵押趋向多样化，比如在住宅抵押的基础上，由借款者投保信贷偿还保险、人寿保险，即抵押加保的方式；适应住宅需求的变化，开展分级偿还抵押，多重抵押等业务；为避免通货贬值风险，采取浮动利率和可变利率抵押等方式。

④房地产金融市场与其他类型金融市场相互渗透，以此促进资金融通。

(2)基金型房地产金融市场

基金型房地产金融市场出现在经济相对落后、资本短缺的国家。其主要特点是通过建立全国性的基金管理局，为房地产开发投资和住宅消费提供稳定的信贷资金来源。一般而言，全国性基金管理局的资金来源有两种渠道：一是把社会福利计划和筹措住宅发展基金有效结合，通过设立国家级的就业保障基金会来解决住宅信贷资金来源问题。以巴西最为典型，1996 年巴西成立了保障就业基金会。保障就业基金成为巴西全国住宅银行的主要资金来源和实施住房发展计划的基金。根据该基金会的相关规定，雇员按照工资总额的 8%的税款交给保障就业基金会，以雇员的名义存入个人存款账户，作为他们个人的福利基金。保障就业基金由“全国住宅银行”经营和管理，基金按年利率 3%，由银行支付利息。雇员参加保障就业基金会 5 年以后，就可以提取账户上的存款，购买住房，偿还房款。保障就业基金是住宅信贷资金的主要来源，同时也作为住宅建设贷款提供给住宅经营者，发挥住宅投资的作用。全国性基金管理局资金来源的第二个渠道是采取公积金制度与住宅发展基金相结合的办法，利用公积金解决住房建设和消费资金。新加坡是这种基金型房地产金融市场的典型，通过实行强制性的公积金储蓄制度，新加坡为住房发展积累了大量资金，有效解决了该国的住房问题。

(3)储蓄来源型房地产金融市场

以储蓄制度和合同制度作为本国房地产金融制度的国家，其房地产金融市场一般属于储蓄来源型。德国是储蓄来源型房地产金融市场的典型，它通过制定贷款法、建房储蓄机构法等法律直接干预建房储蓄。德国相关法律规定，凡年满 18 岁计划购房的德国公民都必须参加建房储蓄，并和建房储蓄机构签订建房储蓄合同。这种以提供优惠利率住宅贷款来鼓励住宅储蓄的办法，为德国房地产业特别是住宅产业的发展提供了有效的资金保障。

(4)混合型房地产金融市场

混合型房地产金融市场兼具抵押型和基金型房地产金融市场的特征,其房地产金融资金的来源既包括抵押信贷也包括一定形式的基金筹集。在房地产金融市场上存在大量的私人金融机构,同时政府又对市场进行强有力的国家干预。日本的房地产金融市场属于典型的混合型市场。日本的特殊国情决定了它的房地产金融市场类型。日本是实行私有制的市场经济国家,私人金融机构必然在房地产金融市场发挥重要作用;同时,由于第二次世界大战后,日本经济已经处于崩溃的边缘,因此需要建立一个强权政府来规范市场。在经济落后资金短缺的情况下,政府必然介入金融市场,通过官方机构和官方金融机构来筹集和运用住房资金。上述两方面的因素造就了目前日本混合型的房地产金融市场。日本混合型房地产金融市场具有两个明显特征。首先,金融市场上私人金融机构与官方金融机构的房地产信贷活动同时并存。第二次世界大战后,日本政府为缓解"房荒",建立了如住宅都市整备公团、住宅公社这样的官方机构,直接建造和供应出租住宅。20 世纪 60 年代后,随着金融机构的住宅信贷活动日趋活跃,日本政府对房地产市场的干预则变为主要是加强对住宅信贷的引导。其次,住宅信贷资金来源多样化。不仅有民间和国家两个资金渠道,还包括信用机构采取储蓄、发行债券等多种信用手段吸收资金,也有通过财政性投资贷款计划筹集资金,输送给公营或国家支持的机构。

3. 典型国家的房地产金融市场

(1)美国的房地产金融市场

根据前面的介绍,我们了解到美国的房地产金融市场是全球规模最大、发育最完善的房地产金融市场。由于美国实行典型的抵押型房地产金融制度,因此,抵押贷款市场是其房地产金融市场的主要组成部分。美国不仅拥有规模庞大的房地产抵押一级市场,而且还建立了发达的抵押二级市场。

①房地产金融一级市场

美国具有世界上最发达的房地产抵押市场。在这个典型的私人资本占主导地位的金融市场里,房地产抵押信贷尤其是住宅抵押信贷是在一级市场占有 90%的比重。美国约有三分之二的家庭拥有自己的住宅,居民购建住宅资金主要来源于金融机构提供的住宅抵押贷款。第二次世界大战后,美国的抵押贷款空前发展,1950 年美国未清偿住宅抵押贷款为 425 亿美元,1960 年为 1630 亿美元,1979 年突破万亿美元,1981 年又达至 11627 亿美元。到 20 世纪 90 年代末的 1998 年底,全美未清偿住房抵押贷款余额为 5729 亿美元,其中机构投资者占了近 90%的市场份额。

在一级金融市场上,私人金融机构对贷款者进行严格的审查。从贷款申请、资信审查、不动产估值直到最后签约放款，均按银行经营的原则办事。对贷款对象的选择一般注重那些偿还能力强、信誉可靠的客户，以利于抵押贷款的良性循环，但也有选择偿还能力稍弱、但贷款面很大的中低收入者，以利于房地产抵押贷款的长期效益。美国住宅金融市场抵押形式多种多样，但大多数金融机构只提供住宅价值的60%～75%的贷款，而住宅价值的其余部分由申请贷款者自己支付。为满足房地产金融市场的多样化需求，同时提高金融机构的市场竞争力，在房地产金融市场上，开发出了许多创新的抵押贷款工具。除传统标准的固定利率抵押贷款以外，还开发了浮动利率抵押贷款、逆向年金抵押贷款、分享增值抵押贷款、渐进型抵押贷款等新型抵押贷款工具。

美国房地产金融一级市场不仅规模庞大、金融工具丰富，更突出的是具备完善的抵押贷款担保和保险体系。美国在20世纪30年代以前，各金融机构为规避风险，都规定了极为苛刻的抵押贷款条件。但即使如此，也未能使放款机构摆脱风险，30年代的经济危机使多数的抵押贷款被取消抵押权。于是美国政府相继建立联邦住宅管理局和退伍军人局，分别专门为普通居民和退伍军人提供抵押贷款担保。1957年，美国出现第一家专门为非常规抵押贷款提供担保的公司，从而在一级市场上形成了政府担保机构与私人担保机构并存的完善的贷款担保体系。

目前，一级市场提供的抵押贷款保险主要包括全额保险，即保险机构承担借款人因违约给贷款机构造成的全部正常损失；限额保险，即保险机构最多只承担按原始贷款本金一定比例计算的限额损失；共同保险，即损失额在原始贷款本金的一定百分比范围内由保险机构承担，超过范围以外的，由贷款机构和保险机构共同承担；自我保险，即贷款机构承担全部的违约损失等险种。

②房地产金融二级市场

美国房地产金融二级市场是在一级抵押市场基础上发展起来的。所谓二级市场是指最初的贷款商用已贷出的抵押贷款与投资商之间再进行交易的市场。20世纪70年代以后，伴随金融管制的放松和金融创新浪潮的出现，以抵押贷款证券化为主要特点的美国抵押贷款二级市场取得了长足的发展。其中抵押贷款证券的发行额，从1970年的10亿美元，上升到1997年的3609亿美元。抵押贷款证券占未清偿抵押贷款的比重，从最初的不到5%，发展到2008年的50%以上，其规模已达到4.3万亿美元。在1997年，全美新发放的抵押贷款为8570亿美元，其中57%已经实现了证券化。随着二级市场规模的不断扩大，二级市场证券化工具也得到了不断的创新，近30年来，美国房地产金融二级市场开发出了多种抵押贷款证券。其中包括政府国民抵押协会首次发行的抵押贷款证券、联邦住宅抵押公司发行的担保抵押债务、联邦国民抵押协会开发的本息分离证券等。这些金融工具的出现，极大地促进了美国房地产二级金融市场的繁荣。在美国房地产金融二级市场的建立和发展过程中，政府发挥了重要的作用。房地产金融二级市场是美国政府干预最深的市场。政府的干预不仅表现在政府直接发起设立了二级市场的金融机构，如政府国民抵押协会、联邦国民抵押协会、联邦住宅抵押公司等，并对金融机构主要的经营产品及业务范围进行了限制，还表现为通过制定住房贷款利率等措施对二级市场进行间接调控。正是政府的积极干预，弥补了市场机制本身的缺陷，促进了房地产金融二级市场的健康发展。

(2)英国的房地产金融市场

英国是资本主义发展较早的国家，经济发达，其房地产业是英国经济三大支柱之一，为房地产业提供金融服务的金融市场也较发达，并有其独特之处。在英国的住宅金融市场上房屋互助协会和银行(货币部门)是住宅金融市场的主要贷款商。与其他国家相比，英国的保险公司在住宅抵押市场中所起的作用微不足道，它只贷出很少的资金。英国住宅抵押市场与美国不同，它没有二级抵押市场，保险公司和退休基金会可以直接拨款资助购房贷款。由于英国没有国家金融保险制度，所以英国住宅抵押贷款80%以上是靠私人保险公司作保的，与其他国家相比，英国住宅金融市场的特征在于，绝大部分抵押贷款是用于现有住宅的改建，而不是房屋的新建。

(3)德国的房地产金融市场

如前所述，德国实行契约型住房储蓄制度，其房地产金融市场的典型特点在于它的综合性，德国的房地产金融市场集合了契约系统、存款系统和抵押银行系统三大系统。这三大系统分别由建筑与贷款协会、抵押银行和储蓄银行与信用合作社三类金融机构实施。在一级抵押贷款市场上，1990年末，德国抵押贷款的市场规模为5313亿德国马克。这些贷款由一级市场的金融机构提供，其中储蓄银行1990年贷款占新住宅贷款的37.3%，并占全年住房贷款总量的40.1%；抵押银行占新住宅贷款的29.8%，并占住房总贷款的28.5%；储蓄贷款机构占新住宅贷款的25.2%，占住宅市场贷款总量的21.3%；保险公司在新住宅贷款市场上的份额为11.4%，并占住房总贷款量的10.0%。

德国的房地产金融二级市场相对于美国较为落后，并主要采用表内模式，其根源在于德国长期实行的抵押银行制度。德国的抵押银行主要通过发行债券来筹集资金，这种债券是最早的抵押贷款证券。但同美国相比，德国抵押银行被证券化的资产仍然保留在抵押银行资产负债表内。一旦银行破产，抵押债券的投资者具有对抵押贷款的直接追索权。目前，德国还没有公开发行表外模式的抵押支持证券。抵押债券的投资者也主要是抵押银行自身以及德国保险公司等机构投资者。然而,在海外市场,虽然机构投资者对表外模式的抵押支持证券投资仍然持观望态度,但一些德国的私人投资者已经开始投资美元计价的抵押转付债券。

(4)新加坡的房地产金融市场

新加坡房地产金融市场最主要的组成部分是住宅金融市场。新加坡住宅金融市场的典型特征是以基金为后盾。通过把公积金制度和住宅发展计划(居者有其屋计划)相联系的办法,解决住房建设投资和住宅信贷资金来源。

新加坡从1955年开始实行公积金制度。公积金是为雇员设立的社会福利基金。这个制度规定,雇员和雇主必须按雇员个人工资的一定比例缴纳公积金储蓄,并存入中央公积金局为雇员开设的公积金储蓄账户上。公积金缴纳率随着经济发展和工资增长而提高。新加坡公积金制度实行了30多年,已经积累了大量的资金,并成为房地产金融市场的主要资金来源。在新加坡房地产金融市场上,政府起着主导作用,作为政府部门的住宅发展局几乎支配着新加坡的全部住房金融市场。

思考题

1. 简要论述房地产金融产生的原因及其内涵。
2. 简要对房地产金融的相关概念进行比较分析。
3. 简要比较分析典型国家的房地产金融体系,试用列表比较说明。

案例分析

北京、上海、天津竞相试点房地产信托投资基金

根据全国工商联房地产商会召开的全国房地产商会秘书长会议上得到的信息,批准北京、上海、天津三个城市为房地产信托投资基金(REITs)试点城市。此前,上海、广州、天津、深圳、北京等五大城市均由欲获得试点城市资格而展开激烈竞争。

房地产信托投资基金是一种以发行受益凭证的方式汇集特定多数投资者的资金,由专门投资机构进行房地产投资经营管理,并将投资综合收益按比例分配给投资者的一种信托基金。从本质上讲,房地产信托投资基金是属于资产证券化的一种方式。REITs产品设计的基础在于有一个稳定的现金回报,它应该是能够产生稳定现金流的物业,包括商业物业和工业物业。商业物业包括商场、办公楼等;工业物业包括工业园区、仓储设施等。

房地产金融衍生品REITs的推出,正是使房地产商继续持有房地产项目所有

权前提下，获得资金继续滚动开发，拓宽房地产融资渠道，以解决房地产开发商贷款难的问题。按照目前房地产的市场供需，5年内全国REITs规模可能达到1万亿元。

上海已将一批国企商业房地产等项目进行初步打包，其规模初值50亿元左右，目前选择的不动产及物业主要是来自于浦东国资房地产公司等旗下商业地产、高科技孵化楼宇及工业厂房，出租率均在80%以上。

天津是最早推出房地产信托投资基金的城市。早在2006年12月30日，我国首支中资产业投资基金——渤海产业投资基金在天津发起设立。就在渤海产业投资基金发起设立前两天，天津滨海新区领锐资产管理公司成立。天津经济技术开发区的优质工业地产和廉租住房被纳入领锐资产管理公司的资产池，探索房地产信托投资基金的发行试点。2007年初，天津滨海新区创业风险投资引导基金发起设立，旨在通过“母基金”的运作方式，吸引国内外优秀的创业投资机构及管理团队进入滨海新区，设立商业性创业投资基金，促进国内外优质创业资本、项目、技术、人才向滨海新区聚集。

北京市商业房地产的存量很大，根据统计数据，大概有2000万平方米，如果单纯依靠出售或者出租来消化这部分存量房地产，短期内是很难实现的。北京将拓宽房地产企业融资渠道。一是支持在北京设立房地产信托投资基金。通过设立股权投资基金、信托计划及在银行间市场发行债务融资工具等方式拓宽融资渠道，支持房地产市场健康发展。二是将大力推进“收益权质押加专项账户监管”的经济适用住房开发贷款模式试点，并开展房地产项目收益债券试点工作等，逐步将房地产信托投资基金试点进行推广。

分析：试点房地产信托投资基金对我国房地产金融的影响。

第2章

房地产金融市场

市场机制推动了不同行业经济活动一体化的进程。在这样的背景下，尽管房地产交易与其他市场交易仍存在很大差异，但围绕房地产进行的相关活动如开发、经营、管理已经日渐成为金融体系的组成部分，并开始遵循金融市场的运行规律。

2.1 金融市场与金融法律概述

2.1.1 金融市场

1. 金融市场的概念

狭义的金融市场是指进行资金融通的场所。借贷资金在金融市场集中和分配，并由资金供求关系形成利率。广义的金融市场是指各类金融机构及个人资金交易活动的总称，包括与货币流通和信用有关的一切经济活动。

根据资金融通时有无中介机构，可将金融市场的活动分为直接融资和间接融资。直接融资是资金的最终供求双方不通过金融中介机构介入的资金融通方式，即资金供求双方通过直接协议或在公开市场上直接买卖证券的活动。这些证券包括非金融机构、政府、工商企业、个人发行或签署的公债、国库券、债券、股票、抵押契约、借款合同及各种形式的票据。间接融资是指最终的资金供给方通过金融中介机构来完成向最终的资金需求方融出资金的过程。充当资金融通中介的金融机构可以是商业银行、保险公司、信托公司、投资公司和互助基金等。

直接融资和间接融资各有利弊。其中，直接融资的优点是：

(1)资金供求双方直接联系，可以根据各自融资的条件，如借款期限、数量和利率水平等方面的要求，实现资金的融通。

(2)资金供求双方直接形成债权、债务关系，债务人会因面对直接债权人的监督，而在经营上有较大的压力，从而促进资金使用效益的提高。

(3)资金需求方可以通过发行长期债券和股票，筹集具有稳定性的、可以长期使用的投资资金。在金融市场发育程度较高的条件下，短期性资金也可以进入并支持以长期融资为主的直接融资的发展。但同时，直接融资也有其局限性，如融资双方在资金数量、期限、利率等方面受到的限制较大；且对资金供给者来说，由于缺乏中介的缓冲，直接融资的风险会相对较高。间接融资的优点是：一方面，银行等金融机构能够广泛筹集社会各方面闲散资金，形成巨额可供融出的资金；另一方面，金融机构多样化的资产、负债结构会推动融资风险的进一步分散。间接融资的局限性则主要表现为资金供求双方的直接联系受到金融中介的阻隔，在一定程度上减少或淡化债权人对债务人经营状况的关注。

2. 金融市场的分类

金融市场可以按照不同的标准进行分类。如按照金融交易的期限不同，将金融市场划分为货币市场和资本市场；以金融交易的交割期限为依据，金融市场可分为现货市场与期货市场等。其中货币市场与资本市场的区分最为常用。

货币市场是经营一年以内短期资金融通的金融市场，包括短期信贷市场、同业拆借市场、票据承兑与贴现市场和短期证券市场等。资本市场是指融资期限在一年以上的金融市场，包括股票市场、长期债券市场、中长期借贷市场和基金市场等，其融通的资金主要作为扩大再生产的资本使用。

资本市场和货币市场都是经济体系中聚集、分配资金的“水库”和“分流站”。资金需求者通过资本市场筹集长期资金，通过货币市场筹集短期资金，国家经济部门则通过这两个市场来调控金融和经济活动。从历史上看，货币市场先于资本市场出现，货币市场是资本市场的基础。但通常资本市场的风险要大于货币市场。

3. 金融市场的功能

金融市场的建立和发展对优化资源配置、提高资金使用效率等都具有重要的意义。

金融市场有如下几种基本功能。

(1)资金聚集功能

聚集功能是指金融市场可以将众多分散的小额资金汇聚为可以投入社会再生产的资金集合的功能，以满足企业因发展生产和政府部门因大规模基础设施建设与公共支出等而进行大额投资的要求。

(2)配置功能

金融市场的配置功能表现为：一是资源的配置。即通过金融市场的作用，使资金流向最有发展潜力、能为投资者带来最大利益的企业和部门，从而使有限的资源得到最为合理的利用。二是财富的再分配。政府、企业和个人大都通过持有金融资产来保有财富。通过金融市场价格与金融资产价值的波动，可以实现财富的再分配。三是风险的再分配。根据对风险的喜好程度不同，经济主体可分为风险偏好型、风险中立型和风险厌恶型。风险厌恶型的经济主体可以把风险转嫁给风险厌恶程度较低的风险中立型或风险偏好型的经济主体，从而实现风险的再分配。

(3)调控功能

调控功能是指金融市场对宏观经济的调节作用。金融市场将作为资金盈余方的储蓄者和作为资金赤字方的投资者联结在一起,并通过利率等因素的变化来影响和发挥对宏观经济的调控作用。

(4)信号功能

金融市场历来被称为国民经济的"晴雨表"和"气象台"。金融市场的信号功能体现在以下两个方面:一是金融市场交易直接或间接地反映了国家货币供应量的变动。货币的紧缩和放松均是通过金融市场进行的,即货币政策的实施要借助金融市场的波动来体现。二是金融市场具有广泛而及时地收集和传播信息的通信网络的作用。在整个世界金融市场已连成一体的背景下,人们可以通过一个国家或地区的利率、汇率等的变化,来了解一个国家或世界经济发展的情况。因此,金融市场所反馈的宏观经济运行方面的信息,有助于政府部门及时制定和调整宏观经济政策。

4.金融制度与金融运行机制

金融制度是指有关金融交易的规则、惯例和组织安排,为金融运行提供明确的"游戏规则"。

金融制度主要由金融组织制度、金融市场制度和金融监管调控制度构成。

按照不同的标准,金融制度有不同的分类:①按照制度构成的理论可将金融制度分为社会认可的非正式金融制度和正式金融制度两种。其中,非正式金融制度是人们在长期交往中无意识形成的具有持久生命力的制度文化的一部分,如借贷活动中的"有借就有还"的习惯性观念。正式金融制度是一国货币当局有意制定的一系列契约规则、政策法规及其各种组织形式,以界定人们的行为规则。②按照经济体制的不同可将金融制度分为市场经济体制下的金融制度和计划经济体制下的金融制度。我国目前已经建立了一个在中央银行宏观调控之下的政策性金融与商业性金融分离、以国有商业银行为主体、多种金融机构并存的金融机构体系。

金融市场的运行机制包括运行系统和内调节机制。运行系统包括主体行为系统和平衡系统。主体行为系统是指金融市场主体(企业、政府、个人、金融机构)及其交易行为等构成要素的相互联系及其组成的整体。平衡系统是指通过资金的价格波动调节市场主体的利益而使资金供求达到基本平衡的机制,是金融市场的核心内容。另外,一定时期国家的财政货币政策也是调节市场供求平衡的重要因素。金融市场运行的内调节机制主要是通过利率来发生作用。在发育成熟的金融市场条件中,利率是调节市场运行及供求平衡最主要和最灵活的机制。

2.1.2　金融法律、法规体系

1. 金融法的概念

金融法是调整金融关系的法律总称。金融关系包括金融监管关系与金融交易关系。金融监管关系主要指政府金融主管机关对金融机构、金融市场、金融产品及金融交易的监督管理的关系。金融交易关系则是指在货币市场、证券市场、保险市场和外汇市场等各种金融市场、金融机构之间，金融机构与大众之间，以及大众之间进行的各种金融交易的关系。我国没有以“金融法”来命名的单独的某个法律。涉及金融类的具体法律通常用涉及的金融行业的名称来命名，例如，《中华人民共和国中国人民银行法》和《中华人民共和国商业银行法》(以下简称《商业银行法》)等。

2. 金融法律、法规的主要内容

(1)金融监管法的主要内容

①金融市场准入

政府金融主管部门规定设立金融机构的标准，也称为金融市场的准入资格。由于金融市场风险较大，而且属于系统性风险，各国政府对金融市场准入资格都进行严格审查，也都规定了较高的准入资格。如欧洲经济合作与发展组织(OECD)建立的国际银行监管机构“巴塞尔协会”在其《核心原则》中，提出了严格的市场准入审查要求。

与国际平均水平相比，我国的金融市场准入资格较高。例如，设立商业银行的条件有 5 项：有符合《商业银行法》和《中华人民共和国公司法》(以下简称《公司法》)规定的章程；有符合《商业银行法》规定的注册资本最低限额；有具备任职专业知识和业务工作经验的董事(行长)、总经理和其他高级管理人员；有健全的组织机构和管理制度；有符合要求的营业场所、安全防范措施和与业务有关的其他设施。其中，注册资本要求的最低限额为 10 亿元人民币。城市合作商业银行的注册资本最低限额为 1 亿元人民币。相比之下，外国商业银行注册资本最低要求是我国规定的 40%或者更低。在我国，设立证券公司必须经国务院证券监管机构审查批准。设立综合类证券公司的注册资本最低限额为 5 亿元人民币，设立经纪类证券公司注册资本最低限额为 5000 万元人民币。设立证券登记结算机构必须经国务院证券监管机构批准，自有资金应该不少于 2 亿元人民币。设立保险公司需要经国务院主管部门批准，注册资本的最低限额为人民币 2 亿元。

外资金融机构进入我国的市场还有特殊的准入规定:在我国设立外资银行、合资银行需要经过中国人民银行批准,其最低注册资本额为3亿元人民币等值的自由兑换货币;外资财务公司、合资财务公司的最低注册资本为2亿元人民币等值的自由兑换货币;外国银行在我国设立分行时,也要经过中国人民银行批准,该外国总行在提出申请前1年年末的总资产不得少于200亿美元,同时,要无偿拨给不少于1亿元人民币等值的自由兑换货币,作为设在中国境内分行的营运资金。

除了上述注册资本要求之外,准入审查还包括:审查申请设立金融机构者的产权结构、经营计划、经营制度、内部组织结构、董事及高级管理人员任职资格、申请设立金融机构者的财务状况与经营前景预测、审查申请人关联公司情况以及业务报表情况。在批准设立金融机构后,还要审查金融机构的经营范围、股权转让情况、重大投资与收购情况等。

②金融机构经营范围

金融机构允许在什么范围内开展业务也是法律要规定的一个重要问题。规定的经营范围越大,金融机构获利的机会就越大,同时,风险也越大。反之,金融经营的范围越窄,金融机构获利的机会也越小,风险也相应减少。

国际金融领域,一直有分业经营与混业经营两种模式。分业经营与混业经营反映了金融业发展的不同阶段,也反映了各国政府对金融风险的不同处理思路:分业经营是为了避免风险,而混业经营则是管理风险。其中,分业经营对金融机构的自律机制、监管人员经验、投资者理性程度的要求低一些;混业经营要求的条件更高。

欧洲大陆国家的金融机构,多采取混业经营模式。1986年,英国开始金融体制改革,将金融监管机构合并为一个机构,金融机构业务可以混业经营。美国从1933年格拉斯·迪格尔法案颁布后,采取分业经营模式。1999年11月,美国放弃了分业经营限制,允许金融业的混业经营。

我国金融机构采取分业经营的模式。如我国法律规定:“商业银行在中华人民共和国境内不得从事信托投资和股票业务,不得投资于非自用的不动产。商业银行在中华人民共和国境内不得向非银行金融机构和企业投资。”即商业银行的经营范围仅限于传统业务,且不允许经营证券投资与信托业务。同样,证券公司的经营范围也是按照分业经营的规定来制定的。我国证券公司分为综合类证券公司和经纪类证券公司。前者的业务范围比较宽,可经营证券经纪业务、证券自营业务、证券承销业务等。经纪类证券公司只允许专门从事证券经纪业务,不能做自营业务。

③金融机构自律、监督机制

金融行业的风险非常大,且属于系统性的风险,即一家金融机构出现负面问题后，容易引起连锁反应，并可能导致整个金融系统的危机。因此，很有必要建立、健全金融机构的自律、监督机制。

自律、监督机制表现为 3 个层次：第一是金融机构内部的自律机制。如我国法律规定：我国商业银行“应当按照中国人民银行的规定，制定本行的业务规则，建立、健全本行的业务管理、现金管理和安全防范制度”。同时，“商业银行应当建立、健全本行对存款、贷款、结算、呆账等各项情况的稽核、检查制度。商业银行对分支机构应当进行经常性的稽核和检查监督”。第二是金融同业之间的自律机制，即各种金融机构在法律规定的基础上，通过其同业协会，制定更为严格的行为守则，并对本行业的营业者的日常经营行为进行监管，以便维护在行业市场上的公平竞争和市场秩序。如我国证券同业协会担负的职责包括：协助证券监督管理机构教育和组织会员执行证券法律、行政法规；制定会员应遵守的规则；监督、检查会员行为，对违反法律、行政法规或者协会章程的，按照规定给予纪律处分等。第三是金融市场中的客户对金融机构的监督机制。

④存款人和大众投资者保护问题

金融机构的资产大部分是以负债形式取得的，因此，在金融法律调整的金融交易关系中，法律更多地关注保护存款人或投资人的利益。如《商业银行法》设专章对存款人进行保护。《证券法》对投资人的利益保护内容分为两类：①证券发行时的信息充分披露与政府主管部门核准及发行后的持续披露；②规定禁止交易行为，保护证券市场上的公平交易，如禁止内幕交易行为，禁止通过单独或利用信息优势联合或者连续买卖，或操纵证券交易价格；禁止与他人串通，以事先约定的时间、价格和方式互相进行证券交易或者互相买卖并不持有的证券，影响证券交易价格或者证券交易量；禁止国家工作人员、新闻媒体从业人员等编造并传播虚假信息，严重影响证券交易；禁止证券交易及中介机构从业人员，在证券交易中做出虚假陈述或信息误导等。

(2)金融交易法的主要内容

金融交易法调整金融交易关系的主要内容可以概括为 4 个方面：

①对金融市场的宏观调控

从金融交易法的角度来看，金融交易合同既是双方当事人之间的合同，又是受到政府宏观调控的合同。如从 1998 年开始，我国商业银行开始开设“个人住房担保贷款”业务。从表面上看，“个人住房担保贷款”业务体现的是借款人与银行之间的借贷合同关系。但是，这种借贷关系从产生、发展，都伴随着政府对住宅产业和房地产业发展的宏观调控。

②维护金融市场秩序

我国金融市场处于资金供不应求的阶段，因此，在金融法制允许的范围之外，不时会出现金融市场理应禁止的情况。如，在银行领域，出现的资金“体外循环”、“乱集资”、“高息揽存”、“资金地方保护主义”和“抵押执行难”等情况；在证券市场出现的“非法设立证券交易场所进行私下交易”和“证券市场内幕交易”等情况；在保险市场出现的“保险诈骗”等情况。所以，必须加强金融法制建设，维护金融市场秩序。

③建立金融信用机制

金融市场要以信用为基础，而信用依靠交易记录来积累与评价。个人在金融支付与结算中的记录，早在100多年前的美国与欧洲的金融市场上，就被业内管理系统作为信用记录与评价的参考因素。在我国实行市场经济过程中，建立完善的金融信用制度十分重要。这种信用关系需要金融法来建立，并加以维护。

④规范我国金融市场对外开放

在世界贸易组织一揽子框架协议中，有服务贸易的一揽子协议(GATS)。服务贸易协议框架中，包括了金融服务贸易协议(FSA)。该协议已于1997年12月13日签署，1999年1月1日生效。现有多个WTO成员方做出了开放本国金融市场的承诺。

2.2 房地产金融市场及其构成

2.2.1 房地产金融市场

1.房地产金融市场的概念

房地产金融市场是金融市场的重要组成部分，其基本理论、运行原理、经营管理、产品设计、风险管理等方面均以一般金融市场理论为基础，并与其他金融市场有许多共同之处。但另一方面，由于房地产金融在金融市场中占有较大份额且房地产行业自身具有的较强特殊性，使房地产金融市场的功能等也有很多不同特征。

简单地讲，房地产金融市场是指与房地产有关的金融活动，即围绕房地产生产、流通和消费过程进行的货币流通和信用活动及相关的所有经济活动的总称，包括房地产筹资、融资、信托、保险及有价证券的发行和转让等。

2. 我国现行房地产金融业务

我国现行房地产金融业务包括自营性房地产金融和委托性房地产金融两类。

自营性房地产金融业务主要是指商业银行按照资金盈利性、安全性和流动性的经营原则，通过吸收公众存款，自主发放用于房地产开发建设和居民购房的贷款。自营性房地产贷款包括两类：一是个人住房贷款，是指对个人发放的用于购买、建造和修葺住房的贷款，包括个人住房抵押贷款、个人住房装修贷款、个人商用房贷款、个人住房首付款贷款等业务品种；二是企业房地产贷款，是指对企业发放的用于房地产开发、经营和消费的贷款，包括房地产项目贷款、房地产开发企业流动资金贷款、商业用房经营贷款、建筑业贷款等业务品种。随着市场需求的变化，银行信贷品种不断创新，业务范围不断扩大。

委托性房地产金融业务是指银行受各市（县）人民政府和军队、煤炭、铁道、石油等系统的委托，以委托性住房资金为来源而经营的住房金融业务。委托性住房资金来源包括城市住房基金，行政、事业、企业单位住房基金，行政、事业、企业单位收取的租赁保证金、职工住房公积金等；委托性资金运用包括对房改单位职工购买、建造、大修理自住住房发放抵押贷款，受公积金中心委托，对参加公积金储蓄的个人发放公积金住房贷款。委托性房地产金融业务以住房公积金为主体。银行在接到住房公积金管理中心委托后向借款人发放公积金贷款，只收取手续费，不承担贷款风险，不分享利差收入。

房地产金融市场的基本职能是为房地产的生产、流通和消费筹集资金和分配资金。

2.2.2　房地产金融市场的构成

房地产金融市场由一级市场和二级市场构成。房地产金融一级市场是指借款人通过房地产金融中介机构或直接从资本市场进行资金融通的过程。房地产金融二级市场包括房地产金融中介机构将持有的房地产贷款以证券的形式或直接出售给二级市场机构的过程和房地产有价证券的再转让过程。

房地产金融一级市场的借款人包括居民个人、房地产开发企业、建筑企业及其他非房地产企业机构。居民个人为购买、建造或修葺自用住房而向银行申请的个人住房抵押贷款，房地产开发企业为获得房地产开发、经营资金而向金融机构申请的贷款及通过资本市场发行股票和债券，建筑企业向银行申请的流动资金贷款或向资本市场融资及非房地产企业类机构为了购置固定资产或基于投资的目的而向银行申请贷款，或通过资本市场融资等均属于房地产金融一级市场的活动。同时，发放个人住房贷款的金融机构为了提高资产的流动性，会将个人住房贷款出售给二级市场的金融中介或一家特设机构(SPV)，再由这些机构以所购入的抵押贷款资产组合为基础担保品，向证券市场发行抵押贷款证券，抵押证券购买者通常为机构投资者，这一过程被称为抵押贷款证券化。而房地产开发企业、建筑企业等通过资本市场发行的有价证券也可在投资人之间进行转移。这些活动则构成了房地产金融二级市场。房地产金融一级和二级市场的联动形成了完整的资金链。

目前，间接融资是资金需求方获得外部资金的主要渠道。居民个人几乎只能通过金融中介机构取得消费信贷；对政府而言，金融中介提供的信贷及金融中介购买的政府证券构成了其资金的主要来源；对企业来说，间接融资也是其主要资金来源。房地产金融市场的融资结构也是如此。如对居民个人来说，要获得购建房资金，除了私人借贷等非正规渠道外，几乎只能向银行申请抵押贷款；房地产开发企业通过资本市场融资的门槛较高，只有信用卓著的少数公司才能以理想的资金成本获得资金融通，因此，间接融资也是房地产开发企业的主要融资渠道。

随着金融市场发展的日益深化和金融衍生工具的推陈出新，直接融资的份额在不断扩大，金融业的发展也出现了全球化和证券化的趋势。

2.2.3 房地产金融机构

房地产金融机构的基本职能是通过向资金供求双方提供各种房地产金融产品和服务，实现房地产资金从供给方向需求方的有效转移。不同类型的房地产金融中介向供求双方提供不同的房地产金融产品和服务。

各国房地产金融机构的类型因划分的角度不同而有所不同。

1. 基于分业经营的房地产金融机构

从分业经营的角度看，金融机构分为三种类型：一是吸收存款型金融机构，如商业银行、储蓄与贷款协会、储蓄银行、信用合作社等。这些机构可以通称为“银行”，其资金来源(即负债)主要是个人和机构的存款，资金运用(即资产)主要为发放各种贷款。二是契约储蓄型金融机构，如保险公司、养老基金等。这类机构的资金通过长期契约方式获得，并将资金主要投向资本市场。三是投资型金融机构，如金融公司、共同基金等，通过出售短期商业票据和发行长期证券(债券和股票)取得资金，并向个人和小企业提供贷款或进行资本市场投资。随着金融业管制的放松和混业经营的发展，金融机构的业务范围有了极大的扩展。对一些全能银行来说，几乎没有不能提供的金融产品和服务，其经营范围除传统的存贷款业务外，还包括证券、保险、信托等业务。

对房地产金融市场而言，在上述 3 类机构中，吸收存款型金融机构一般为发放贷款的房地产金融机构；而保险公司在一级市场上通常为住房抵押贷款提供保险或担保服务；而保险基金、养老基金等各种基金，则通过购买抵押贷款证券向房地产金融市场提供资金。

2. 基于金融市场级别的房地产金融机构

基于金融市场级别的不同，房地产金融机构可分为房地产金融一级机构和二级机构。

房地产金融一级机构是指为房地产的生产、经营和消费提供资金融通或提供担保、保险等金融产品和服务的中介机构。

房地产金融二级机构是指在二级市场上为房地产抵押贷款证券化提供相关金融产品和服务的金融中介，如购买住房抵押贷款组合、为抵押贷款证券的发行提供担保、发行住房抵押贷款证券等的机构。

3. 基于经营性质的房地产金融机构

从经营性质来看，房地产金融机构可分为公营、合作和私营房地产金融机构。

(1)公营房地产金融机构

公营房地产金融机构包括国有银行、相关的政府机构及有政府担保的私人金融机构。其职责是执行国家房地产(住房)发展政策，调节住房金融市场资金余缺，或直接进行住房投资。这类机构也被称为政策性房地产金融机构。美国的公营房地产金融机构主要包括：

①管理、调节房地产金融市场的机构，如联邦住房贷款银行系统(FHLBS)；

②为符合条件的中低收入阶层的居民住房贷款提供担保或保险的政府金融机构，如联邦住宅管理局(FHA)、退伍军人管理局(VA)；

③在住房抵押二级市场上收购住房抵押贷款、为抵押贷款证券的发行提供担保、委托机构或直接发行住房抵押证券等的政府和准政府房地产金融机构，如吉利美(即政府国民抵押协会，GNMA)、房利美(即联邦国民抵押协会，FNMA)和福利美(即联邦住宅贷款抵押公司，FHLMC)。日本的住宅金融公库、巴西的住房建设银行和我国的住房公积金管理机构也属于这类房地产金融机构。

(2)合作房地产金融机构

互助合作性组织一直在房地产金融特别是住房金融领域扮演重要角色。

合作房地产金融机构起源于合作社历史悠久的欧洲，然后传入美国。1775

年，英国伯明翰成立了第一家互助性建筑社团；1797 年，丹麦成立了一个由农民组织起来的农民贷款信用社；1880 年韦伯在英国创立了第一家住房金融合作社；1831 年美国仿效英国的建筑社团，在宾夕法尼亚州建立了一个叫“牛津节俭会”的住房金融组织，随后美国各地相继成立房屋互助会和房屋贷款协会。这些机构是在美国曾长期处于垄断地位的专营房地产金融机构储蓄贷款协会和互助储蓄银行的前身。

目前各国专营房地产金融的合作性住房金融机构中，运作最为成功的是德国和英国的住房储蓄银行；而美国的住房储蓄与贷款协会却因市场利率的持续攀升、本国金融业的放松和竞争的加剧，在 20 世纪 70 年代以后陷入困境。

(3)私营房地产金融机构

私营房地产金融机构包括商业银行、保险公司、私营储蓄银行等。

目前，美国商业银行和保险公司、退休基金等机构在房地产金融市场上所占份额增长较为迅速，已逐渐取代储蓄机构(包括储蓄与贷款协会、储蓄银行)而居于主导地位。

2.2.4 房地产金融市场的特点

房地产的行业特征非常明显，也决定了房地产金融市场具有与一般金融市场不同的特点。

1.信贷资金来源的短期性和运用的长期性

作为房地产金融市场的重要组成部分，房地产信贷业务的资金来源包括各级政府、企事业单位和个人等多种渠道，资金来源相对分散，不易归集，且大部分资金属于短期资金。而房地产类项目一般都具有一次性资金投入量大、运转周期长和资金回收慢等特点。因此，房地产金融信贷资金的运用具有长期性和相对集中性。当房地产信贷资产规模占银行信贷资产总量的比重达到一定比例(通常为 25%～30%)时，银行便可能面临资金的流动性风险。为此，银行有必要对房地产抵押贷款进行证券化，即将期长额大的抵押债权进行小额分割，以有价证券的形式，通过资本市场进行流通。

2.房地产金融市场对担保的依赖性

房地产金融一般属于长期信用。金融机构通常要求借款人提供担保。担保主要包括人的担保和物的担保。

人的担保，即保证是由信誉卓著或资本雄厚的第二人(有资格的法人和自然人)为债务人清偿债务提供担保,当债务人不能履行贷款合同时,保证人具有代为履行偿还贷款的责任。物的担保是以特定的财物(动产或不动产)为借款人履行债务作担保,当债务不能履行时,债权人有权行使担保物权。其中,设定抵押权是房地产金融市场中最常见的担保方式之一。抵押权是抵押权人对抵押财产享有的优先受偿权,即债务人或第三人以不转移占有的财产作为债权清偿的担保,当债务人不能履行债务时,债权人拥有从抵押财产拍卖或变卖的价款中优先受偿的权利。如我国个人住房抵押贷款因期限长达 10～30 年不等,借款人需要提供所购住房作为贷款的抵押品。对房地产开发贷款,银行也要求开发企业提供房地产抵押或第三方保证。当然,为争取优质客户,银行也会对少数信誉卓著的房地产企业采用信用贷款,即无担保贷款。

实践中,借款人可根据要求选择一种或多种担保方式。如在美国,由政府担保机构如联邦住宅管理局和退伍军人管理局提供第三方保证的贷款,仍然要求借款人以住房进行抵押。

3. 住房金融的政府干预性

房地产行业发展的特殊性要求金融业提供专门的金融服务。这一点在住房问题上体现得尤为突出。住宅具有商品和社会保障品的双重属性;住房问题也具有个人问题和社会问题的双重特征,因此,任何一个国家和地区,都不会对住房问题采取完全放任的态度。

在市场经济体制下,各国和地区政府都根据自身的实际情况,制定各种住房政策,来促进住房建设和住房发展。其中,建立合理而稳定的政策性住房金融是关键的举措之一。政府的作用主要表现为:①对住房抵押贷款实施担保;②对住房抵押贷款的贴息;③推行减免税政策;④对住房金融市场的有限度参与;⑤制定完善的住房政策、法规和法律。

例如,在新加坡住房金融的发展中,政府的干预独具特色。新加坡利用政府的力量成立建屋发展局,直接从事住宅的规划、设计、施工、开发、销售、经营等;通过立法,如《中央公积金法》,强制性地要求居民参与中央公积金制度,并对中央公积金在住宅产业发展过程中造成的损失给予财政补贴等。

4. 房地产金融业务成本较高,但收益较好

一方面,房地产金融业务流程较长,相关的经营管理成本较高。以申请并办理房地产抵押贷款为例,通常需要经过借款人资信调查、房地产抵押物估价、抵押物保险、抵押权的设立到注销或执行(当债务不能履行时)5 个主要阶段。在这一过程中,需要和房地产管理部门、产权登记机关、保险机构、评估机构等部门进行联系;需要有相关知识的专业人员如房地产估价师、资信评估人员、律师、会计师、经纪人等的协作。这些复杂的业务操作流程,使得房地产金融的经营成本较高。

但另一方面,正是由于房地产金融涉及的步骤较多,使得其业务派生性较强,从而带动银行中间业务的发展,为金融部门带来了可观的手续费等收入;同时,作为房地产金融业务主要基础的房产或地产抵押品,通常会随着时间的推移而增值。这种以物质增值为基础的实物保证可以显著降低房地产金融业务的风险,并提高其投资收益率。

2.2.5 房地产金融市场运行模式

1.基于融资途径的房地产金融市场运行模式

(1)直接融资模式

基于直接融资模式的房地产金融包括卖方向买方提供的商业信用、房地产企业通过发行股票和债券等筹集资金等。

房地产直接融资活动先于间接融资而出现,是间接融资的基础,但间接融资又大大地促进了直接融资的发展。在现代市场经济中,房地产直接融资与间接融资是并行发展、互相促进的。

(2)契约融资模式

契约融资模式主要应用于住房融资领域。契约式的住宅融资是未来购房者通过契约储蓄方式将资金存放在金融中介机构,以便将来能获得住房消费贷款。

通常,契约融资方式的贷款额度与其储蓄金额、储蓄年限有关,利率比一般市场利率低,且可享受免税等优惠或其他政府鼓励性补贴。

这种融资方式在德国和法国的住房储蓄类银行中非常普遍。

(3)存款融资模式

存款融资是各个国家和地区最常见也是最主要的房地产金融模式,即由金融机构吸引中短期储蓄,然后通过贷款的方式发放给资金使用者,如购房者或者房地产开发企业。这种融资方式的特点是“短借长贷”。

(4)证券融资模式

证券融资模式,即抵押银行类的金融机构先向机构和个人投资者发行抵押证券筹集资金,再向资金需求者发放资金的融资方式。这类融资方式在美国和欧洲较为盛行。

2.基于市场发达程度的房地产金融运行模式

(1)完备的房地产金融模式

完备的房地产金融模式是以私人房地产金融机构为主体,多种信用形式相互配合，政府机构参与和调节的市场模式。这种模式能充分运用各种金融工具融通资金，形成与金融市场相对独立又融为一体的房地产金融市场。以美国和欧洲发达国家的房地产金融市场最为典型。

(2)以基金为后盾的房地产金融模式

以基金为后盾的房地产金融模式是指在资金匮乏的情况下，由政府发行社会福利基金、债券等广泛吸收民间资金，建立住房或房地产基金，再通过住房合作社等中间机构，发放建房和购房贷款等。

第二次世界大战后，一些国家在资金匮乏和住房破坏严重的条件下，以建立住房基金的办法，发展了房地产金融市场。如巴西政府在金融市场并不发达和完善的前提下，巧妙地将社会福利计划和银行的住房发展计划有机地结合起来，取得了很大的成功。1996 年，巴西成立保障就业基金会，为提供就业保险和提供住房信贷资金，由全国住房建设银行对基金进行经营和管理。新加坡则建立了集养老、医疗、住房等功能于一体的全方位的社会保障体系，即中央公积金制度，成功地实现了社会保障制度与住房金融制度的有机结合。

(3)混合型房地产金融模式

混合型房地产金融模式是指私营房地产金融机构与官方房地产金融机构并存，兼具完备型和基金型模式某些特征的运作机制。

混合型房地产金融模式以日本最为典型。日本是私有制市场经济国家，但“二战”后住房遭到严重破坏，私人金融机构难以满足战后经济的恢复和发展及住房发展对资金的需求，于是日本政府成立了官方房地产金融机构以融通住房发展资金，形成了私人金融机构和官方房地产金融机构并存的房地产金融市场。

(4)基于储蓄的房地产金融模式

这是发展中国家最为普遍的房地产金融市场模式。通常，金融机构以开展各种形式如合同、强制、自愿等储蓄方式来筹集资金，并将它转化为长期房地产贷款。

2.3　国际房地产金融市场的经验及对我国的启示

我国房地产金融市场的落后，导致我国房地产市场处于非理性发展状态。经过一段时间的调控，我国房地产市场的非理性状态有了一定改善，但调控的“机制建设”不够，行政手段和短效特征突出。其主要原因在于对房地产市场健康发展的内在机理把握不够透彻，目前的研究只是在很短的逻辑链条上或者简单强调政府要多干预或少干预，或者简单强调房地产金融市场的多元化。下面将从内在逻辑上探讨发展我国房地产金融会如何促进房地产市场的理性发展。

2.3.1 国外房地产金融制度的经验

美国的房地产金融机制的成功运作模式在弱化和规避住房金融风险等方面发挥了重要作用，而日本、新加坡等国家也在房地产金融方面积累了丰富的经验。因此，借鉴美国的经验，对促进我国房地产金融业的发展，启动我国的住房消费有着重要意义。

案例解析

美国的住房金融机制的构成及运作

20世纪60年代以来，美国房地产市场发展迅速，这与美国住房抵押贷款机制、房地产证券化机制是密切相关的。从一级市场来看，美国房地产市场具有丰富的资金来源和完善的运作机制。一级市场是直接发放贷款的市场，由储蓄贷款协会、商业银行、互助储蓄银行、人寿保险公司、抵押银行等构成。储蓄贷款协会大多是地方所有的私营机构，吸收个人存款，然后发放长期贷款，主要用于房屋建造、购买、修缮。商业银行除了直接向消费者发放住房信贷外，还向有关的经销商购买抵押贷款票据。人寿保险公司向房地产公司提供贷款，把它作为一种投资形式，以适应经济条件的变化，而更好地调节所持有的有价证券的价值。政府支持机构的贷款主要满足消费信贷短缺的农村和小城市的退伍军人的要求。抵押银行通过向商业银行借款来发放贷款，其借贷的利息差为仓储利润，用来维持其放贷服务。一级市场的运作：一级市场住房抵押贷款的核心是抵押贷款的发行银行和购房人，在抵押贷款生效前，购房人到保险公司投保，抵押贷款生效后，购房人有投保并交保费的义务，保险的受益人为抵押权人、购房人。其中银行为第一受益人，发生投保的事故后，保险公司有优先赔偿损失的义务。银行首先受偿，在赔偿超过债务后，购房人才能受偿。在抵押贷款中，购房人以购房合同和房屋产权证换取抵押权人的贷款，购房者得到的是房屋产权证及抵押贷款的合同承诺（还本付息），付出的是资金。正常情况下，抵押人按约还本付息，到期取得房产权，银行收回本金和利息。

二级市场是出售抵押贷款的市场，主要由抵押贷款的保险机构和从事二级抵押市场交易的机构组成。二级市场的运作使一级市场有了长期稳定的资金来源。现在,全美国的二级市场主要由这三家机构垄断:政府国民抵押协会、联邦国民抵押协会、联邦住宅贷款抵押公司。联邦国民抵押协会(FNMA),它主要是依严格条件购买 FHA 和 VA 提供的贷款,也担负为传递证券按期支付本息提供担保的职责。政府国民抵押协会(GNMA):它不购买抵押贷款,而是发行以抵押贷款为担保的长期证券,提供担保的机构主要是 FHA 和 VA。联邦住宅贷款抵押公司(FHLMC),它主要从储贷协会、储蓄银行、抵押银行等购买抵押贷款,然后将贷款通过抵押参与证券的办法再次转让出售,联邦住宅贷款抵押公司负责及时向投资者转付收到的抵押贷款的利息和本金。二级市场的运作:债券投资者、抵押贷款的发行银行以及作为中介的担保保险机构,它们同一级市场的主体抵押贷款的发行银行、购房者成为一个完整统一的市场。发行银行是联系一、二级市场的纽带。由于房地产市场与资金市场紧密相连,房地产依赖长期贷款。一级市场上如果因为银行长期缺乏信贷资金,就会造成资金紧缩,资金利率上升,相应导致借款成本上升,取得贷款变得困难,房产需求就会下降。因此,发行银行将已抵押的房地产债权让渡给抵押贷款的交易机构,这些机构在二级市场上将成千上万的债权,打包推向金融市场(即抵押贷款证券化),从金融市场吸收资金投到房地产抵押贷款的发行银行。另外,商业房地产证券化(现阶段主要指 REITs)20 世纪在 60 年代产生,90 年代迅速发展。

横向比较:房地产金融制度的国际比较,表 2-1～表 2-3 分别表明了美国、日本、德国、新加坡等国家在房地产金融机构、融资方式、政府作用等几方面的特征。

表 2-1　　　　国外房地产金融机构设置特征

国家	核心特征	具体特点
美国	商业银行为主	1. 私人和民间机构在一级市场上占主体地位。 2. 政府机构在二级、担保市场发挥重要的调节、扶持作用。
德国	互助合作式	1. 以中央银行为核心,国营、私营、合作银行并存。 2. 建房互助储蓄信贷社作用巨大。
新加坡	强制型	1. 政府、民间多种机构参与。 2. 中央公积金局为主,强制收集和使用。 3. 邮政储蓄银行为辅,特定对象为中上等收入者、公务员、法定机构雇员。
日本	混合型	1. 民间机构、官方机构并存。 2. 住宅金融公库处于主导地位。 3. 政府担保型住宅债券。

表 2-2　　各国筹资方式比较

融资方式	合同储蓄融资	强制储蓄融资	资本市场融资	混合型融资
代表国家	德国、英国、奥地利	新加坡	美国、加拿大、丹麦	日本
基本概念	双方通过合同来筹措住房资金。	强制定期存入指定机构，专项使用与雇员消费。	由政府制定的住房金融机构发行住房抵押债券筹资。	利用基金形式，私人金融机构广泛融资。
主要特点	存贷结合，封闭运行。“高进低出”。	资金稳定，存期长，筹资数大，筹资成本低。	短时迅速筹集，且住房抵押债券期限较长。	住宅信贷资金来源多元化。
需要条件	须得到国家优惠政策支持，且具备严密、规范、有效的金融体系。	实用性条件苛刻，经济持续稳定，且居民收入差距不宜太大。	良好的资本市场，住房抵押工具标准化、规范化，对机构投资范围有限制。	政府引导、扶持民间金融市场并提供财政投融资强有力支持。

表 2-3　　各国政府干预方式比较

	强干预型	较强干预型	弱干预型
代表国家	新加坡	德国	美国
对应融资方式	强制储蓄合同	储蓄式	市场调节
基本措施	政府成立专门机构直接参与住房的规划、设计、施工、销售、经营等，通过立法强制贯彻政府住房政策，强有力的住房保障措施。	政府出面构建多模式的综合性住房金融体系以满足不同阶层居民的需要，构建完备的住房互助储备体系，为中低收入阶层提供购房支持。	政府在二级市场引导，保证一级市场在竞争的市场氛围中，实现政府住房政策目标。

2.3.2　国外房地产金融发展的启示和借鉴

国外房地产金融市场发展较早，为我国提供了珍贵的经验教训，最大的经验是各国基本上都遵循了“政府市场合作”的模式，尽管合作的方式各有不同，但都力求保证房地产市场的良性运转。

1. 政府鼓励市场充分发挥作用，政府起“兜底”作用

在房地产金融参与的力量结构特征方面，美国是典型的市场力量比较突出的国家，商业银行与储蓄信贷协会、互助储蓄银行、抵押联营机构等多种私人金融机构获得充分发展，成了发放抵押信贷的主体。而多种政府机构也发挥了重要的作用，但主要是调节、扶持特别是“兜底”作用。新加坡则是典型的国家力量比较突出的国家，但即便如此，市场力量也自由发展。比如，开展房地产金融业务的除建屋发展局、中央公积金局、邮政储蓄银行外，还有其他商业银行、财务公司、开发银行、契约基金等机构。

2. 政府的"兜底"作用通过政策性金融体现

比如在美国，美国的廉租房跟中低收入阶层的住房从 1937 年实行住房制度，低收入家庭租住符合政府规定的住房只需支付家庭收入 25%的租金，剩下的由政府支付，低收入人群可以享受政府的租金补贴，开发的费用是政府支持下的信贷，支持联邦住房抵押公司，住房协会等等，这是政策性的。加拿大的政策金融是联邦政府和地方政府出资，联邦政府支付 70%，居住者承担 25%～30%，其余由政府补贴。英国通过住房协会，因为政府不能向银行贷款，住房协会可以向银行贷款。德国规定特定的区域建设低收入人群住房，由房地产开发商开发建设，并向住房者收取低于市场价格的租金，租金和市场价格的差额由政府补贴。德国主要实行的是住房金融制度，它不受市场波动、通货膨胀的影响。不管德国的市场怎么波动，住宅储蓄利率始终在 6%以下，这使得房地产金融支持有一个稳定的提高。日本公社住宅制度是解决中低收入阶层住房最重要的渠道。新加坡则实行"居者有其屋"政策，86%的国民住在"租屋"。

3. 政府介入住房金融市场是必要的，但都尽力遵循市场机制原则

政府介入有两种形式：一种是直接干预，一种是间接干预。美国政府对房地产金融的干预则是建立在高度发达的市场体制下的，是间接干预。美国市场上，一级市场几乎都放手让政府去做，而政府通过其所属或资助的机构如联邦国民抵押协会、政府国民抵押协会、联邦住房抵押贷款公司等以市场原则直接参与和调控抵押信贷二级市场的运行。此外，联邦住房管理局和退伍军人管理局等政府机构通过对抵押信贷提供担保也发挥了积极的作用。即便是在新加坡政府公营的专业政策性房地产金融机构的强制性储蓄的房地产金融制度下，其租金的缴纳和使用也是一种市场交换行为，只不过在是否缴纳、缴纳比例以及用途上做了强制性规定而已。

4. 基本上都拥有健全的市场体系

一是保证有足够"供资机构"或融资市场。融资市场可以分为直接性融资市场和间接性融资市场。从市场的产生和趋势来看，信贷类间接性房地产金融市场是重要组成部分。但在表现形式上有许多创新，比如房地产信托融资以及信托与直接融资方式相结合的房地产信托投资基金（REITs）。除直接融资方式企业上市融资以外，还出现了"项目上市"或"资产上市"融资的新形式。二是二级市场作为一级市场的补充不断繁荣。一级市场的运行会产生两种资产：信贷资产和房地产实体资产。由于房地产价值的巨额特征，流动性较差的信贷资产和房地产实体资产会制约房地产一级市场的发展，二级市场的功能正是围绕着如何解决两种资产的流动性问题而产生的。如抵押贷款证券化(MBS)、房地产证券化(ABS)就是相应的金融工具。抵押贷款的证券化，要求对抵押贷款进行集合，增强信用等级，以便在二级市场上出售。政府机构或者准政府的机构在信用增强的过程中可以发挥独特的作用，并且还可以通过设立证券发行标准，从而扩大抵押贷款的证券化。后者则是对所持不动产进行集合、整合和证券化的金融工具。此外，政府参与、引导的担保和保险机制则为一级市场和二级市场的繁荣做出了贡献。政府成立专门担保机构为居民住房贷款提供担保和保险，可以使贷款者遇到拖欠和违约风险时，免受直接经济损失。我们应当建立类似 FHA 和 VA 这样的政府担保机构，专门对中低收入家庭的住房抵押贷款提供担保，使它在二级市场的发展中担当重任，并推动住房金融体系的形成和发展。

5. 我国房地产金融优化发展有利于房地产市场的理性发展

房地产具有不同于一般资产的显著特性：资产专用性强，位置固定，需单独定价，这导致交易必须借助于中介机构，不但耗时费力，且转移手续繁杂，交易费用高，流动性差。而且，不动产投资的周期长、规模大、收益高，对经营的专业性要求高，这些都是中小投资者难以涉足的主要原因。多元化、高级的房地产金融产品可以在某种程度上改善房地产的有关特征，使房地产便于持有、交易、投资、增强流动性等。

所谓房地产金融的优化发展是指房地产金融的多元化和高级化。所谓多元化，一是指参与机构多元化，二是指机制多元化，三是指市场多元化，四是指融资工具多元化。其中最主要的是融资工具多元化。多元化是高级化的前提，所谓高级化，是指在原有较为原始的房地产金融形态下，房地产金融市场的细化发展和优化发展，表现为市场力量的充分参与，政府功能的高效发挥，直接金融和间接金融内部的功能分化和两种市场在新形式上的结合，市场体系的健全。前文叙述过我国房地产金融市场的不完善，是导致房地产市场非理性发展的重要原因之一，下面将集中探讨我国房地产金融市场的优化发展对房地产市场过度发展和价格泡沫形成的改善机制。

针对我国的房地产市场状况，理想的房地产金融市场应该具有以下功能。

(1)融资功能覆盖“二元市场”

我国的房地产市场具有“二元”性质。“穷人元市场”的房地产供给不足，消费信贷产品也不足。优化后的房地产金融制度应该解决“穷人元市场”的金融问题。资本具有“嫌贫爱富”的特征，市场不具有自发供给公共产品的功能，“穷人元市场”

金融制度的供给只能依靠政策性房地产金融解决。国家通过补贴、担保等形式提高低收入人群消费信贷的能力，同时，通过一定优惠政策激励增加对中低收入类用房的生产商的贷款。房地产金融制度的“二元化”，对应于房地产市场的“二元化”，有利于改善“穷人元市场”富人化的现象，从而割断“富人元市场”投资需求和投机需求所产生的价格泡沫向“穷人元市场”的传递机制。

(2)建立“功能性”房地产金融制度，降低“增长极”城市房地产价格上涨的压力

“蒂布特-麦圭尔”模型表明，因为提供了较丰富的公共服务，以及流动收益较大等原因使有些城市房地产价格不断攀升。其实，如果进一步思考会发现，城市功能的多元化是导致其流动收益增加的重要原因之一。为此，除努力提高“非发展极”城市公共服务水平以外，缩减“发展极”城市的多元化功能，赋予“非发展极”城市以新功能，可以有效降低“发展极”城市房地产价格上涨的压力。所谓“功能化”房地产金融制度，是指房地产金融制度要积极配合城市的“功能化”过程。比如，北京以往除具有政治功能、文化功能，还承担了相当庞大的经济功能。而目前所推行的“企业外迁”、“工厂外迁”其实就是北京市“功能瘦身”的过程，而天津滨河开发区的构建、金融创新优先权的获得、天津渤海产业投资基金正是赋予天津新功能和构建“功能性”房地产金融制度的体现。

(3)通过多元化，减少银行负担，取消攀升机制

国家之所以出台一系列与房地产有关的政策，控制房地产市场的非理性发展，其实有双重作用：一方面房地产市场本身发展过度，并拉动了关联产业的发展，成为宏观经济过热的重要组成部分和重要源头；另一方面，当前房地产市场与银行信贷关联度过大，有很多资金沉淀于房地产业，而房地产的非理性发展使房地产资产面临资产贬值的风险，这将意味着银行的积累和暴露。前文还论述了，银行信贷机制与抵押机制的结合、银行同时为买卖双方提供信贷的“双信贷”等是房地产价格攀升的重要原因。通过双重“压缩”，并引入其他融资方式，则可以减少这种攀升机制的比重信托、基金、债券等，尽管可能也属于债权债务式信用关系，但其融资的使用方向主要是房地产生产者，而非“双信贷”机制。同时，其中也很少使用抵押机制。上市融资，是一种股权融资，更不含有以上所述的“价格攀升机制”。

(4)构造新的房地产投资品，增强“分解投资功能”，降低“整体投资功能”

我国房地产市场缺乏防止房地产炒作的税收机制，又缺乏与房地产投资有关的有效投资品种。在税收制度外生的条件下，可以考虑构造新的房地产投资品。原来的房地产投资品有两类：一类是证券投资。由于股票市场尚处于恢复阶段，企业治理结构也有待完善，人们不愿投资于房地产股票。另一类是实体资产投资。一般的方法就是置业，即购买整套甚至整栋房地产实物。后者是目前我国房地产

投资的主要形式，这类形式因为房地产的不可分性而单套(栋)投资额很大，而且将投资需求与消费需求混淆在一起，容易形成放松消费需求时却放纵了投资(机)需求，或者打击投资(机)需求却打击了消费需求，不利于房地产市场的针对性调控。目前流行的房地产投资基金则能使房地产投资具有“分解性”，即房地产的巨额价值，被分解成小额。这样，为原来体制下整体购买房地产的人提供了投资房地产的通道，也可以使较低收入者不需融资都可能投资于房地产。这样可以使投资(机)需求者的身份由房地产实体的需求者转换为房地产实体的投资者，从而不但在整体上减小了对房地产实体的需求，而且会使房地产的消费需求率上升(消费需求/总需求)。

(5)房地产证券化工具的使用，则促进了房地产业的纵向细化分工，反过来促进了房地产一级市场的发展

房地产的发展包括了房地产的生产、持有。同时这个过程也离不开资金的支持，典型的融资过程包括投资者、融资者以及二者间的中介机构。其细化过程可以分为：一是房地产抵押贷款证券化(MBS)使借贷型投融资功能分离出来，即借贷功能的专业化。银行存在的主要功能是收集资金，并利用自身的优势寻找和筛选风险较小的借款者，银行将“生产”的信贷资产“产品”再加以转让。或者说银行的功能是“生产”信贷资产“产品”，银行的功能更专业化了。二是与银行的专业化相对应，投资者的功能也专业化了。因为投资者的特长是其长期持有“信贷资产”，即银行专业生产“信贷资产”，而个人则是专业持有“信贷资产”，或持有经过专业机构特殊加工过的“信贷资产”。三是 ABS 将房地产的生产和持有加以专业化分离。ABS 的本质是对成熟物业进行“实体资产证券化”加工，生产房地产者通过“实体资产证券化”退出房地产持有状态，收回现金，实现增值。而将“房地产(物业)持有功能”转给有资金并适应于长期持有的人。四是在“信贷资产证券化”和“房地产证券化”中，都存在投资者最终持有资产的环节，不过要强调的是，最终持有者的资产是经过精心编排重组的资产，而重组资产的功能也是由专门机构完成的，这是第四种“专业化”。亚当·斯密在《国富论》中，就论证过专业化对提升经济效益的作用。

(6)通过穷人资产建设，缩小收入差距

中国“房地产市场的二元性”是由收入的二元性造成的，所以，从深层次上讲，提高穷人的收入水平，消除或缩小收入差距有利于弱化房地产市场的二元性，从而有利于房地产市场的理性发展。有关专家认为：金融发展会拉大收入分配的不平等。在目前资本收益的分配格局中，国家占了 26%，22%的资本收入直接流向居民个人，“这表明财产因素对收入分配产生很大影响”。通过实证数据的考查，财产分配的不平等要高于收入分配的不平等，而金融的发展，包括股票市场、房地产市

场的发展会使这种财产不平等加剧收入的不平等。帮助穷人进行资产建设则可以促进穷人财富增长，投资基金使投资额度小额化的功能，能使很多穷人分享房地产经济发展的成果，收入差距的缩小，可以弱化收入的二元性，从而减小需求的二元性，将会减小政府在房地产发展中的“兜底”负担。

由于房地产价值的巨额特征，房地产金融是房地产市场理性持续发展的前提；每一个国家的房地产金融市场的发展都有其个性特征，中国在借鉴国际经验的时候应当借鉴精髓，明确各种金融工具的具体效应和使用条件，避免生搬硬套。中国目前进行房地产金融创新的主要目的是解决三个问题：一是防范金融风险，解决资金短缺；二是房地产市场的过度供给；三是打破房地产价格泡沫机制。其实，房地产金融市场的优化还可以解决很多问题。

2.4　房地产金融市场的发展

2.4.1　金融市场的发展趋势

随着国际经济环境的变化及各种信息技术和自动化技术的发展，金融市场的发展呈现出一些新的趋势，主要体现为以下 3 个方面。

1. 资产证券化

即银行等金融机构将流动性较差的资产如长期固定利率贷款或企业的应收账款等，通过商业银行或投资银行予以集中及重新组合，并以这些资产作抵押来发行证券，实现相关债权的流动化。它的主要特点是将原来不具有流动性的融资形式转化成流动性的市场性融资。

2. 金融自由化

从 20 世纪 70 年代以来，在西方国家特别是发达国家出现了金融自由化的趋势，即金融主管部门逐渐放松甚至取消对金融活动的一些管制措施。主要表现为：减少或取消国与国之间对金融机构活动范围的限制、放松或解除外汇的管制、放宽对金融机构业务活动范围的限制、放宽或取消对银行的利率管制等。

3. 金融全球化

即资金可以在全球范围内自由流动，金融交易的币种和范围超越国界。首先是金融市场交易的国际化，包括银行和企业在内的各类经济主体进行投融资的范围不再仅仅局限在本国内部，而是可以步入到国际金融市场中去；其次是金融市场参与者的国际化，大企业、投资银行、保险公司、投资基金甚至私人投资者也纷纷步入到国际金融市场中去，参与投资组合。

2.4.2 我国房地产金融市场的发展

1. 我国房地产金融市场发展存在的问题

近5年来，虽然中国房地产投资额年平均增长率达到20%以上，房地产销售额也以每年超出27%的速度增长，但调查显示，中国房地产金融市场仍存在问题。

(1)房地产信贷存在偏差

公积金支持的对象发生了错位，公积金应该是支持低收入家庭，以提高他们的购房能力。相反，现在的公积金贷款对象大多是高收入家庭。因为高收入家庭容易达到银行对购房首付款的要求。另外，银行受利益驱动，更愿意贷款给商业、娱乐业房地产开发项目。这种贷款风险是比较大的，在任何市场中，持续的价格上涨只能是短期的，当投资者发现已经没有价格上涨的长期经济背景时，价格停止上涨(稳定在一定价位，或者掉头下跌)，一旦房地产市场不景气，投放在项目上的资金，银行就无法收回。

(2)住房信贷交易费用偏高

交易的费用大体分为两种：一是识别和筛选费用。这项费用是从银行角度来说的，银行对借款人的资格进行审查，将具有违约倾向的顾客排除在外所发生的费用。银行为了准确获得借款人的信用状况通常要花费大量资源，为了尽可能减少这种费用，银行不得不提高市场准入条件。例如，首付款比例越高，有条件申请贷款的人越少，银行面临的违约风险也就越小。二是从信贷需求者的角度来说，借款人为了准备银行所要求的各种文件和材料费。在一个完备的市场中，这种费用一般不会花费很高，但是由于我国中介机构的收费不规范，一些政府部门工作效率不高，造成借款人花费大量的时间、精力和金钱。

(3)个人住房消费信贷存在违约风险

目前，我国商业性个人住房贷款不良贷款率不到0.5%，住房公积金个人住房贷款的不良贷款率仅为0.24%，这对改善银行资产质量起到了十分重要的作用。因此，商业银行普遍把个人购房贷款看成优良资产而不遗余力地大力发展。但按照国际惯例，个人房贷的风险暴露期通常为3～8年。我国的个人住房信贷业务是最近3年才开始发展起来的，个人住房信贷刚刚进入风险暴露期，即使有问题也可能还没有充分暴露。由于我国个人资信系统尚未建立，商业银行也难以对贷款人的贷款行为和资信状况进行充分严格的调查监控。未来房价的波动和利率的变化也在一定程度上加大了拖欠还款的信用风险。另外，假按揭等恶意套现行为也不断出现，所有这些都说明，一旦风险暴露或债务链条发生中断，商业银行将面临违约风险。

(4)商业银行和其他金融机构经营行为中存在不理性、不科学、不规范等问题

由于商业银行普遍把房地产信贷作为一种“优良资产”大力发展，在经营业务上容易产生急功近利的倾向，比如有的商业银行降低客户资质等级评定的门槛，将审查手续简化，将审查速度加快，等等。又如在发放房地产贷款过程中的商业银行对政府担保和政府干预项目盲目乐观，甚至盲目追捧，而忽视了这些项目所具有的风险性。再如，目前许多房地产信托基本上是参照银行贷款的有关条款来执行，在很大程度上是银行贷款的变种，而信托公司在委托贷款方面的监控、管理、经营能力和经验可能都不如商业银行。

2. 我国房地产金融市场的发展前景

(1)住宅建设和消费金融市场潜力巨大

我国居民的住房需求非常巨大。据世界银行对 40 个国家住宅发展情况的比较研究来看，工业化和城市化高速发展时期也是住房产业高速发展时期，且住宅投资随人均 GDP 的增加呈加速增长的趋势。我国目前正处于这一经济阶段的初期，住房产业发展潜力很大。住宅投资和消费都需要金融信贷支持，因此我国房地产金融业发展的市场潜力不可低估。

就住房消费金融来看，目前各商业银行个人住房贷款占其信贷总额的比重还很低。而发达国家一般商业银行的这一比重则在 15%～25%，有的甚至更高。可以预计，我国个人住房贷款在未来数年将得到迅猛发展，其贷款规模将超过房地产开发贷款规模，同时，个人住房贷款也将成为商业银行零售业务的主体，成为制度化、规范化、现代化的金融品种。

(2)房地产金融业务品种将出现多样化趋势

商业银行将实现以客户为中心、以市场为导向的经营机制转换。房地产金融业务品种也将随着新客户群体和新市场领域的出现而得到不断创新，以适应市场的需要。同时，房地产信贷特别是由个人住房贷款派生出来的如房产评估、购房与贷款咨询、代理收付、代办保险、代办产权登记等中间业务将得到大力发展。在发达国家，商业银行办理个人住房贷款收入的大部分不是利息收入，对相关中间业务的带动作用，是房地产金融对商业银行具有吸引力的重要原因。

(3)房地产金融业务的电子化、制度化和集约化

随着业务的发展和竞争的加剧,各金融机构都将尽可能地运用电子化手段,实现业务经营和管理的制度化和集约化,从而降低成本,简化手续,提高效率。同时,金融机构还将强化管理,防范风险。这是房地产金融业务获得可持续发展的前提。

(4)房地产贷款证券化

房地产贷款证券化是房地产金融特别是个人住房贷款发展到一定规模的必然要求。个人住房贷款期限长达20～30年。根据国外经验,当该贷款余额占银行信贷总资产的比重超过25%时,银行将可能面临流动性风险,因此,改善长期资产的流动性是银行进行风险管理的有效措施之一。而证券化则是提高个人住房贷款流动性的最佳途径。可以预计,在未来的数年中,个人住房贷款将出现证券化趋势。

(5)房地产金融市场的细分趋势明显

房地产金融业务涉及的环节众多。其中,在信用取证、抵押物评估、抵押保险、担保、贷后跟踪、拖欠追讨等环节,都将会有越来越多的保险公司、担保公司、评估机构、律师行等中介机构介入;证券化的出现将需要证券公司、保证公司和基金、保险公司等二级市场投资者的积极参与。这些机构的参与,将会使房地产金融市场出现进一步细分的趋势。

思考题

1.简述金融市场的概念和分类。

2.试说明我国房地产金融市场上存在的问题及发展前景。

3.房地产金融市场的运行模式包括哪些?

4.结合我国房地产金融市场现状,讨论理想中的房地产金融市场应具备什么样的功能。

附件:

金融法律、法规

银行法律	颁布单位	实施日期
中国人民银行行政处罚程序规定	人民银行	2001.2.9
助学贷款管理办法	人民银行	2000.8
关于助学贷款管理的补充意见	人民银行	2000.8
加强金融机构依法收贷、清收不良资产的法律指导意见	人民银行	2000.8
中华人民共和国人民币管理条例	国务院	2000.5.1
教育储蓄管理办法	人民银行	2000.4.1

（续表）

证券法律	颁布单位	实施日期
个人存款账户实名制规定	国务院	2000.4.1
人民币利率管理规定	国务院	1999.4.1
银行卡业务管理办法	人民银行	1999.3.1
人民币单位存款管理办法	人民银行	1997.11.15
大额现金支付登记备案规定	人民银行	1997.7.1
中华人民共和国外汇管理条例	国务院	1997.1.14
结汇、售汇及付汇管理规定	人民银行	1996.7.1
中华人民共和国票据法	人民代表大会	1996.1.1
中华人民共和国商业银行法	人民代表大会	1995.7.1
中华人民共和国人民银行法	人民代表大会	1995.3.18
跟单信用证统一惯例(UCP500)	国际商会	1993 年修订
关于进一步完善加工贸易银行保证金台账制度的意见	国务院	1999.5.31
借款合同条例	国务院	已停用
上市公司发行可转换公司债券实施办法	证监会	2001.4.26
客户交易结算资金管理办法	证监会	2001.3.29
上市公司新股发行管理办法	证监会	2001.3.28
上市公司董事长谈话制度实施办法	证监会	2001.3.19
上市公司检查办法	证监会	2001.3.19
证券公司内部控制指引	证监会	2001.1.31
关于进一步完善股票发行方式的通知	证监会	1999.7.29
中华人民共和国证券法	人民代表大会	1999.7.1
证券交易所管理办法	国务院证券委	1997.12.10
证券投资基金管理暂行办法	国务院证券委	1997.11.14
其他金融法律	**颁布单位**	**实施日期**
中华人民共和国信托法	人民代表大会	2001.10.1
最高人民法院关于审理涉及金融资产管理公司收购、管理、处置	最高人民法院	2001.4.23
金融资产管理公司条例	国务院	2000.11.1
金融租赁公司管理办法	人民银行	2000.6.30
会计师事务所从事金融相关审计业务暂行办法	人民银行、财政部	2000.9.13
国有重点金融机构监事会暂行条例	国务院	2000.1.10
对储蓄存款利息所得征收个人所得税的实施办法	国务院	1999.11.1
金融违法行为处罚办法	国务院	1999.1.14
非法金融机构和非法金融业务活动取缔办法	国务院	1998.7.13
中华人民共和国保险法	人民代表大会	1995.10.1
关于惩治破坏金融秩序犯罪的决定	人民代表大会	1995.6.30
金融机构管理规定	人民代表大会	1994.8.5
关于向金融机构投资入股的暂行规定	人民银行	1994 有效

第3章

房地产抵押贷款

3.1 房地产抵押贷款概述

3.1.1 房地产抵押贷款的内涵

房地产抵押贷款是指银行对借款人(抵押人)以土地有效期间的使用权、房屋的所有权连同相应的土地使用权作为抵押物而发放的贷款,也可以说由借款人所拥有的房地产抵押给银行获得的贷款。房地产抵押期间,抵押人享有使用权和管理权,但丧失了对抵押房地产的处分权;贷款银行(抵押权人)仅能按抵押贷款合同的约定,按期收回贷款本息,没有对房地产使用的管理权,只有抵押人违约需处分抵押房地产时,才能依照一定的法律程序使用处分权。

一般来讲,房地产抵押贷款的需求者主要有以下三种:

第一种,土地开发商。按照《中华人民共和国城镇国有土地使用权出让和转让条例》规定:土地使用权出让是指国家以土地所有者的身份将土地使用权在一定年限出让给土地使用者,并由土地使用者向国家支付土地使用权出让金的行为。土地使用权出让的最高年限,按照不同的使用用途,为40年至70年。以土地使用权作为抵押是土地开发商用其作为还款保证获得银行贷款的融资行为,土地开发商如不能按期归还贷款本息时,该土地使用权就转让给贷款银行,为了收回贷款本息,贷款银行再将该土地使用权转让出去。

第二种,住房发展商(开发公司)。住房开发是一项投资大、周期长的产业,需要大量的资金投入,除开发企业的自有资金外,大部分都依赖银行的贷款支持,银行对住房开发企业在半年以下的贷款,用发放商品房开发流动资金贷款解决;对在半年以上的贷款,则需由住房开发企业以建成或在建的住房作抵押,由银行发放房地产抵押贷款,到期偿还贷款本息。

第三种,购(建)住房的职工和城镇居民。职工和城镇居民购买或建造住房这个大商品,其价值往往是他们家庭年收入的数倍,要一次筹足这笔资金,对于绝大多数家庭来说,是十分困难的,这就需要银行的帮助,职工和城镇居民只需有相当于住房价值30%～50%的自筹资金,并以购买或建造住房的所有权作抵押,由银行向他们发放房地产抵押贷款,以后再按月还本付息,直到全部还清贷款本息,收回住房所有权。抵押贷款是信用贷款的一种形式,是条件苛刻的贷款形式,它是市场经济发展的产物。在市场经济条件下,由于市场竞争机制的作用,使得商品生产者和经营者随时都面临无力清偿债务，甚至遭遇破产的危险。为了确保贷款的安全，如期回收贷款，借贷机构要借款人提供一定的财产作为偿还贷款的保证。房地产抵押贷款必须设定抵押权，房地产抵押权是房地产信用的前提。房地产抵押权的实质是指放款人与借款人根据正式的契约，以房地产权益为基础而设定的担保物权。借款人对其房地产仍保留权利，但一旦无法偿还债务时，将其权利交由贷款人处置，以偿还债务，这一过程称为取消赎回权。

抵押贷款要求借款人提供一定价值的抵押品。当借款人拖欠失信而不作归还时，贷款人可以将抵押的部分价值占为己有。此时贷款的预期报酬，将等于抵押价值减去本金和利息之后的差额。

3.1.2 房地产抵押贷款的基本特征

房地产抵押贷款的基本特征是对其内涵的进一步阐明。所谓基本特征是指房地产抵押贷款的本质属性，是它与其他贷款的区别所在。

1. 以抵押为前提建立信贷关系

就融资手段而论，抵押贷款是以抵押物的抵押为前提而建立起来的信贷关系，其他信贷关系不以抵押物的抵押作为前提。房地产抵押贷款则以房或地为抵押而取得贷款，是以房地产资产为担保的贷款，取得担保的根本目的在于减少了贷款人的贷款风险。信用的一般特征是资产所有权和使用权的分离，无论是贷款先借出去还是商业信用中先收款后交货，或是先交货后收款，都表现为资产的贷款、货款或商品的所有权和使用权两相分离，但必须依据契约规定“有借有还，到期归还(到期交货)”，中间没有一个物质担保手段。抵押贷款则以抵押物为手段而建立信贷关系。银行的信用贷款依据借款人的信誉发放；商业信用贷款依据商业企业和顾客之间的商业信誉发放；抵押贷款则依据贷款项目的风险程度及抵押物估价价值的多少来发放。把借款和抵押物融合在一起，对借款人来说，借到贷款和抵押抵押物是结合在一起的一件事情的两个方面，对于发放贷款者来说，他的资金单方面转移有了物质担保，增加了安全感，这是其他贷款形式所没有的。

2. 以房地产抵押为条件，以融通资金为目的

就融资和抵押的目的而论，借贷双方都不是为了取得某种商品，而是以抵押物为条件来融通资金。对房地产抵押贷款的借方来说，则是通过融资而取得住房，这种抵押信用和商业信用是完全不同的。商业信用通过赊销商品或延期付款来实现商品交易(销售商品和取得商品)。房地产抵押贷款对于借贷双方来说不是为了交易房地产，贷方取得房地产物权的目的并不是要占有房地产，而是为了在不能实现按期归还时作为抵押品；借方抵押房地产并不是要出售房地产，相反，一般情况是要取得房地产，抵押的目的是为了融资。总之，抵押贷款的目的是融资关系而不是商品买卖关系。一旦借方不能按期归还贷款，而贷方需要处理抵押物时，出售抵押物的行为并非是抵押贷款者的本意，而主要是为了信贷资金的正常周转和循环，即融资的需要。

3. 通过放贷为借款人服务，同时也为贷款人服务

就金融手段的服务对象和服务形式而论，抵押贷款是贷款人在发放贷款时，要求借款人以抵押资产为担保而给予的贷款，通过发放贷款一方面可以为借款人服务，同时也是金融企业为其资金增值而进行的自我服务。这种抵押信用与信托信用有着明显的区别。信托是接受他人委托，是金融业以中介人的身份为供需多方进行接受和授予的服务，服务方式是间接的。房地产信托信用是金融或信托机构接受房地产产权单位或个人之委托，对房地产进行信托经营，包括托管、托租、托修或托建。信托物的所有权属于信托者，不属于受托方，信托机构是受人之托，为人服务。而抵押贷款的抵押契约一旦生效，其物的所有权即归贷款人，服务对象是借贷双方。服务方式是直接承押融资，而不是受人委托而为人服务。

4. 房地产抵押贷款是现实的责任担保

就担保性质和抵押责任而论，抵押贷款是现实的责任担保，不像其他信用担保是未来非现实的责任担保，因而可能是一种“虚拟担保”。抵押贷款的抵押行为是取得贷款时发生的现实行为，在取得抵押贷款的同时，抵押人必须提供实实在在的抵押财产，否则，不能获得贷款。房地产抵押贷款是以房地产抵押为条件的现实责任担保。其他信用担保在建立信用关系时也较普遍，但这种担保方式中担保人所承担的实际责任发生在贷款偿还时，而不是发生在担保贷款时，这是一种未来责任。其前景有两种可能：如果借款人到期能够如数偿还贷款本息，则担保行为并不发生，因而是虚拟性担保；如果借款人到期不能偿还贷款本息，担保行为才实际发生。抵押贷款不论其能否按期偿还，抵押都是现实的，抵押物是否由抵押权人处理要根据贷款本息是否按期归还而定。总之，抵押责任是现实的，不是未来的虚拟担保。

5. 抵押物的所有权有可能归抵押权人

就抵押物的权属关系而论，抵押贷款的抵押物的所有权归属于抵押权人，但这种所有权的实现以贷款逾期不还本息为条件。如果房地产的所有者履行债务，房地产所有权就能归还给抵押人。由此，房地产抵押和房地产典当有相似之处，即经过一定期限，当条件变化时，都存在房地产所有权转移的可能性。然而，房地产抵押中的抵押权属于主债权的担保物权，而在房地产典当中，承典人所享有的典权是一种独立存在的物权。同时，房地产抵押物的权属虽归受押贷款人所有，但必须在贷款到期而不能清偿时行使；而房地产典当时，承典人所享有的典权期限虽满，该房地产的所有权并不立即由出典人转移给承典人，它的转移，要以出典人在时效期内不赎回为条件。房地产抵押标的物的所有权虽归抵押权人，但使用权归抵押人。但如果需清偿抵债而拍卖给第三人，房地产抵押物原所有人就无权再拥有被抵押房地产的使用权，因为他已失去了所有权，当然如果与新的所有者建立租赁关系，那又另当别论。房地产作为抵押物后，其使用权仍归抵押人所有，这是房地产抵押与一般抵押的重要区别，其根据是由房地产属于不动产这一性质所决定的。因此，房地产抵押若要成立，就必须双方签订房地产抵押合同，只有在合同的保证之下，抵押双方的权利和义务才能得到充分的保护。为了使双方权益都得到实现，在双方签订房屋抵押合同之后，还须到房地产管理部门进行抵押房地产登记，使其发生法律效力，否则仅凭一纸合同不能认为抵押已经生效。通过登记生效后，房地产的抵押才真正成立，其权属关系才得到法律保护。房地产抵押权自登记时成立，至注销登记时终止。

3.1.3　房地产抵押贷款的功能与作用

国际经验证明，房地产抵押贷款在各种房地产贷款形式中占有主导地位，这是由房地产抵押贷款的功能和特殊作用所决定的。目前，中国房地产抵押贷款正处于初步发展阶段，随着房地产业的日益成熟和金融市场的不断开放和创新，它所具有的功能和作用将日益凸现。

1. 增进居民福利和效用，提高居民购房能力

根据 M. 弗里德曼的持久收入假说(permanent income)，家庭偏好平滑的消费。如果预期收入增加，家庭就会通过信贷来增加当前消费。当家庭无法获得信贷时，它就陷入了“流动性约束”。住房是一种能够在一个较长时间内提供消费服务流的耐用品，因此住房消费不仅取决于当前收入，还取决于预期收入。在预期收入增加的条件下，家庭可以通过借贷来购买住房，家庭福利得到增加。同时，房地产抵押贷款的发展，是以住房买卖和房地产市场的发育为基础的。住房消费的重要特点之一是，住房价格昂贵与消费者难以在短期内支付，导致住房资金的严重短缺，这就影响了房地产市场的发育。房地产抵押贷款的出现，可以使房地产投资开发实体在银行的配合下，推行分期付款来销售住房。这样，使那些达到一定收入水平的家庭，只要能交出住房款全价的10%～20%作为首期付款，银行便能以该住房作为抵押条件，提供该房价80%～90%为贷款。购房者将取得的贷款一次性交付给房地产开发公司，然后在以后的较长时期里向银行分次还本付息，名义上是抵押贷款，实际上也是分期付款，这就增强了居民的购房能力，扩大了房地产消费市场，将高价值的难以消费的房地产产品尽快进入流通领域，使居民的住房需求提前满足，促进了住房的商品化和自有化。

2. 加强房地产开发企业的经济实力，推动房地产业快速发展

房地产开发企业筹资的重要手段是以自己营造的房地产作为抵押物而向银行取得贷款。一般在它确定建设项目以一定的自有资金支付部分购地费后，其余地价的大部分便来自银行的抵押贷款。基础设施工程完成后的房屋建筑工程所需资金，也可向银行贷款，条件是把将要建成的住房或楼宇与土地一起抵押给提供贷款的金融机构。上述两笔贷款一次性谈妥，分次取得和使用，银行在此充分发挥了筹资融资的作用。房地产开发企业由于有银行的抵押贷款支持，以自有的小额资金引来了巨额的投入资金，提高了自身的经济实力，从而使房地产业能得以顺利发展。房地产抵押贷款不仅为房地产开发企业筹集和提供了资金，而且也增强了自身的风险约束，限制了自己的短期行为。由于这种贷款形式需要以经营的房地产作为抵押担保，这就增强了开发企业偿还贷款的自觉性。因为债务的履行，需要建立在开发企业财务良好运行的基础上，从而促使它必须从根本利益上去考虑房地产投资项目的可行性，并且要不断增强自身的经济实力。造成房地产抵押贷款不能按期归还的原因虽然很多，但是除了客观上的经济形势和投资环境以外，还取决于房地产开发企业的经营管理状况。为此，房地产开发企业必审慎从事，在不断发展壮大企业实力的前提下，积极利用抵押贷款，发展房地产业。

3. 发挥储蓄功能，调节居民消费行为，推动经济的合理运行

居民一旦借到住房抵押贷款，随即实现住房消费，但同时需按期储蓄，实际上是先购买了住房而后必须储蓄，而不是先储蓄而后去购买住房。可见，住房抵押贷款是长期性住房储蓄的替代形式，因此，住房抵押贷款具有很强的储蓄功能。一些经济发达国家，例如美国，在第二次世界大战后由于住房抵押贷款的广泛发展，个人储蓄率比较低，这足以说明住房抵押贷款在一定意义上替代了居民个人储蓄。相反，中国居民储蓄率较高，这也与住房抵押贷款起步较晚，发展较慢不无关系。房地产抵押贷款还可以调节居民的消费行为，为建立比较合理的消费结构创造有利条件。因为住房消费是居民生活总支出中的一个重要组成部分，一些经济发达国家的材料说明，居民住房消费要占其消费总支出的 15%左右，这是一个不可忽视的数额。如果房地产抵押贷款能合理运行，就能吸引众多的消费性资金用于住房建设，从而相对缓解其他消费品市场的压力；而且通过住房抵押贷款筹集的资金，将毫无疑问地主要用于与建筑建材业有关的产业，由此可推动整个国民经济的全面发展。相反，如果住房抵押贷款不发展或不甚发展，高价值的住房消费和居民短期支付能力不足的矛盾难以解决，这必将影响住房自有化目标的实现。而且本来应该用于住房的消费需求便会转化为其他消费，往往造成一定时期某些耐用消费品供不应求甚至有些产品的超前消费。中国住房制度改革以前，在较长时期里住房消费仅占居民消费总支出的 1%，这与住房信贷，尤其是住房抵押贷款不发展有着密切联系。随着住房金融的发展，尤其是住房抵押贷款业务的逐步开展，必将引导中国城乡居民将一大部分消费支出投入到住房消费上来，从而带动整个经济的全面发展和合理运行。

4. 降低贷款风险，提高信贷效益，促进房地产金融业的进一步发展

房地产抵押贷款能通过合同明确规定各项借贷条件以及借贷双方的权利、责任和义务，保证了贷款的偿还以及对抵押品的处理有法可依，有据可查。这样也确保了借贷双方的经济利益，从而降低了信贷风险，为金融机构提高信贷效益创造了有利条件。住房贷款，如果是一般的单一信用贷款方式，尤其是对居民个人开办住房贷款，由于居民拥有资产的价值一般较低，绝大多数都小于居住住房的价值，如不按期归还，信贷机构必将承担巨大风险。这种信贷风险，会严重影响信贷资金应有的经济效益。然而，住房抵押贷款的推行，可使住房抵押财产的所有权掌握在放款人手中，这种住房受押权便大大减少了金融机构的后顾之忧，不论是居民个人还是房地产开发企业，一旦不能按期归还或无力偿还贷款时，房地产金融机构可以依法处置抵押品以抵偿债务。

5. 增强了对借款人的风险约束

对于房地产开发企业来说，它们有着强烈的投资需求；对于需要住房的居民来说，他们有迫切的购房欲望。为了达到各自的目的，他们都有很强的借款要求。然而，房地产开发企业对投资风险的大小、经济效益的高低，往往估计不足。对于居民个人来说，能否做出储蓄保证，有的也心中无数。而实行房地产抵押贷款，就能促使房地产开发企业合理经营，从经济利益上去精打细算，做出科学决策，以便有利可图，避免盲目借款而难于按期归还，从而增强了房地产开发企业按需贷款，按期还款的自觉性。否则，其自身就要承担风险。对于居民个人来说，他就要量力而行，合理消费，有计划地储蓄，因为只有这样才能真正取得住房。总之，房地产抵押贷款，不论对于房地产开发企业还是居民个人来说，都能具有很强的鞭策和激励作用，促使借款者从实际出发，讲求经济效益，按需贷款，按期偿还。

6. 影响着以建筑业和建材业为导向的众多产业的发展

经济发达国家的经验已经证明，房地产抵押贷款是融通房地产资金的重要手段，而房地产业中的建筑业是经济发展过程中的支柱和主导经济部门之一。一些经济发达国家，建筑业的盛衰往往是经济发展状况的晴雨表和指示器。在美国，建筑业、钢铁工业和汽车工业一直被称为是经济发展的三大支柱产业。第二次世界大战后，日本经济逐步恢复和高速发展，其建筑业也显示了特有的活力，因此，他们曾经称誉建筑业为永恒增长的产业。建筑业发展的资金需求要通过房地产金融机构的建立，而房地产抵押贷款在整个建筑业中又起着催化作用。许多经济发达国家住房金融体制都是建立在家庭储蓄基础上的。在由家庭储蓄转为住房建设资金的方式上，绝大部分住房的兴建和出售都是通过抵押信贷来完成的。于是，房地产抵押贷款的发展状况，直接制约着房地产业和建筑业的发展。而建筑业的兴衰又影响到其前工业部门，包括建筑材料工业、建筑机械工业、运输业、建材科研等部门的发展。建筑业同样影响其后部门的发展，包括社区基础设施建设、绿化、道路、室内装修业以及为住宅市场服务的各种劳务和市场外的劳务。总之，房地产抵押贷款的发展对一个国家整个经济的繁荣将发生举足轻重的作用。

7. 具有拉平经济周期的作用

一般而言，在经济衰退时期，价格和利率呈下降趋势。房地产价格和信贷成本降低，在一定程度上会刺激住房购买和抵押贷款需求，从而可以部分抵消全社会固定资产投资下降对经济造成的负面影响，减缓经济衰退速度。在经济复苏阶段，工资增长较快，住房信贷需求增加，房地产价格开始上升，银行更乐于发放抵押贷款。抵押贷款的增加直接刺激住房建筑业的复苏，从而加快经济复苏的步伐。房地产抵押贷款业务为政府制定反周期计划提供了一个强有力的工具。政府通过改变利率或制定税收优惠政策来加强住房信贷的这种自发作用，进一步缩小经济波动幅度，例如，在经济衰退时，可采取税前扣减所得的政策来鼓励银行发放更大的房地产抵押贷款。

3.1.4 房地产抵押贷款的运行

1. 房地产抵押的设定

房地产抵押的设定是房地产抵押贷款运行的前提条件。房地产抵押，是抵押人以其合法拥有的房地产向抵押权人提供房地产担保，借以取得抵押权人提供的贷款或向抵押权人保证履行债务的行为。因此，依法取得房屋所有权和有效使用期内的土地使用权的企业法人、个人和其他经济组织均可按照有关规定，以其房地产作为抵押物而成为抵押人。同样，按照有关规定，接受房地产抵押的企业法人、个人和其他经济组织，均可成为抵押权人。凡是设定抵押的房地产，必须在抵押之前在指定机关进行登记，借以取得所有权的确认和法律保护。登记的目的：一是可以证明抵押房地产的真实性，防止抵押人将产权不清甚至产权已经丧失的住房进行抵押；二是防止一房两押或多押。

一般来讲，下列房地产或权益可以设定抵押：

(1)城镇国有土地使用权。在实行私有制的资本主义国家中，土地归私人所有，土地所有者可将自己所拥有的土地作为抵押以获得贷款。在中国，土地归国家所有，而土地所有权与使用权是可以分离的。依法律规定取得土地使用权的土地使用者，其土地使用权在使用年限内可以抵押。

(2)依法取得所有权的房屋及其坐落地的土地使用权。以房屋设立抵押权时，其使用范围内的土地所有权(土地使用权)随之抵押。

(3)依法生效的房屋预售(购)合同。房屋预售是指房屋出卖人在建筑物竣工前进行的房屋销售。因预售的标的是未完成的建筑物，建筑物能否完成风险尚存。为了给买者某种程度的保障，出卖人与受买人之间要订立房屋预售合同。这样，受买人就可凭预售合同设立抵押，向银行申请贷款。因此，房屋预售合同抵押可视为房屋抵押。以土地使用权设定抵押者，不得违背土地使用权出让合同的规定。下列房地产或权益不得设定抵押：

①权属有争议的房地产；

②用于教育、医疗等公共福利性质和文物古建筑的房地产；

③被依法查封、扣押或施以其他司法保全措施的房地产；

④已有书面协议承诺不作抵押或其他依法不得抵押的房地产。

以房屋设定抵押，应连同该房屋坐落地的土地使用权同时抵押。以土地使用权设定抵押的应连同地上房屋及其他附着物同时抵押。凡是对抵押物为多份共有的房地产设定抵押时，抵押人要书面通知其他共同享有者，抵押的设定只能以抵押人所占有的那个份额为限。如果要以共同所有的房地产来设定抵押时，抵押人应事先征得其他共有人书面同意，所有共有人同为抵押人。凡将已经出租的房地产设定抵押时，抵押人必须将租赁情况如实告知抵押权人，并且需要书面通知承租人。抵押合同签订后，原租赁合同继续有效。凡是以房地产中未设置抵押的部分设定抵押时，抵押人事先将已作抵押的状况告知拟接受抵押的当事人。如果要将已作抵押的房地产再作抵押时，必须征得抵押权人的书面同意。外商投资企业和股份制企业以其房地产设定抵押时，必须经过企业董事会或联合管理机构的书面批准，这类抵押所设定的抵押期不应超过企业的营业期限和土地的使用年限。

2. 房地产抵押贷款中抵押率的确定

抵押率是抵押贷款本金利息之和与抵押物作价现额之比率，即：

$$抵押率=抵押贷款本金利息之和/抵押物作价现额\times 100\%$$

由于决定抵押率高低的因素都是不确定因素，因此抵押率很少有统一规定，需视每一笔抵押贷款的具体情况方能逐一确定。影响抵押率高低的因素及其确定原则主要有：

(1)贷款风险因素。抵押贷款本息之和与抵押房地产作价现额(估价额)之间往往有一个差额，抵押率反映了这个差额的幅度。这个差额一般都是抵押贷款额小于抵押房地产估价额，即抵押率小于100%。这主要是考虑了贷款的风险和抵押房地产的处理风险及估价过高。抵押贷款方式本身就是贷款人为减少和转移贷款风险而采取的有效措施。为了进一步减少和转移贷款风险，贷款人进一步压低抵押率，使贷款损失的可能性更小。因此，在确定抵押率时，首先要考虑这笔抵押贷款的风险程度。贷款人对贷款风险的估价与抵押率成反比关系，即风险大，抵押率可压低一些；风险小，抵押率可高一些。当然，抵押率再低，不能低于抵押人接受的程度。而对借款人来说，他对贷款风险的估价与抵押率成正比关系，即他认为这笔贷款的风险较小，有较大把握还清贷款赎回抵押房地产，同意贷款人将抵押率压得低些；如果他认为这笔贷款风险较大，没有把握还清贷款赎回抵押房地产，就不能接受较低的抵押率。因此，从借款人和贷款人对抵押率的不同要求，可以明显看出双方对同一笔贷款风险的估价差距。

(2)借款人信誉。抵押率高低还要考虑借款人信誉高低，二者成正比关系。如借款人信誉较高，抵押率可以高一些；如借款人信誉较低，抵押率也要低一些。借款人的信誉实质上也是抵押贷款风险的一个方面。很明显，借款人的信誉较高，抵押贷款的风险就小一些；借款人的信誉较低，抵押贷款的风险就大一些。

借款人的信誉评价内容包括：①呆账率，即借款人在银行是否有呆账、数额多少等；②逾期贷款率，即借款人是否有逾期还款行为，次数多少，数额多少，是经常逾期还款还是偶尔因故逾期还款；③借款人现在的生产经营情况、盈利水平等；④借款人现有固定资产(净值)数额；⑤借款人在银行(贷款人)开户的时间和年限。抵押率反映了抵押贷款本息之和与抵押房地产作价现额即估价额之间的关系，因此，它与抵押房地产估价密切相关。在抵押房地产估价时已经充分考虑了抵押贷款的风险，但估价时主要考虑抵押房地产的占管风险和拍卖风险，并未考虑贷款项目本身的风险，以及借款人的信誉和经营状况，这两个影响因素需要在确定抵押率时充分考虑。一般来说，房地产抵押贷款的抵押率为 80%～90%。

3. 房地产抵押贷款的申请

房地产抵押贷款申请是借款者与房地产金融机构形成信用关系的第一步。房地产抵押贷款是贷款形式的一种，与其他贷款一样，借款者必须向放贷机构主动提出申请。这种贷款申请必须由购建房的借款者向房地产金融机构提出书面申请，申请人在申请时需要提供按规定所需的有效文件，就个人购建房而言，这些文件主要包括：

(1)申请人的身份证、户籍证明及印鉴。

(2)准备抵押的房地产登记证明，该房地产可以是申请人已经拥有的，也可以是即将购入的，如果是后者，则需要提供原拥有人的身份证明、户籍证明及印鉴。

(3)提供需要抵押房地产的现值证明和土地使用权证明。

(4)申请人经济状况证明。如收入来源证明、工资收入、税单、银行存款证明等，以证明贷款申请人将有足够的经济能力清偿债务。

(5)准备抵押房地产的相关材料。

在提供上述证明文件的同时，申请人填写房地产抵押贷款申请书。申请书内容包括：(1)借款人名称、住址；(2)申请贷款金额，也就是载明申请人准备申请贷款的数额；(3)借款用途；(4)借款人自己确定的还贷日期；(5)申请人签名盖章。

4. 房地产抵押贷款的贷前审查

房地产抵押贷款的贷前审查主要是指金融机构的贷前审查，它是信贷决策的重要环节。借款者提出申请后，房地产金融机构要对抵押房地产和借款人的信用历史及偿还能力进行具体分析。

(1)对抵押房地产的审查与分析

审查的目的是根据准备抵押的房地产开发的可行性研究做出贷款决策。这种可行性研究主要包括市场研究和经济研究两个方面，市场研究着重分析市场范围及需求与供给的状况，而经济研究则着重分析从市场分析研究中收集到的信息，估计潜在的租金收入和营业费用，然后才通过多种比率分析来确定申请的贷款是否合理可行。这里所说的比率主要包括：①贷款数额与抵押品价值的比率。对于金融机构来说，这个比率愈低，贷款风险愈小，相反，则贷款风险愈大。②营业净收益与贷款本息的比率。这个比率与贷款风险呈反比，即比率愈低，对金融机构风险愈大。③保本比率。这个比率是指为了支付营业费用和贷款本息，必须实际取得的潜在总收入的某个百分比，放款人一般规定允许的最高比率范围为70%～95%。一般来讲，对抵押房地产审查的内容主要包括两部分：一是法律或手续方面的审查；二是房地产实物方面的审查。具体体现在以下三方面：

第一，审查抵押房地产的设定是否符合中国现行法律、法规的规定。

第二，审查抵押房地产是否为共同所有。如果是共同所有的房地产作为抵押物，应审查是否有共有的各方同意设定其为抵押物的书面证明。

第三，实物审查。主要审查房地产产权(房屋所有权证书、土地使用权证书)证书是否完备。审查抵押房地产的目的是为了担保按期清偿债务，保证债权人的合法权益。因此，在审定抵押房地产时，必须严格审查抵押房地产能否发挥如上的功能和作用。

(2)对借款人资格的审查

主要分析借款人是否合法和确有还贷能力。抵押人应是具备完全民事行为能力的人，是法人单位或者是成年的公民，并且具有正常行为能力。抵押人必须是房地产的所有者或者是已经订立了购房合同并已支付了与贷款相当比例的住房价款，同时应提供房屋所有权证书和应有的合同证书为依据。为了能及时清偿抵押贷款，在抵押人已经占用了抵押房地产时，必须保证抵押权人在抵押人不能偿还本息时能行使拍卖抵押房地产的权利。

以上是金融机构对抵押人资格的审查，但就房地产抵押贷款的总体而言，对抵押权人，即发放房地产抵押贷款的金融机构，也有一个资格审定问题，这将由当地政府指定的房地产抵押贷款管理部门来完成。目前，中国有些地区规定，房地产抵押贷款发放机构必须是国内银行或者是在中国设立办事机构的外国银行。这样做的目的是为了杜绝和防止与中国没有经济往来的金融机构、组织或个人插手控制中国境内房地产交易，造成房地产权的外流和收益流失。

5. 对抵押房地产的估价

房地产抵押贷款是借款人以其房地产抵押而获得贷款的活动，抵押的目的是当借款人不能按期还款时，贷款人可处分抵押房地产用以还款。房地产抵押估价，就是对抵押房地产将来(抵押贷款到期日)处分时的市场价格的估算。在审核房地产产权证书真实性和可售性的基础上，综合考虑市场变化、利率走势等因素，对抵押的房地产价值进行评估，并确定该项贷款的额度及其与抵押房地产价值之比。抵押房地产估价是抵押贷款成功与否的重要一环，若估价过高，拍卖所得资金不足以抵偿贷出资金，抵押权人就会受损失；而估价过低，抵押人也不愿意。可以说抵押房地产价值的确定，关系到贷款金额的确定和贷款合同的签订与履行。房地产金融机构一般都委托专门的房地产估价所对抵押房地产进行估价，这些房地产估价所配有专职或兼职估价人员，他们熟悉房地产市场，对建筑业和经济形势也有较深的了解，能对抵押房地产做出价值判断。对房地产抵押物评估的根本原因在于，金融机构要对发放数额如此巨大而期限又较长的贷款找到科学依据。因为当借款人一旦无力偿还本息时，贷款人要从抵押房地产拍卖价款中得到清偿，所以贷款人所关心的是被抵押的房地产的价值及其是否容易出售。同时，抵押贷款总额、贷款额与抵押房地产价值之比、担保金额，甚至抵押贷款利率的决定，都要依赖于对房地产抵押物价值的评估。

房地产抵押物的估价与其他抵押物估价不同，有其自身的种种特点。首先，由于级差地租的存在，房地产抵押物估价要充分考虑其位置因素，房地产所处的地点距市中心的远近即商服中心影响度、道路通达度以及房屋的朝向差别等都会产生很大的收益差。第二，房地产抵押贷款期限长、数额大，要充分考虑房地产市场走势以及贷款利率的变动趋势，以免在通货膨胀率过高和贷款利率上浮幅度过大的情况下遭受经济损失。一般来讲，房地产抵押物估价可分为房屋估价和土地估价两个部分。房屋估价的基本思路是：

$$房价=房屋重置价\times房屋成新$$

其中，房屋重置价是按现有物价水平重新建筑房屋的价值；房屋成新是用百分比表示的新旧程度。

土地估价常用的方法有市场比较法、收益法、剩余法、成本法等。通过上述方法计算出房地产现值后，房地产金融机构可根据市场变化及利率走势等因素，决定贷款与房地产价值之比，计算出贷款额度。国外一般的情况是，在开始推行房地产抵押贷款阶段，贷款与房地产价值之比为50%～60%，随着经济的发展，抵押贷款清偿率提高，比例也提高到80%左右。第二次世界大战以后，由于二级房地产抵押市场的广泛建立，美国房地产的易售性、价值的流动性增强，房地产贷款风险分散，从而，与房地产价值之比高达90%。目前，中国房地产抵押贷款制度正处于初步发展阶段，其贷款额度应根据政策性房地产或商业性房地产分别确定，对前者实行一定的优惠政策，而对后者则应根据市场原则确定。一般而言，抵押房地产估价常用的方法包括成本估价法、市场比较法、收益法等。

6. 抵押房地产的保险

在占管抵押房地产期间（抵押期间），为减少和分散抵押房地产损毁而造成的损失（占管风险），保证抵押房地产和抵押贷款的安全，要对抵押房地产投保。抵押房地产保险手续按保险公司的有关规定办理,保险期限应略长于抵押期 2 个月左右,为处分抵押房地产留出保险时间,抵押房地产处分结束后,保险即失去效力。抵押房地产的保险费用应由抵押人承担。

7. 抵押贷款合同的签订和登记

房地产抵押贷款合同,是指房地产抵押当事人(包括借贷双方和担保人)按照一定的法律程序所签订的书面契约。签订抵押贷款合同的目的是保证当事人的合法权益和义务。所签合同应到公证处办理公证后,才能具有法律效力。

房地产抵押合同的内容应包括:(1)抵押当事人姓名(或名称)、国籍、住所或单位所在地,如自然人则载明姓名、年龄、身份证号。(2)抵押贷款或担保债务的价款用途、数额、币别、期限、利率、支付方式和地点。(3)抵押房地产名称、数量、面积、估价、处所、产权归属和使用年限。如有特别编号、标记或说明、图纸的,应分别予以记载。(4)房地产抵押物的权证保管及归还方式。(5)房地产的占管人、占管方式、占管责任以及意外毁损、灭失责任。(6)抵押房地产的保险及受益人。(7)归还本息方式、逾期罚息、提前还款规定等。(8)抵押房地产被处分时受偿人的顺序。(9)抵押手续费、公证费、违约责任、纠纷的解决。(10)签约日期、地点、当事人签名。

8. 抵押登记

抵押当事人必须于抵押合同签订后规定的日期内持抵押合同、有关批准文件及证件到当地房地产主管部门申请抵押登记。提供的有关证件有:(1)抵押当事人双方身份证明或法人资格证明;(2)以土地使用权作抵押的,持《建设用地许可证》和《国有土地使用证》;(3)以房屋作抵押的,持《房屋所有权证》和《国有土地使用权证》;(4)以房屋预售(购)合同作抵押的,持生效的房屋预售(购)合同。房地产主管部门应在规定日期内办完登记手续。抵押合同自批准抵押登记之日生效,未经抵押登记,抵押行为无效。

广义的房地产抵押登记应包括:房地产抵押权的设定、变更、注销登记,以及抵押权的实行所需要办理的房地产权过户登记。在抵押权设定后,一旦抵押合约的内容有所变化,均应到原抵押权设定登记机关办理变更登记手续。抵押合约是受法律保护的,一经签订并办理公证后,如有任何内容变化,必须得到双方当事人同意,经修改再次公证后到产权登记机关办理变更登记。一旦抵押债务不能清偿,则强制执行抵押权。因此,抵押合同的变更和注销,都必须严格履行登记手续,而且必须经双方当事人达成书面协议。经有关上级机关批准的抵押,还须征得原批准机关的书面同意。原上级机关的隶属关系发生改变的，由新的上级机关批准。抵押人或抵押权人发生合并、分立等变更的，变更的一方当事人应及时通知对方当事人。变更后的当事人享有相应的权利，承担相应的义务。抵押人或抵押权人死亡或被宣告死亡或失踪时，其财产合法继承人或代管人继续履行抵押人或抵押权人签订的抵押合同。房地产抵押合同发生变更，当事人应在变更之日起的规定时间内，向主管机关（房地产管理局）申办变更登记。抵押关系终止，当事人应在终止之日起的同样规定日期内，向主管机关办理抵押登记注销手续。当事人在履行合同中发生争议时，应协商解决。协商不能解决的，可按规定向所在地区房地产仲裁委员会申请仲裁，也可以向人民法院起诉。

9. 抵押房地产的占有、管理和处分

已作抵押的房地产，由抵押人占有和管理。抵押人在占有管理期间应维护抵押房地产的完好。抵押权人有权按抵押合同的约定检查由抵押人占有管理的抵押房地产。抵押人未征得抵押权人书面同意，不得擅自将抵押房地产出租、变卖、赠予、拆除、改建，不得改变其使用性质。抵押房地产发生遗赠的，为了明确产权关系，受赠人应及时书面通知抵押权人。由于国家建设需要拆除设有抵押权的房屋或征收其坐落地的土地时，抵押双方应就抵押房地产实际价值进行协商。对拆除房屋实行调换的，由抵押双方重新签订抵押合同。对拆除房屋实行作价补偿的，由抵押双方重新设定抵押权或者在抵押人清偿债务后方可享受补偿。抵押房地产一旦发生损毁（自然耗损除外），抵押人应迅速将有关情况通知抵押权人，并尽可能采取一切补救措施，防止损失的扩大。抵押房地产如果因抵押人过失而贬值以致明显地不能或不足以作为其履行债务的担保，抵押人有责任重新提供或增加担保，以弥补其不足。

抵押房地产的处分，是指对抵押房地产的处置。有下列情况之一者，抵押权人有权向当地房地产管理局申请处分抵押房地产：(1)抵押人未依约履行债务；(2)抵押人死亡或被宣告死亡，或失踪而无人代其履行债务；(3)抵押人的继承人或受赠人或代管人拒不履行债务；(4)抵押人被宣告解散或破产。当地房地产管理部门在接到处分抵押房地产申请后的规定日期内要做出准予处分或不准予处分的决定。当事人不服者，可在规定日期内向上一级房地产管理部门申请复议，也可以向人民法院提起诉讼。当事人提请复议的，在接到复议决定后仍然不服的，仍可向人民法院提起诉讼。

抵押权人可以申请下列方式之一处分抵押房地产：(1)申请当地房地产市场公开拍卖；(2)委托房地产交易市场出售；(3)经过当地房地产管理部门同意的其他适

当的方式。不论采用何种方式处理,都应按照当地有关规章办理。例如,采取拍卖方式者,应按当地房地产拍卖的规定程序办理;委托出售或以其他方式处理的,要按当地房地产交易管理的有关规定办理。抵押权人申请处分抵押房地产时,应书面通知抵押人或继承人、受遗赠人、代管人,抵押房地产为共有或出租的,还应同时通知共有人或承租人。抵押房地产应从准予处分之日起,在规定时间内处分完毕。如未能如期处分的,抵押权人可在处分期限届满前规定日期内申请延期,延期最长期限也应有明确规定。当地房地产管理部门应在接到申请的规定时间内做出相应决定,准予延长期限,或者不准其延长。抵押房地产拍卖或变卖成交后,拍卖人或受买人应从成交之日起的规定日期内办理抵押房地产过户登记手续。抵押房地产的处分也可以因遇到特殊情况而立即终止。这些情况有:(1)抵押权人要求终止处分;(2)抵押人提出申请愿意并确实证明能够立即履行偿还债务的义务;(3)抵押房地产处于诉讼中;(4)出现其他应该终止处分的情况。

在处分已经出租的抵押房地产时,承租人在同等条件下享有优先购买权。租赁期内的民用住房,处分后原租赁合同应继续有效,租赁期满,出租人有权不续约。如出租人租赁期满将抵押房地产继续出租,原承租人在同等条件下享有优先承租权。已出租而未定租期的抵押房地产处分后,原租赁关系终止,但民用房地产租赁可适当延续使用。因原租赁关系终止使承租人受到经济损失的,抵押人应给予补偿。

处理抵押房地产所得到的款项,一般按照下列顺序和原则分配:(1)支付处分抵押房地产的费用;(2)扣除抵押房地产应交税费;(3)偿还抵押权人的债权本金和利息以及违约金;(4)所剩余的金额全部交还给抵押人。同一房地产设定几个抵押权的,按照抵押登记的先后顺序清偿。款项不足偿还抵押权人的债权本息及违约金时,抵押权人有权向抵押人追索不足部分。

3.1.5 房地产抵押贷款分类

房地产抵押贷款可以从多种不同的角度进行分类。

1. 根据融资目的的不同分类

从融资所要达到的目的来分类,房地产抵押贷款有消费性抵押贷款和经营性抵押贷款两类。前者是指一般的房屋买卖抵押,多发生在居民个人购房时;后者发生在房地产投资或融资时,借款者是房地产开发经营公司。房地产消费性抵押贷款一般为居民个人购房时,以自己所要购买的房产向房地产金融机构抵押而借贷,将其贷款付给售房单位或个人，购房人分期偿还贷款，抵押的房屋可以是已经建成的楼宇，也可以是预售的房屋。这种抵押贷款，一般都是用于居民个人购房，因此属于消费性贷款类别。房地产经营性抵押贷款发生于房地产投资、融资领域，贷款人为房地产投资者或经营者。房地产投资抵押贷款，也称房地产建设贷款，它是房地产投资者以所受让土地向房地产金融机构取得抵押贷款，进行经营性房地产开发。房地产融资抵押贷款是房地产经营者将所建设的楼宇出租或自己经营饭店、酒家、商场、宾馆等第三产业，为扩大生产和经营范围需要资金，通过抵押上述房地产来取得贷款。

2. 根据利率确定方式和计算方法的不同分类

以住房抵押贷款为例，住房抵押贷款的利率差别和利息计算方法很多，从而产生了多种抵押方式，大致有以下几种：(1)对于短期的，诸如一年以下的住房抵押贷款，一般采取固定利率和按月支付本息的形式贷款。(2)对于超过一年期(1～2年)的住房抵押贷款，采用递增固定利率和按月支付本息的形式。(3)对于中期住房抵押贷款(2～5年)，采用递增固定利率和浮动利率相结合，固定与递增支付本息相结合的方式。(4)住房长期抵押贷款的浮动利率形式和重新议定方式。中国现行住房抵押贷款多为长期的，其利率确定方式有两种：一是采用浮动利率形式，这是一种使住房贷款基金随国家经济情况升值和保值的有效办法，但需要对利率的浮动范围做出精确计算，以便适应变化了的客观实际情况和满足借贷双方的需要。二是重新议定利率的方式，简称重议利率。这种方式将在借贷合同中明确规定，利率在一定时间(如3年)内，将根据通货膨胀率的发展变化趋势确定下来，在规定期限内不变，但到期限后再议，以便适应经济发展和物价的变化。这种方式虽然是比较科学的，但它涉及取得抵押贷款的千家万户，影响面较宽，工作量很大，因此，对其使用范围应该严格限定。

3. 根据抵押条件和依据的不同分类

按照这种分类方法基本上有三种抵押方式：(1)定期抵押。不论是短期还是长期抵押贷款，在规定期限内，只要贷款未偿还，房产的抵押权归受押人，一旦债务完全偿付，随即取消抵押。合同规定的还款期限是贷款发放的主要条件和依据。(2)信托契约抵押。要求将房产契约转让银行或信托部门，委托他们在抵押贷款清偿前，为了贷款人的利益而拥有抵押权。(3)凭书面证据抵押。书面证据表明当事人愿意把房地产作为抵押保证物以取得贷款。

3.2 住房抵押贷款证券化

20 世纪 70 年代以来，全球兴起一股金融创新的浪潮，各种金融创新工具不断涌现，从直接融资到间接融资，从场内市场到场外市场，从国内市场到国际市场，无处不存在金融创新。其中住房抵押贷款证券化（mortgage-backed-securities, MBS）这种工具创新可谓成功一例，在世界范围内得到广泛的利用。

3.2.1 资产证券化与住房抵押贷款证券化

1. 资产证券化概述

(1)资产证券化的定义

所谓证券化是指金融市场上不断出现的可转让证券产品的趋势。资产证券化（asset-backed-securitization，ABS）是将资产收益权以证券的形式在资本市场发行并流通的过程。其中，资产是指可以为其所有者带来未来收益的有形财产或无形权利，可分为有形资产和无形资产。其中，无形资产可分为股权资产、债权资产、货币资产和其他的财产权利如工业产权、特许权等。这样，股票就是股权资产的证券化结果，债券就是债权资产证券化的结果。

目前，人们普遍认可的资产证券化定义有广义和狭义之分。广义上，资产证券化包括一级证券化和二级证券化。一级证券化是指借款人通过发行证券（主要为企业债券和股票），从资本市场和货币市场直接融资的过程。二级证券化是指将已经存在的贷款、应收账款等具有确定的存续期限，且在存续期内能够产生稳定或可预见收益的资产转化为证券工具的过程，该证券代表着对支持资产所产生收益的索取权。二级证券化也是狭义资产证券化的概念。现在，资本市场上所称的资产证券化就是指二级证券化。

资产证券化与企业以发行股票和债券进行融资的传统证券化形式不同。资产证券化是在已有信用关系，如贷款、应收账款等基础上产生的存量资产的证券化；而传统证券化则是在证券市场上发行股票或企业债券进行直接融资的过程。

与传统的企业证券融资相比，资产证券化具有以下特点：

①在运作结构上构建了一个特设机构（special purpose vehicle，SPV）

SPV 的职责是购买企业能够产生未来现金收益的资产或收益权，发行由所购买资产支持的证券。通常，SPV 是用发行证券的收入购买支持资产，用支持资产产生的未来现金收益向投资者支付证券本息。SPV 在法律上为不破产实体，以达到将企业破产风险与投资者隔离，提高证券信用级别，降低融资成本的目的。

②资产证券化是结构性证券化，其融资也称为结构融资

资产证券化以设计为表外融资，不增加企业的负债水平，只要发起人具有能产生未来稳定现金流的资产，就可以运用资产证券化融资，对那些按照传统标准被排斥在资本市场以外的企业，可以借助这一融资工具进行资本运作。而传统的企业股票和债券融资形式则不具备上述特点。如企业发行股票要以现有的全部权益为基础，并要与投资者分享未来的收益；企业债券融资要以企业整体信用为基础，必须满足较高的发债条件，如流动性、负债率和盈利水平等财务指标才能获得发行资格。但同时，资产证券化与股票和债券融资并不矛盾，有条件的企业可以两种融资方式并用。

(2)适合证券化的资产

①能产生稳定的未来收益的资产

理论上，一项资产只要能在存续期间给资产所有者带来持续稳定或可预见的收益，就适于证券化。这是因为，资产支持证券是否具有价值及具有多少价值均取决于支持资产是否能产生及产生多少未来收益，而资产所有人发行资产支持证券实际上是转让支持资产未来收益权或以该收益权为质押而取得现期资金。因此，若某项资产不能产生未来的收益或收益不确定，也就毫无收益权而言，或其收益权无法评价，而以该收益权为支持的资产支持证券也就失去了发行和存在的基础。

②流动性较差的资产

从证券化的目的看，流动性较好的资产，通常变现能力较强，没有必要进行证券化。一般需要证券化的资产通常是期限较长、流动性较差的资产。因此，适合证券化的资产品种应具备以下条件：一是具有稳定均匀的现金流；二是资产质量稳定而优良；三是支持资产变现价值较高，合同标准规范等。

可证券化资产很多，包括各种抵押贷款、信用卡应收款、收费基础设施、融资租赁设备、特许权、人寿保险单等。从实践来看，在资产证券化发展初期，人们大多选择安全性高、稳定性好的住房抵押贷款作为证券化的对象，后来一些零售信贷品种如汽车贷款、个人消费信贷、信用卡应收款等也进入了证券化的范围。这些信贷品种具有信用关系简明、支付方式简便、借款人多样化、偿付违约率低、现金收入稳定等特点。此后，资产证券化的对象逐渐扩展到邮轮、民航客机等大型租赁设备和收费公路等有形资产的用益权或收益权，这些有形资产也都具有现金收入稳定的特点。近年来，随着资产证券化的技术不断成熟和完善，以前不为人们所看好的一些期限较短、收入流量不易把握的金融资产，如贸易应收款、中小企业短期贷款，也被

纳入了证券化的范围。

到目前为止，被证券化的资产主要有：

①个人住房抵押贷款；

②商业房地产抵押贷款；

③个人消费贷款，主要是指汽车贷款及其他私人资产抵押贷款；

④各类工商企业贷款；

⑤贸易应收款；

⑥信用卡、转账卡应收款；

⑦融资租赁贷款及普通租赁租金收益；

⑧人寿健康保险单；

⑨各类有价证券组合；

⑩公共基础设施收费收入，如航空、铁路公司票款；

⑪工业产权及特许权收益；

⑫矿藏、森林资源，等等。

2. 住房抵押贷款证券化概述

根据资产证券化的定义，住房抵押贷款证券化是指发放住房抵押贷款的金融机构将其持有的抵押贷款，汇集重组成抵押组群，经过担保和信用加强，以证券形式出售给投资者的融资过程。

按照不同方式，分类如下：

(1)基于基础抵押贷款组合现金流处理方式的分类

根据对基础抵押贷款组合现金流处理方式的不同，可将住房抵押贷款证券化品种分为两类：一类是对现金流基本不作处理，证券发行人只是将由基础抵押贷款组合产生的现金流转递给证券投资者，如转手证券；另一类是对来自于基础抵押品的现金流进行重组。可以按期限级别进行重组，如按顺序偿还的担保抵押贷款证券；也可以对本金和利息进行重新分配，如本息剥离后的本金证券和利息证券；或对风险进行重新分配，如优先附属担保抵押贷款证券。

(2)基于支持资产不同的分类

根据支持资产的不同可分为两类：一是普通住房抵押贷款证券。即以普通住房抵押贷款组合支持的证券；二是商业抵押贷款支持证券，即以非普通住宅类房地产贷款支持的抵押贷款证券。这些房地产主要包括多住户公寓、办公楼、零售房屋、工业用房屋和宾馆。

(3)基于证券品种发展与演变的分类

住房抵押贷款证券最主要、最基本的产品是转手证券。其衍生产品主要有两种，即担保抵押贷款债券（collateralized mortgage obligations，CMO）和剥离式抵押支持证券（stripped mortgage-backed securities，SMBS）。

转手证券是指证券发行人将抵押贷款资产进行组合，经信用提高和信用评级后，以该资产组合为基础发行的抵押贷款证券。其特点主要有：①每一份证券平均享有支持资产收益的分配权；②资产组合中的风险和收益均按投资者所购买的比例进行传递。根据提供信用担保机构的不同，转手证券可分为：政府国民抵押协会转手证券、联邦住宅抵押贷款公司转手证券、联邦国民抵押放款协会转手证券和私人机构转手证券等。

担保抵押贷款债券是以抵押贷款组合、转手证券、剥离式抵押支持证券等组成的集合现金流为基础，发行具有多个债券级别的抵押贷款证券。CMO 创新品种繁多，主要有按顺序偿付证券、计划摊付证券、目标摊付证券、准确到期日证券、浮动和逆浮动利率证券等。

剥离式抵押支持证券，是将来自抵押贷款资产组合的本金和利息收入流由按比例分配变为不平等分配的证券。目前市场上最普遍的做法是，将抵押贷款组合中的本金和利息收入流进行拆分，并分别以本金流和利息流为基础发行本金证券和利息证券，前者只获得本金收入，后者只获得利息收入。

3. 住房抵押贷款证券化与其他融资方式的区别

(1)住房抵押贷款证券化与房地产股票和债券的区别

根据住房抵押贷款证券化的特征及运行规律，可以发现，住房抵押贷款证券化与房地产股票和债券的区别主要表现在两个方面：

①两者的信用基础不同

住房抵押贷款证券化的信用基础是证券化发起人的某些特定资产，而房地产股票和债券则以房地产企业的整体信用为基础。住房抵押贷款证券化的现金流收入来源于特定的证券化基础资产，而房地产股票和债券的现金流则来源于整个房地产企业。

②对追索权的规定不同

在规范、严格意义上的住房抵押贷款证券化运行中，证券化发起人实现了证券化基础资产的“真实出售”。因此，当投资者不能按期获得本息偿付时，对发起人的资产不再具有追索权。

(2)住房抵押贷款证券化与项目融资的区别

项目融资是为一个特定的建设项目所安排的融资，该建设项目产生的现金流量和可预期的收益作为偿还贷款的资金来源，该项目的资产被用作贷款的安全保障。项目融资本质是一种无追索权的融资贷款。与住房抵押贷款证券化一样，项目融资实现了与项目发起人的信用隔离，项目融资只与特定项目的现金流有关，而与发起人整体信用无关。两者的主要区别表现在两个方面。

①资金来源不同

项目融资中的资金主要来源于提供项目贷款的一家或多家银行等金融机构，且这些金融机构在项目融资过程中是特定不变的。而住房抵押贷款证券化过程中，购买抵押支持证券，向贷款发放银行提供资金的是金融市场不确定的广大机构投资者和个人投资者。

②风险隔离的目的不同

在项目融资中，项目的未来收益是不确定的，由于用于融资的项目还没有建设起来，因此项目融资的风险主要在于项目本身。对项目实行风险隔离的目的实际是保护项目发起人的利益。而在住房抵押贷款证券化过程中，证券化基础资产的现金流是稳定的，除基础资产以外的其他风险主要存在于发起人自身的信用上，因此，风险隔离的主要目的是保护证券投资者的利益。

4. 住房抵押贷款证券化的意义

作为一种金融创新，住房抵押贷款证券化在宏观上有力地促进了金融市场效率的提高及金融分工的深化。微观层面上，也为证券化的各方参与者带来了可观的经济利益。住房抵押贷款证券化的意义主要表现在以下几个方面：

(1)提高银行贷款资产的流动性

住房金融机构的负债多为期限较短的储蓄存款，而资产则大都是期限为10～30年的抵押贷款。一方面，住房抵押贷款在银行资产负债表的资产方不断积累，当达到一定比例时，该银行便出现资产流动性要求；另一方面，短期存款与长期贷款的不匹配，使金融机构将可能面临资不抵债的风险。银行在利率稳定、短期利率低于长期利率的情况下，还能正常经营；一旦短期利率上升至接近或超过长期利率时，银行的效益就将很快减少。抵押贷款证券化，使银行的长期贷款得以流动，从根本上解决了“短存长贷”的矛盾。

(2)促进金融产品和金融行业的深化

抵押贷款证券化根据证券化资产的特点(期限、利率、信贷品种)进行分解、重新组合和定价，重新分配风险与收益，事实上是对传统金融中介初级产品的一种深加工，使得金融产品质量和信用等级得到提高；同时，证券化也对银行的中介功能进行分解，将过去由银行一家承担的发放贷款、持有贷款和回收贷款本息等职能转化为多家存款金融机构和机构投资者共同参与的活动。于是，传统融资时的借款人—金融中介机构—储蓄者的信用链条，被延长为一个由储蓄者、借款人、中介机构、保险机构、投资机构和众多中小投资者组成的更长的信用链。这不仅加深了金融行业的分工，而且将抵押贷款风险部分地转移到更能承担长期债权风险的机构，从而提高了整个金融体系的效率，增加了整个金融体系的安全性。如保险公司和退休基金等一类的金融机构，负债稳定，且债务期限较长，在长期资金的来源上具有相对优势。这些机构倾向于在市场上购买安全、稳定和收益高的金融资产，适合成为抵押贷款的购买者。而储蓄机构和商业银行在发放和管理贷款上具有相对优势，因此，其业务可主要集中在发放贷款并提供贷款服务。

(3)降低融资成本

抵押贷款证券化使金融机构分级剥离存量资产，并借用担保资产和担保机构的信用，来发行适宜的证券，甚至可以发行比自身信用级别更高的抵押证券，从而降低融资成本。尽管证券发行机构的信誉也是影响证券流动性和投资效益的重要因素，但证券评级机构和广大的证券投资者更关注的是资产证券潜在的收益率、担保品或担保机构的信誉和质量等，因此，所发行证券的信用级别主要取决于证券信用评级和未来投资收益率。如，资产证券化的首创者——美国斯佩里金融租赁公司，在第一次发行"计算机租赁应收款资产证券"时，精心设计现金收入流与支出流的安排，充分保证了投资的收益率，并由此获得了社会权威评级机构的AAA级信用评定。这一证券最高信用评级，大大超出了当时斯佩里金融租赁公司的A级信用等级。再如，美洲银行发行的信用卡资产证券，同样因为策划周密而获得AAA级信用评定。与发行同等级、同期限的债券相比，这一举措为该公司至少节省了近150个基点的融资成本支出。

(4)提高资本利用率

银行一般是通过增加存款和提高资本金来扩大信贷业务。不同的信贷资产具有不同的风险度，金融机构需要根据资产的风险等级，确定资本结构比例，建立风险资本准备金。通常，自有资本不能低于资产总值的8%，其中的4%必须是一级资本，即普通股和非累积优先股等。在美国，1991年出台《联邦存款保险公司改善法》，对参加联邦存款保险的银行和储贷机构存款保费实行风险定价，即根据银行的资本比率和监管的风险等级缴纳保费。这些监管措施的目的，在于抑制银行从事高风险投资，但这也无形中增加了银行的资本成本。住房抵押贷款证券化能够使银行通过出售高风险性资产，来有效地降低资产结构中风险资本的比率，提高资本杠杆效应。监管机构确定住宅贷款的风险权重为50%，而信用等级高的资产证券的风险权重则为20%。于是,以1亿美元的消费信贷资产为基础,发行资产证券就可为银行节省2400万美元的资本金。

(5)扩大银行的经营范围,提高其经营效益

随着金融业竞争的加剧,金融机构与非金融机构不断拓展经营范围,银行只从事单一的贷款业务已无法生存了。在美国,近年来,银行和储贷机构贷款以外的投资和资产负债表外业务不断扩大,如资产担保证券投资、为资产证券提供担保、提供回收贷款本金的服务、销售共同基金和信用卡业务等。这使得服务费收入占银行和储蓄贷款机构利润的比重越来越大。资产证券化使得银行与非银行金融机构之间的界线日趋模糊,银行可以进入许多过去不能涉足的领域,从而实现了资本经营多元化和提高经营效益之目的。

(6)促进资金的全国性流动,使利率趋于一致

住房市场与住房抵押市场都具有区域性特点。如在美国,经济发达的东北部地区,因资金供给充裕,资金价格相对较低,而在经济起步较晚的南部和西部地区,资金的市场需求较大,市场利率相对较高。于是,抵押贷款证券化可以使东北部地区的投资商,通过购买南部和西部地区的抵押贷款证券进行投资。结果是资金实现了全国性流动,资金价格趋于一致,利率水平出现总体下降的趋势。同时,证券化将资本市场和信贷市场相连接,使资本市场的资金向抵押贷款市场流动,普遍降低了融资成本。

3.2.2 住房抵押贷款证券化的运作原理

1. 特设机构的运作模式

特设机构(special purpose vehicle,SPV)是抵押贷款资产证券化交易结构的中心。特设机构的设立是抵押贷款资产证券化最具特色之处。它不仅实现了证券化风险和收益与发起人本身资信的隔离,提高了资产的流动性和营利性,而且达到了表外融资的目标。

(1)特设机构的组织形式

通常,特设机构的组织形式有以下两种:

①由发起人组建的子公司

由发起人组建的子公司可能会带来两方面的问题,一是由于特设机构与发起人存在母子公司关系,使得发起人与特设机构之间的资产转让很难被法律认定为真实出售,同时,表外融资的处理也受到限制;二是发起人与特设机构的特殊关系,

使得发起人有机会从特设机构的管理服务及利润分成中取得特权，可能对投资人的利益产生影响。因此，组建这种产权形式的特设机构，通常被认定为一种担保融资，要进行表内处理。

②由非发起人组建的特设机构

由非发起人即独立的第三方组建的特设机构中，独立第三方通常为基金形式，并由某受托管理机构代表该基金权益持有特设机构的股份。特设机构不以营利为目的。如果特设机构设立董事会，则应有至少一个独立董事，对特设机构章程的修订和重大事项决策具有否决权。基于这种形式的资产转让，一般法规被确认为真实出售，允许进行表外处理。

(2)特设机构的资产管理和权益信托

特设机构是为实现发起人的预期财务目标，为进行资产证券化而专门设立的一个法律概念上的经济实体。它不需要办公地点和员工，是典型的空壳公司，只拥有名义上的资产和权益。特设机构的资产管理和运营一般是委托发起人或服务人进行。在有些国家，为了使特设机构的各职能有效分离，在法律上要求特设机构的资产管理职能必须由独立第三方承担。

特设机构的权益移交一家独立的受托管理机构托管。受托管理机构作为投资人利益的代表，拥有证券的全部权益，可以收取证券本息，并分配给投资人。在特设机构出现违约时，受托管理机构将代表投资人采取必要的法律行动。

(3)特设机构的行为规范

特设机构只能从事与贷款资产证券化有关的经营业务和投融资活动。从资产负债表中可以看出(表3-1)，特设机构的资产主要是从发起人购买的贷款资产组合和信用增级的担保合约中的权利；主要负债为住房贷款证券、第三方负债和从属负债。其中，第三方负债是应支付给服务人、信托机构、担保机构的有关费用，具有较高的优先偿付权；从属负债(又称次级债券)是发起人或特设机构的其他设立人向特设机构提供的一种特殊形式的启动资金，其偿付的优先权低于其他负债，性质介于负债和权益之间，实质上起到了信用提高的作用。特设机构的负债不能超出以上范围，但满足以下条件的负债例外：一是新发行的债券完全从属于已发行的债券；二是新债券的信用评级与已发行证券的级别相同；三是新债务对发行人拥有的贷款资产组合产生的剩余现金流以外的资产无追索权。

特设机构在法律和财务上是完全独立的，表现在：一是有独立的财务记录和财务报表；二是资产产权明晰，以自己独立的名义从事业务；三是不与其他分支机构发生关联交易；四是不对任何其他机构提供担保或承担债务，不用自己和其他股权人的资产为其他机构提供担保；五是不与其他机构合并或对外转让股东权益。

表 3-1　　特设机构的资产负债表

资产	负债与所有者权益
住房贷款资产组合 各种担保合约权利	住房贷款证券 第三方负债 从属性负债 权益资本

2. 住房抵押贷款证券化的主要参与者

虽然住房抵押贷款证券化存在表内模式和表外模式，但为保证整个证券化过程的顺利实施，其主要的参与者基本是一样的。住房抵押贷款证券化的主要参与者包括：发起人、服务人、发行人、信用增级机构、信用评级机构、投资银行、受托管理人和投资者。

(1)发起人

住房抵押贷款证券化的发起人是提供住房抵押贷款的金融机构，也称原始权益人，是证券化基础资产的原所有者。发起人的职责是选择拟证券化的住房抵押贷款，对其进行组合，然后将其出售或作为住房抵押贷款证券化的担保品。

(2)服务人

服务人通常是证券化的发起人或由其设立的附属公司。服务人的职责是收取到期的住房抵押贷款的本金和利息，并负责追收那些过期的抵押贷款。服务人还负责向受托人及投资者提供贷款组合的月份或年度报告，以披露与基础资产相关的基本信息。

(3)发行人

发行人也称特殊目的载体 SPV。它是指购买发起人的基础资产，并以此为基础发行抵押贷款支持证券的机构。在表外模式的住房抵押贷款证券化运作中，则是由发放抵押贷款的金融机构或其子公司直接充当发行人。

由于特设目的机构在表外模式的证券化运作中有举足轻重的地位，因此监管当局严格规定 SPV 的业务只能是向证券化的发起人购买基础资产，并发行抵押支持证券。在住房抵押贷款证券化实际运作过程中，特设目的载体通常由公司型、信托型和有限合伙型三种组织形式。

①公司型 SPV 又称为特殊目的公司(special purpose company，SPC)，在这种形式下，原始权益人将基础资产真实销售给 SPC，即将基础资产的所有权真实转让给 SPC，SPC 向投资者发行资产支撑证券。真实销售旨在保证在原始权益人破产时，出售给 SPC 的资产不会被列为破产财产，从而实现破产隔离。

②信托型SPV又称为特殊目的信托(special purpose trust,SPT),在这种形式下,原始权益人将基础资产转让给作为受托人的SPV,成立信托关系,由SPV作为资产支撑证券的发行人代表对基础资产享有权利的信托受益凭证。在这样一个信托关系中,委托人为原始权益人;作为受托人的SPV是法律规定的营业受托人,即有资格经营信托业务的信托机构;信托财产为基础的资产池,受益人为受益凭证的持有人——投资者。在信托关系的法律构造下,原始权益人将其基础资产信托给SPV后,这一资产的所有权就属于SPV,原始权益人的债权人就不能再对不属于原始权益人的基础资产主张权利,从而实现了基础资产与原始权益人的破产隔离。

③有限合伙型SPV(limited partner ship,LPS),它通常由一个以上的普通合伙人和一个以上的有限合伙人组成。普通合伙人承担无限连带责任,而有限合伙人不参与合伙事务的经营管理,只根据出资额承担有限责任。为保护投资者利益,一般要求在机构进行解体、合并、清算、兼并等重大活动时,必须征得普通合伙人的同意。

(4)信用增级机构

信用增级是减少住房抵押贷款证券化整体风险的重要手段。信用增级机构通常可以分为内部信用增级机构和外部信用增级机构。前者一般由住房抵押贷款证券化的发起人充当,后者则由独立于证券化发起人的第三方充当。

(5)投资银行

投资银行在住房抵押贷款证券化中负责向社会公众出售由其包销和代销的抵押支持证券,或者向特定投资者私募发行证券。除此以外,投资银行还往往充当证券化发起人或发行人的融资顾问,提供进行证券设计、包装以及提供法律、税收及财务处理方面的咨询服务。

(6)信用评级机构

信用评级机构负责对抵押支持证券进行信用评级。信用评级必须按照监管当局的要求进行,做到客观、公正、合理。信用评级机构对抵押支持证券的评级具有权威性,是投资者进行有效投资决策的依据。

(7)受托管理人

受托管理人负责管理住房抵押贷款证券化基础资产的现金流,进行证券登记及向投资者支付证券本金和利息等方面的工作。当服务人收到住房抵押贷款借款人偿还的本金和利息后,必须立即存入受托管理人为之专门设立的账户,并由受托管理人向投资者支付抵押支持证券的本金和利息。

(8)投资者

投资者是指购买抵押支持证券的市场交易者。同其他证券投资一样,抵押支持证券的投资者也包括机构投资者和散户(自然人)投资者。在发达的市场经济国家，机构投资者是抵押支持证券的主要投资者。这些机构投资者主要包括商业银行、投资银行、养老金机构、投资基金机构及保险公司等。

3. 住房抵押贷款证券化运作流程

一个完整的住房抵押贷款证券化运作程序包括：贷款资产组合的形成、贷款资产的出售、信用升级、信用评级、证券设计、证券发行、资产管理与证券兑付等。

(1)贷款资产组合的形成

抵押贷款证券发起人即贷款发放银行，要根据资金需求和抵押贷款质量、效益和规模情况，确定资产证券化目标；然后，从所拥有的抵押贷款中筛选出符合条件的贷款资产；并将选出的贷款资产汇集成资产池，测算资产组合未来的现金流。

在配置贷款资产组合时，主要根据以下指标进行选配：

①贷款品种，即固定利率抵押贷款、浮动利率抵押贷款等；

②总的抵押贷款利率(gross mortgage rate，GMR)水平的高低、最高和最低的抵押贷款利率水平；

③借款人贷款所购房屋的用途。通常，为防范风险，贷款组合多选择借款人自用房屋的贷款。

④贷款房价比(loan to value rate，LTV)，主要对贷款房价比的最高比例进行限制；

⑤借款人收入偿付比(debt to income rate，DTI)，即借款人的月偿付额与月收入的比例；

⑥最小贷款规模；

⑦付款方式；

⑧剩余贷款期限；

⑨贷款组合规模。

【例 1】 1997 年 7 月，香港大新银行在美国发行了一笔 3 亿美元的抵押贷款支持证券，其抵押贷款资产组合为大新银行 23.22 亿港元的住房抵押贷款。该抵押贷款资产组合的配置条件见表 3-2。

表 3-2　　大新银行 3 亿美元抵押支持证券的抵押贷款组合

本金余额(outstanding principal balance)	23.22 亿港元
贷款笔数 (number of mortgage loans)	2007 笔
最初加权平均数 (weighted average original LTV)	64.1%
当前加权平均数 (weighted average current LTV)	58.6%
加权剩余还款期限(weighted average remaining term maturity)	189 个月
加权平均期限(weighted average age)	25 个月

（续表）

单笔最大贷款规模(maximum loan size)	350 万港元
单笔最小贷款规模(minimum loan size)	20 万港元
超出优惠利率的加权平均值(weighted average spread over prime)	1.07%
借款人地域结构(geographic distribution)	
香港 (Hong Kong)	23.3%
九龙 (Kowloon)	16.8%
新界 (New Territories)	59.9%
房龄 (property age)	96%的住房房龄在 15 年左右

(2)贷款资产的出售

资产出售是指发起人即抵押贷款银行将资产组合出售给抵押贷款二级市场中介机构或特设机构(SPV)的行为。

①参与(sub-participation)

参与方式是指证券发起人即抵押贷款银行与债务人即借款人之间的债权债务关系保持不变,原始贷款合同的权利和义务不转让给受让方即购买贷款的金融中介或 SPV 等机构。因此,资产组合的买方不需要与原始借款人签订合同,贷款交易事项不需经借款人同意,资产也不必从发起人转让给受让方。通常,由 SPV 等机构先发行资产证券,获得资金后,再向发起人进行支付。受让方拥有收取贷款本金和利息的权利,对借款人及借款人偿付给出让方的资金没有法定的直接要求权,也不享受贷款协议中对或有风险的保护措施,承担较大风险。

②转让(assignment)

转让是通过一定的法律程序将贷款资产转让给受让方的过程。资产的转让要以书面形式通知借款人,否则,债务人有权终止债务支付。

③更新(novation)

更新就是以新的债权债务关系替换原债权债务关系,即先终止原始债权人与债务人之间的债权债务合约,再由 SPV 等机构与债务人之间按原合约还款条件订立一份新合约来替换原始合约,从而把发起人与债务人之间的债权债务关系转换为 SPV 与债务人之间的债权债务关系。债务更新一般用于涉及少数债务人的资产组合。

④可转换贷款工具(transferable loan facilities,TLF)

上述三种方式是由出让银行直接与贷款的潜在购买方洽商而成,属于初级、定向交易市场范畴,交易成本较高。1984 年以后,产生了一种全新的贷款出售工具,即可转换贷款工具。可转换贷款工具的发行人为原始贷款人。发行人将欲出售的贷款分成一系列标准化贷款证,在每张贷款证上注明贷款金额、还款日期、转让性质及其他相关条款，并向市场出售。该贷款证可在市场上自由转让。可转换贷款工具具有较强的流动性，交易成本较低。

资产出售涉及的主要问题是真实出售与破产隔离。首先，真实出售意味着购买资产组合的金融中介或SPV将资产从原始债权人或权益人处买断，资产组合及其产生的现金流不受原始权益人任何不测风险的影响，以达到破产隔离的保护作用；其次，破产隔离是指当原始权益人遇破产清算时，证券化资产的权益不作为清算资产，资产组合产生的现金流继续按证券化交易契约向投资者进行支付，以保护投资者的利益。破产隔离是贷款资产证券化成功的重要因素。

(3)信用升级

信用升级是提高抵押贷款证券信用级别，增强流动性的必要手段。证券的投资收益能否得到保护和实现取决于证券化资产的信用保证。资产组合中债务人的违约、拖欠行为和债务偿付期的变化等会对组合中的现金流产生影响，从而影响贷款证券持有人的本金和利息支付。为防范抵押贷款证券面临的这些风险，有必要进行信用升级。信用升级的方式包括内部信用升级、外部信用升级和复合信用升级。内部信用升级又分为直接担保、超额抵押、优先与次级结构、储备账户等方式；外部信用升级又称为第三方担保。

【例2】 香港大新银行1997年7月3亿美元抵押贷款支持证券由ASIALtd和CapMAC两家公司共同提供信用担保。其中，ASIALtd公司为该证券提供11%本金和利息第一损失偿付担保，即该公司将负责对本金和利息损失11%进行偿付，超过11%的部分不在担保之列；CapMAC公司则为该证券提供100%本金和利息全额支付担保。ASIALtd公司全称为亚洲证券化与基础设施保险有限公司(Asian Securitization&Infrastructure Assurance Ltd.)，是一家融资担保公司，股东方主要有CapMAC、亚洲发展银行、新加坡政府投资公司、美国国际保险公司及其他亚洲金融机构，该机构主要业务范围是为亚洲地区的基础设施及其他资产证券品种提供担保。该公司具有标准普尔A级评级、达菲尔普斯公司AA级和日本投资者服务公司AA+的信用评级。CapMAC公司全称为资本市场保险公司(Capital Market Assurance Corporation)，是纽约一家融资担保机构，专门为资产支持债券的结构性融资提供担保，该公司具有标准普尔、穆迪、达菲尔普斯和日本投资者服务公司AAA级信用评级。

(4)信用评级

抵押贷款证券信用评级由证券发行人或承销人委托专门评级机构进行，其评级的标准和程序与一般债券的评级类似，评级结果可为投资者提供决策依据。抵押贷款支持资产证券评级有自身的特点，一是评级时考虑的因素不包括由利率变动等因素引起的市场风险，或基础担保资产提前支付所引起的风险，而主要考虑基础资产的信用风险；二是被评级的资产必须与发起人信用风险相分离，即资产从买方向卖方的转移必须是真实售出行为，或资产的买方是一个破产隔离实体，即资产买方已通过破产申述条例将其破产风险与债务限制在不影响证券正常偿付的范围内。证券评级后，评级机构还要进行跟踪监督，要根据经济金融形势、发起人与发行人的有关信息、资产债务的履行、信用升级、提供信用升级的第三方财务状况变化等情况，定期向投资者发布监督报告，并根据资产信用质量的变化对已评出的资产证券级别进行升降调整、中止或取消。因此，资产证券的评级较好地保证了证券的安全度。如例 2 中的香港大新银行在美国发行的 3 亿美元证券，分别获得穆迪公司 AAA 级和标准普尔 AAA 级的信用评级。

(5)证券设计

证券设计是证券化过程的关键和难点。首先要对贷款组合的质量特性、贷款违约率、抵押贷款资产的流动性、提前偿付率等进行准确的分析和预测；其次要根据估算出的本金收入流及提前偿付率等指标，对未来证券偿还期间的贷款组合产生的现金流进行测算；最后，根据市场投资者的需求，运用资产组合技术，对现金流进行重组，产生不同的证券品种。

【例 3】　仍以香港大新银行 1997 年 7 月发行的 3 亿美元抵押贷款支持证券为例。该证券的关键条款如下：

①发行规模：3 亿美元。

②信用评级：穆迪公司 AAA 和标准普尔 AAA 级。

③预期证券平均期限：2.7 年(假设提前偿付率为 25%)。

④预期最后到期日：2004 年 3 月 15 日(假设提前偿付率为 25%)。

⑤信用升级：由 ASIALtd 公司提供 11%证券本金和利息第一损失偿付担保；CapMAC 公司提供 100%证券本金和利息全额支付担保。

⑥次级贷款规模：证券发行规模的 5.5%，由香港大新银行属下的一家公司提供。

⑦利率支付：自 1997 年 8 月 15 日开始按月支付。

⑧本金支付：自 1997 年 8 月 15 日开始按月支付计划本金加提前偿付部分。

⑨票面利率：Libor＋0.2%(前 7 年)

Libor＋4.5%(7 年后)

⑩提前赎回：当剩余本金为最初证券余额的 10%时，投资人可要求提前赎回。

⑪赎回期权：到 2004 年 7 月 15 日(即第 7 年)时，CapMAC 公司对所剩证券余额拥有买入期权。

⑫利率调整：到 2004 年 7 月 15 日，证券利率将由 Libor＋0.2%调为 Libor＋4.5%。

(6)证券发行

贷款资产证券的发行可分为准备、委托承销、证券发售和资金入账四个阶段。

①准备阶段

准备阶段包括以下步骤：一是证券发行的可行性研究；二是证券发行条件和方案的选择和确定，如证券品种、收益率、期限、发行数量、发行价格、发行方式等的确定；三是相关文件的制作，如法律意见书、财务报告书等的制作；四是在许可制条件下，要进行证券发行的申报审批，在注册制条件下，要进行证券发行注册登记。

②委托承销阶段

委托承销阶段的主要工作有承销商的选择、承销方式的选择、承销价格和费用的确定、承销期的确定、承销协议的签署等。

③证券发售阶段

证券发售阶段主要包括发布发行公告、进行证券发售宣传、印刷证券及有关凭证、安排发售网点、进行发售、证券认购、发售资金收缴统计等工作。

④资金入账阶段

资金入账阶段的工作主要有清点发售资金、结算发行费用(含承销费用等)、资金入账、向有关监管部门提交发行报告、发行人相应调整财务账目等。

(7)资产管理与证券兑付

证券发行后须对资产进行管理并按期兑付证券本金和利息。主要包括以下内容。

①服务人的职责

服务人通常就是原始贷款银行，负有对资产组合中的贷款进行管理、违约贷款催收及定期向投资者公布资产组合状况的职责。一是服务人有责任根据合同约定按期收回贷款本金和利息，并将收回的本息收入按约定期限转交受托管理人，通常受托管理人由证券发行人兼任；二是服务人有责任协助发行人催收拖欠贷款；三是服务人负责定期对资产组合的现金流收入情况、贷款资产质量状况、本息支付情况等进行分析，并经受托管理人审核后，向投资者公布。

②受托管理人的职责

受托管理人通常由证券发行人充任，负责将从服务人处转交的资产组合本金和利息按照合同约定的期限和金额，向证券持有人进行支付，直至证券到期，受托管理人还有义务协助服务人管理资产组合，当服务人因故不能履行其职责时，受托管理人应代为履行，直至证券清偿完毕。

③评级机构的职责

证券评级机构要对已发行的贷款证券进行跟踪监督，定期向投资者提供监督结果，并在必要的情况下，调整信用等级。

3.3　我国住房抵押贷款证券化的建议模式

3.3.1　我国住房抵押贷款证券化成本影响因素分析

由于中国现行住房金融环境和金融市场的发育程度还不及由此诱发的高额制度成本，成为中国住房抵押贷款证券化的潜在主体——国有商业银行进行证券化创新所面临的主要障碍。

(1)发育不够完善和不规范的住房抵押贷款以及市场，加大了基础资产的组合成本和抵押支持证券的定价成本。在我国，商业银行开办住房抵押贷款业务的时间并不长。较小的抵押贷款规模难以分散证券化基础资产的风险，更为重要的是住房抵押贷款本身的不规范，使之难以满足证券化对基础资产的要求。在抵押一级市场，现行的住房抵押贷款包括公积金贷款、商业性贷款和组合贷款三种类型。不同抵押贷款种类以及不同商业银行发放的抵押贷款存在差异，使抵押贷款市场的信贷资产不具有同一性，加大了商业银行在证券化过程中基础资产的组合成本。另外，由于我国没有建立完善的个人信用制度，商业银行对借款申请者的资信调查往往较困难。商业银行自身也缺乏住房抵押贷款违约率、损失率、提前偿付率等历史资料的保存和完整的坏账记录。抵押贷款利率变化的不确定性以及缺乏调整幅度的限制，外加与贷款相关的统计资料的欠缺，增加了预测基础资产预期现金流的难度，提高了抵押贷款证券化工具设计和定价成本。

(2)中国金融体系整体发展尚处在较低阶段，增加了住房抵押贷款证券化的证券发行成本。由于受我国经济整体发展水平和发展阶段的制约，我国的金融体系还处在从银行本位向市场本位的转化时期，资本市场还在建立和完善之中，其发展规模和筹资能力都非常有限。自2000年以来，我国股票市场的融资规模呈递减趋势，企业债的发行规模虽然存在小幅度的上升趋势，但总的融资规模仍然偏小。由于商业银行在住房抵押贷款证券化过程中发行的抵押支持债券属于企业债券，在我国目前股市、债市(特别是企业债)不发达，直接融资成本较高的情况下，抵押支持证券的发行也必然面临较高的成本。另外，我国由于资本市场还在发展初期，证券市场的投资者中机构投资者较少，其参与证券市场的领域和参与程度也受到法律的严格限制。机构投资者的缺乏势必影响证券市场对抵押支持证券的需求，从而不利于住房抵押贷款证券化的顺利实施。

(3)与住房抵押贷款证券化相关的法律制度不健全，提高了证券化的运作成本。按照《商业银行法》对商业银行业务的规定，国有商业银行作为住房抵押贷款证券化潜在创新主体的合法性受到法律制约。因为《商业银行法》没有明确规定商业银行是否可以通过发行抵押贷款支持证券(债券)的形式出售贷款、筹集资金，商业银行的证券化业务职能属于《商业银行法》规定的“经中国人民银行批准的其他业务”。这样使得商业银行住房抵押贷款证券化的发展直接取决于中国人民银行的批准，提高了商业银行自主创新的成本。而根据《中华人民共和国合同法》(以下简称《合同法》)的规定，我国对合同债券的转让采取了通知债务人的原则，依此规定，银行将抵押贷款出售给 SPV 必须通知债务人、保证人和抵押人。要通知与证券化基础资产相关的所有债务人、抵押人，并办理所有抵押贷款的抵押变更登记，这无疑会产生高昂的执行费用。而且，关于证券化发行主体 SPV 的设立、性质及业务规定的法律制度及证券化运作相关的基础资产评估机构的过错处理问题、证券化交易的会计处理准则问题，以及相关的税收问题，目前均无相关的法律法规规定。这都会增加住房抵押贷款证券化这一金融创新的运作成本，阻碍证券化创新行为的产生。

3.3.2 我国住房抵押贷款证券化的建议模式

近年来，关于采取何种证券化模式的讨论很多，大部分建议是在现有国情的基础上进行设计，分析法律税收等诸方面的障碍并提出一些规避措施。笔者以为，此种折中做法有些本末倒置，既然实行 MBS 有重大意义及必要性，我们就应在各方面为其创造条件，法律上有障碍时不是绕开走，而应对其进行修改、调整。我们应吸取当时发展股票市场时股权分置的教训，不能一味强调中国特色、分步实施、循序渐进等做法。在遵循成本、效益原则的前提下，要真正体现住房抵押贷款证券化的创新意义。中国住房抵押贷款证券化运作模式的设计不在于考虑是否存在由于法制环境不健全而产生的制度成本，而在于比较不同设计模式制度成本的高低及通过证券化产生的收益的大小。下面就 SPV 的设置、基础资产的组合问题进行分析研究。

(1)SPV 的设置问题

建设银行曾经五报 MBS 方案而被央行否定，其关键之处在于建行的证券化采用的表内模式，未从根本上起到破产隔离的功能，违背了初衷。至此，关于究竟采用表内还是表外模式的争论有了结果，理论界也有了共识，那就是采用表外模式。模式既定，但具体采用何种组织形式呢，下面讨论之。

(2)SPV 组织形式的选择

前文已经讲到，SPV 有三种组织形式可采用：公司型、信托型和有限合伙型。

有限合伙型 SPV 不仅需要修改现行基础法律，还要严密设计有关参与住房抵押贷款证券化的有限合伙型 SPV 的专门法律，因而遇到的法律障碍是最大的。可以从长远角度考虑通过这种方式进行住房抵押贷款证券化，但目前选择有限合伙型 SPV 的时机尚不成熟。尽管公司型 SPV 和信托型 SPV 都遇到很多法律障碍，但这些法律障碍不像有限合伙型 SPV 那样严重，而且，信托型 SPV 更接近住房抵押贷款证券化的要求，需要修改的法律也限于《中华人民共和国信托法》(以下简称《信托法》)的个别条文，变动有限，而公司型 SPV 则涉及《中华人民共和国公司法》(以下简称《公司法》)及其配套法律的调整，相对难度较大。所以，信托型 SPV 是我国住房抵押贷款证券化的首选，而公司型 SPV 退居其次，有限合伙型 SPV 则成为长远考虑的方式。

在我国，谁应当成为 SPV 的设立者？主要有以下方案供选择，见表 3-3。

表 3-3　　SPV 模式比较

	信托型 SPV	公司型 SPV
方案一 贷款发起人 (银行)	优点： 贷款发起人对其资产最为熟悉，所以这种形式有利于提高资产转移的效率，并降低交易成本。 缺点： 1. 成本太高，依我国现有法律，成立信托公司要有 3 亿人民币的注册资金。 2. 即使采用变通方法，先成立临时性的 SPV 实体，然后用信托模式进行运作，也会出现同公司型 SPV 一样的问题，因为信托型 SPV 实际上也是银行的一个子公司。	优点： 同信托型 SPV 缺点： 1. 银行与 SPV 之间的母子关系使资产权属转移真实性受到质疑，其融资行为可能被认定为担保融资，并在会计上被作为表内处理。不能实现真实出售。 2. 银行破产时，SPV 资产作为银行对外投资资产可能被纳入破产财产，不能实现破产隔离。
方案二 信托公司 (充当 SPV)	优点： 成本较低，符合我国实际。	缺点： 《信托法》尽管规定信托财产应当同委托人和受托人的其他资产相区别，但没明确规定信托财产的所有权归受托人。信托财产并没有与贷款发起人的财产实现完全隔离，没有必要单独设立公司型 SPV，因为信托公司充当 SPV 明显优越。

（续表）

	信托型 SPV	公司型 SPV
方案三 政府	缺点： 除公司型 SPV 缺点外，成本较高。 优点： 1. 真实销售，资产质量真实。 2. 避免发起人、SPV 及中介机构串通欺诈投资者。 3. 避免发起人支付高成本。 4. 增强投资者信心。	缺点： 1. 灵活性差，可能增加政府负担。能实现真实出售。长期来看缺乏创新动力，有违市场原则。 2. 银行破产时，SPV 资产作为银行对外投资资产可能被纳入破产财产，不能实现破产隔离。
方案四 证券公司 和其他中介 机构（银行）	缺点： 除公司型 SPV 缺点外，成本较高。 优点： 符合市场原则	缺点： 1. 必须要有金融监管部门对其从事证券化的能力进行确认。 2. 缺乏经验，存在破产风险，特别是成立初期。

从对比可以看出，由现有信托公司充当 SPV 是最合适的，其次才是由贷款发起人（银行）采取变通的做法先设立一个临时性的 SPV 实体，然后采用信托模式进行运作。如果通过单行立法降低成本，由贷款发起人（银行）设立信托型 SPV 也是可行的。而选择公司型 SPV 时，由政府设立公司型 SPV 具有明显优势，尤其在住房抵押贷款证券化初期，对其顺利推广的作用是不可替代的。但是，政府设立公司型 SPV 却存在灵活性差、可能加重政府负担、长期来看缺乏创新动力、有违市场原则等缺陷。因此从长期看，应当逐渐提高其市场化程度。而且，在我国市场经济体制比较完善的情况下，应当允许证券公司和其他中介机构或其他机构甚至个人设立公司型 SPV，引入市场竞争，消除政府垄断。

当然，按照目前的《信托法》，要具体实施信托型的表外证券化运作模式并不是不存在法律约束。但正如前面所说，遇到法律障碍不能采取回避方式，而应对其进行修改。因此，采取信托型的表外证券化运作模式目前还存在一个法律协调的问题。但是，从个人住房抵押贷款证券化创新的角度考虑，与公司型和有限合伙型的表外模式比较，信托型的表外证券化运作模式面临的法律障碍无疑是最小的，因而也具有更大的可行性和可操作性，应该成为我国住房抵押贷款证券化设计模式的首选。另外，采用中外合资、中外合作形式也值得考虑。目前，国际上存在着一批投资银行、信托投资公司、信用担保机构，这些机构一般具有雄厚的经济实力，并且获得了权威资信评估机构给予的较高资信评定等级，积累了丰富的证券化经验，证券化业务较为成熟。我国初涉资产证券化，缺乏经验，同这些国际化机构合作能够发挥比较优势，少走弯路，提高证券化成功率和推行效率。可以由现有信托公司同这些机构合作来充当 SPV，也可以由贷款发起人（银行）同这些机构合作或合资设立信托型 SPV，还可以由政府同这些机构合作或合资设立公司型 SPV。

(3)设立信托型 SPV 需要解决的法律问题

如前所述，信托型 SPV 受我国现行法律的限制较小，是目前应当优先选用的。具体来看，设立信托型 SPV 需要解决的法律问题主要包括：

①《公司法》的限制。在证券发行资格上，作为证券化载体的 SPV 仅有为数不多的资产，实在难以满足金融法规中对金融机构或者《公司法》中对证券发行主体设立的最低资本金要求，而且《公司法》第十二条关于公司再投资的限制，也一定程度上阻碍了证券化中对资产产生的现金流的投资利用。为此，必须对 SPV 的注册资本额及投资目的单独规定。

②《中华人民共和国担保法》(以下简称《担保法》)、《合同法》的限制。贷款银行在将住宅抵押贷款转让给 SPV 的同时，针对该贷款设立的抵押权也应随之转移给 SPV。《合同法》第八十一条规定，债权人转让权利的，受让人取得与债权有关的权利。《担保法》第五十条、第五十二条也规定，抵押权不得与债权分离而单独转让或者作为其他债权的担保；抵押权与其担保的债权同时存在，债权消灭，抵押权也消灭。因此，抵押权的转移符合现行的法律法规。但问题的关键在于，SPV 受让抵押权后，是否进行抵押权变更登记。若 SPV 逐一对抵押权进行变更登记，则证券化的成本加大，证券化不具有可操作性；由于《担保法》第四十二条规定城市房地产属于应当办理抵押登记的抵押物，若 SPV 不进行抵押变更登记，则与法律相违背。这里，我们可参照日本的模式，采取用公告的形式来代替变更登记。

③《信托法》中有关信托财产所有权的障碍。通过特别立法，引入信托所有权的概念，明确规定证券化下受托人享有对信托财产的信托所有权，即“真实出售”后，信托型 SPV 是住房抵押贷款的所有人，从而克服现行《信托法》不能彻底实现“破产隔离”的障碍。至于《信托法》是否要在其他情况下承认受托人的信托所有权，则需要从长计议，目前应首先满足住房抵押贷款证券化的需要。通过特别立法，明确信托财产的广泛性，既包括有形财产，也包括无形财产，如股权、债权、知识产权、预期收益(应收账款)等等。这样，在不修改现行《信托法》的前提下，不仅为住房抵押贷款证券化采用信托方式找到了法律依据，也为今后证券化的高级形态——资产证券化铺平了道路。

④修改《信托投资公司资金信托管理暂行办法》第四条第二款，规定在资产证券化条件下信托公司可以发行受益凭证，并且受益凭证可以交易，从而解决信托公司发行住房抵押贷款证券的资格问题，也为证券流通开了绿灯。我国应以信托公司发行住房抵押支持证券为突破口，时机成熟时，可以废除《信托投资公司资金信托管理暂行办法》，直接在《信托法》中充实相关内容。

⑤加强 SPV 自身破产风险的隔离。首先应严格划清信托公司证券化业务同其他业务的界限。必要时，作为过渡，可以在信托公司内部暂时设立 SPV 部，SPV 部是个空壳，不需要资本金或只是象征性的资本金，由法律安排其实质的独立性，不受信托公司破产的影响。这样，就能实现信托型 SPV 的“双重破产隔离”，不仅信托财产同信托公司的其他财产隔离，而且，SPV 部也同信托公司隔离，从而对资产池里资产的安全性提供更有力的保障。当然，这只是权宜之计，等到时机成熟时，应当逐渐使 SPV 部脱离信托公司，成为一个独立的专营证券化的信托公司。同时，应当严格限定 SPV 部的经营范围，它只能从事同证券化交易有关的业务活动。

⑥税收制度的障碍。我国《信托法》及其他法律都没有对信托是否要缴纳所得税做出具体规定，应通过立法或解释充实这方面规定，同时在税收法律中规定，SPV 将从发起人所购置的资产转移于投资者时可以享受税收豁免的优待。前面已述，我国目前可行的是采用信托模式的 SPV，因此，就这一模式下的税收问题进行研究。

a. SPV 的税收问题。SPV 的所得税成本最终会以不同形式转嫁到发起人身上，增加 MBS 的综合融资成本，因此减少 SPV 的实际税负是发展 MBS 的必要措施。其具体做法遵循两个思路：第一，允许设立有限合伙制企业。国际上大多数 SPV 都是以有限合伙方式组建的，发起人作为有限合伙的一般合伙人，而证券投资者则是有限合伙人。这样，就可以把有限合伙制企业纳入合伙制企业的税收体系之下，免除了以有限合伙制形式的 SPV 的实际税负。第二，适当减免 SPV 的利息所得税。在税法上应给予 SPV 层次上的所得税减免优惠政策，从而既降低 MBS 融资成本，又保证税收中性的原则。

b. 投资者的税收问题。为了活跃住房抵押证券二级市场，并为一级市场的融资创造良好氛围，应当对刚刚起步的 MBS 的资本利得收益实行轻税甚至免税政策。总之，我们可在实务先行的前提下不断积累经验，可参考日本及我国台湾地区的做法，尽快颁布专门的《住宅抵押贷款证券化法》，按照“特别法优于普通法”的原则，为证券化的法律适用带来更多的便利。

(4)SPV 的组建

个人住房抵押贷款证券化的实施离不开信用，而我国的信用体系建设刚在上海等一些发达城市起步，在国人的诚信意识低下的情况下，唯有政府出面组建信托型 SPV，方能达到快速有效、低成本的效果。具体办法如下：主要由政府出资设立全国性的 SPV。其他的出资主体可以是中央银行、各商业银行和证券公司等，如果成立了全国性的住房公积金管理中心，则国家住房公积金管理中心也应当是一个出资主体。主要由政府出资的目的在于实现由政府直接控股 SPV,这样便于利用政府的信用,提高 SPV 的地位和信用等级。在推行住房抵押贷款证券化的初期,充分发挥政府的作用十分必要,既有利于管理,又可节约制度安排的成本。

(5)证券的设计

证券的设计直接关系到证券的风险程度。证券市场上存在不同类型的风险偏好者,他们有各自不同的证券品种需求,因此,SPV 在发行证券时,应根据不同的需求主体开发设计不同的证券种类,这就涉及原始资产的组合及定价问题。

(6)原始资产的组合

我国的经济发展不平衡,东南沿海与中西部地区差距较大,作为国民经济新的支柱产业,房地产业在我国各地的差异更大,房地产泡沫成分在各地也不一样,上海、杭州、南京等地的房地产投机成分大,风险自然较大。具体到每一笔资产,因每一债务人的资信情况不同,其风险也不一样。

除了要遵循按优先/次级档进行组合外,还应按地域、人口及房地产性质(二手房、新房)进行组合。譬如,在长三角地区发行证券时,其基础资产既应包含上海的物业,又要含有江苏及浙江的物业;既有一定比例的新房,又要有一定比例的二手房(一般来说,二手房的违约要低于新房);贷款的原始债务人的职业也应分散,可以想象,若一笔证券的原始债务人均是无固定收入人群的话,其风险是很大的。另外,基础资产中,不宜把商业物业与住宅相混合,因为两者的性质相差太大。在我国,不同性质的用地的期限相差较大,商业用地最长期限为 40 年,而住宅用地为 70 年,且两者的风险程度相差也较大。

(7)实行与住房的逆抵押贷款相结合

住房的逆抵押贷款也称反向抵押贷款,是近几年美国房地产业的一种新的融资方式,是相对于正抵押贷款而言的。其放贷对象是无固定收入而有住房的老年人,这些有住房的老年人以自有住房为抵押,定期向银行或其他金融机构贷款,到期后以出售住房的收入或其他资产还贷。这种贷款方式与传统的住房抵押贷款正相反。所以被称为"逆抵押贷款"或"反向抵押贷款"。

中国已经步入老龄化社会,解决养老日益成为一个突出的社会问题。大多数老年人退休后收入减少,生活质量降低,逆抵押贷款可为这些老年人提供部分生活经济来源,在老年期合理消费掉自有的住房资产,从一定角度上讲具有养老金的作用和性质。实施逆抵押贷款,关键要看银行有多大的风险和是否会盈利,这两个问题则最终取决于终期房价与累积支付贷款额的比较。逆抵押与保险制度紧密相关,若能通过法律规定:因借款人死亡,银行即中止向其支付借款,则能起抵消正抵押贷款中因提前支付而给银行造成的损失。(当然,借款人可要求银行为其购买人寿保险或分摊保费作为交换条件。)

可见,逆抵押不仅能解决银行储蓄过剩问题,还能起到养老金的作用,甚至还能拉动老年消费,并能部分抵消正抵押中的提前支付效应。但逆抵押贷款的实施远比正抵押贷款复杂得多,涉及银行、保险、资产评估、社会养老保障等方面。实施逆抵押贷款要制定出一整套相关的政策、规定及程序来规范、约束各方的行为,要结合老年人的权益保护,从人口学角度测算和调查老年人的平均寿命及居住状况、社会基本保障等情况,制定符合我国国情的逆抵押贷款制度。

思考题

1.房地产抵押贷款的含义及特征。
2.房地产抵押贷款的作用。
3.简述住房抵押贷款证券化的含义及特征。
4.简述住房抵押贷款证券化与其他融资方式的区别。
5.简述住房抵押贷款证券化的运作流程。

第4章

房地产信托及房地产投资信托基金

4.1 房地产信托的概述

进入21世纪以来,我国房地产行业得到了迅猛发展,房地产融资方式多元化趋向十分明显,然而近年国家出台了多项房地产调控,重点之一就是房地产公司的资金调控。房地产公司的融资手段受到了一定程度的限制。而房地产信托,则成为房地产公司融资的主要渠道之一。

4.1.1 房地产信托的含义及其特征

房地产信托是金融信托业与房地产业相互融合的产物,是房地产金融业的重要组成部分。相对银行贷款而言,房地产信托计划的融资具有降低房地产开发公司整体融资成本、募集资金灵活方便及资金利率可灵活调整等优势。由于信托制度的特殊性、灵活性以及独特的财产隔离功能与权益重构功能,可以财产权模式、收益权模式以及优先购买权模式等进行金融创新,使其成为最佳融资方式之一。它的产生和发展离不开房地产业的产生和发展,更离不开信托业的产生和发展。下面就房地产信托的一些基本问题作以阐述:

1.信托的含义及种类

信托就是信用委托,信托业务是一种以信用为基础的法律行为,一般涉及三方面当事人,即投入信用的委托人,受信于人的受托人,以及受益于人的受益人。《中华人民共和国信托法》(以下简称《依托法》)中将信托定义为:委托人基于对受托人的信任,将其财产权委托给受托人,由受托人按委托人的意愿以自己的名义,为受益人的利益或者特定目的,进行管理或者处分的行为。

信托的种类标准繁多,分类如下:

(1)按照信托资产的不同,分为资金信托和财产信托。资金信托,又称为“金钱信托”,是委托人将自己合法拥有的资金委托给委托人的一种信托业务。根据委托人和委托资金用途的不同,资金信托又可以分为单位资金信托、公益资金信托、社保基金信托、个人特约信托等形式。根据委托人数量的不同,资金信托又可分为单一资金信托(即单个委托人委托)和集合资金信托(即两个或两个以上委托人委托)。财产信托是委托人将自己拥有的非货币形式的财产或财产权,委托给委托人按照约定的条件和目的进行管理或者经营的一种信托业务,具体包括动产信托、不动产(房产、地产)信托以及版权、知识产权等其他财产信托。

(2)按委托人的主体地位的不同,分为个人信托、法人信托、个人与法人通用信托以及共同信托。个人信托是以个人为服务对象的信托业务,其委托者是个人,受益者也是个人。法人信托又称为"公司信托"、"团体信托",凡以具有法人资格的企业、事业和团体等法人组织为委托人的信托业务,都是法人信托。具体包括营利法人团体(如公司组织及其他营业机构)和公益法人团体(如学术、宗教和慈善团体等)。若某项信托财产为几个人所共有,设立信托须由财产共有人共同提出、共同委托,这种信托行为即共同信托。此外,有些既可以由个人作委托人,也可以由法人作委托人的信托业务,称为个人与法人通用信托。

(3)按照委托人与受托人的关系,分为自益信托、他益信托委托人。以自己为唯一受益人而设立的信托是自益信托。自益信托只能是私益信托。他益信托是指受益人是委托人指定的第三者的信托。被指定的第三者可以表示同意也可以拒绝接受,有时亦可采取默认方式。

(4)按照受益对象和信托目的,分为私益信托和公益信托。私益信托是指委托人为自己、亲属、朋友或者其他待定个人的利益而设立的信托。私益信托可以是自益信托,也可以是他益信托。大部分信托业务都是私益信托。公益信托是指委托人为了公共利益的目的,使整个社会或社会公众的一部分受益而设立的信托。公益信托只能是他益信托。设立公益信托只能以社会公众或者一定范围内的社会公众作为受益人,并且必须得到税务机关或者公益事业管理机构的批准或者许可。公益信托应当设置信托监察人。

(5)按照信托关系建立的法律依据,分为任意信托、推定信托和法定信托。任意信托又称"自由信托",是指信托的成立完全以各方当事人的自由意思表示为依据,不受外力干预,故又称为"明示信托"。推定信托是指信托关系的成立由法院根据信托关系人的来往书信或其他有关文件记载研究推定的信托。法定信托是指由司法机关依法律的规定来推测当事人的意思而成立的一种信托。

2. 建立信托制度的基本因素

建立信托制度的基本因素,包括信托成立的条件、对信托关系人的约束力、对信托财产的规定、信托的结束等。

(1)信托成立的条件

根据信托的含义,其成立的条件有:

第一,当事人之间的信任。信托是一种代人理财的财产管理制度,它的确立必须以当事人之间相互信任为基础。如果委托人和受益人对受托人不信任,则信托行为难以发生。即使发生信托行为，因存在不信任，甚至带有欺骗性，在法律上仍不能确认其为有效。

第二，合法的信托目的。信托的目的是信托行为成立的依据，设立信托，必须有合法的信托目的。

第三，确定的信托财产。如果没有信托财产，就没有财产的转移，信托就不能成立，因此，信托的成立必须有确定的信托财产，并且该信托财产的所有权没有法律争议。

第四，当事人的真实意思表示。确认信托行为的成立，必须有当事人真实意思表示，现代信托中，这种意思表示在形式上一般采用书面形式。《信托法》第八条要求“设立信托，应当采取书面形式”。书面形式包括信托合同、遗嘱或者法律、行政法规规定的其他书面文件等。

(2)对信托关系人的约束力

信托成立时对关系人的约束也应明确。信托关系人有委托人、受托人和受益人三方。对受托人的限制是，破产者不能充当受托人；未成年人、因精神病等无判断能力的人也不能担任受托人。受益人可以是委托人自己，也可以是他人，受益人只要在受益权有效时具备享有权力的能力即可。信托成立后受益人即自动获得受益权，也可以在合同中明确规定委托人有权更改受益人的条文。对于关系人中的委托人只要具有一般的行为能力即可，一般不作特别的限制。以上所说三方关系人可以是单人，也可以由多人组成，但这种共同委托和共同受托的信托多为养老金信托。

(3)对信托财产的规定

对于信托财产只要是有财产权的财产即可，包括土地、房屋等不动产，还有股票、公司债券以及无形的著作权和专利权等等，即任何财产都可以信托。为了保护信托财产，对受托财产还有种种规定。如受托人去世时，信托财产不属于继承遗产(无遗嘱他赠)；信托财产在管理使用中发生形式变化，如房屋信托后因遭灾，受托人取得了保险赔偿，则此赔偿仍属于信托财产；委托人和受益人在信托后欠了债，债权人不能为收回债款去查封信托财产或没收信托财产进行拍卖；受托人必须履行职责，忠实地管理信托财产，如遇信托财产增减变化，必须详细入账，并及时向委托人和受益人说明情况。如因受托人管理不善而使财产受到损失或受托人擅自出卖财产，委托人和受益人可以要求受托人赔偿损失或取消出卖。

(4)信托的结束

信托契约中规定的目的实现后，契约一旦到期，信托即告结束。房地产等不动产信托如遇不测灾害而无法继续信托时则可中断信托。一般说来，信托是以信托财产归还委托人或受益人为其结束的标志的。只要受托人还没有将信托财产交还委托人或受益人，则信托仍在继续。受托人不能在信托过程中半途辞退而不受托，如因故不受托，其经办的信托工作要转交给新的受托人。如信托期满而在相当长时间里找不着受益人，则委托人或受托人可以清理财产，并终止信托关系。

3. 房地产信托的基本含义

房地产信托是指房地产法律上或契约上的拥有者将该房地产委托给信托公司，由信托公司按照委托者的要求进行管理、处分和收益，信托公司在对该信托房地产进行租售或委托专业物业公司进行物业经营，使投资者获取溢价或管理收益。

房地产信托机构代办房地产的买卖、租赁、收租、保险等业务的登记、过户、纳税等事项，有些以投资者身份参与对房地产开发经营的投资，有些还受理其他代理业务。房地产信托是房地产业发展到一定阶段的必然产物，它属于中间性房地产金融业务。房地产信托的运作是通过供需双方之间中介者的相互联系进行的，而不是供需双方直接见面协商完成。信托体现多边的经济关系，这种多边的经济关系即为信托关系，是一种包括委托人、受托人和受益人在内的多边经济关系。一项信托行为的产生、信托关系的设立，需要有三个方面的关系人，即信托人、受托人和受益人，构成了房地产信托的三要素。

(1)委托人

委托人是信托关系的创设者，他应是具有完全民事行为能力的自然人、法人或依法成立的其他组织。委托人提供信托财产，确定谁是受益人以及受益人享有的受益权。委托人既是信托财产的所有人或是有权支配信托财产的人，也是最初提出信托要求的人，在信托关系中处于主动地位。

(2)受托人

信托受托人承担着管理、处分信托财产的责任，应是具有完全民事行为能力的自然人或法人。受托人必须履行恪尽职守、履约诚实、信用、谨慎、有效管理的义务，必须为受益人争取最大利益，依照信托文件的法律规定管理好信托财产。应当注意到，受托人除按规定取得委托代理报酬外，不得利用信托财产为自己谋取利益。此外，由于受托人自身管理或处理不当，或逾越信托权限致使信托财产遭受损失时，责任应由受托人承担。

(3)受益人

受益人指享受信托财产利益的人，可以是自然人、法人或者依法成立的其他组织。在信托业务中，如果没有受益人，信托行为就无效。委托人可以是受益人，也可以是同一信托的唯一受益人；受托人可以是受益人，但在任何情况下，不得是同一信托的唯一受益人。受益人可以是委托人自己，也可以是第三人。当受益人是委托人自己时称为“自益信托”;若受益人是委托人和受托人之外的第三人,则称为“他益信托”。受益人所获得的收益既可以是信托财产本身,也可以是受托人经营财产的盈利。在我国目前房地产信托业务中,多数属于“自益信托”。

4.房地产信托的主要特征

(1)信托房产所有权与地产使用权具有转移性

信托房产所有权与地产使用权的转移性,是房地产信托关系成立的前提。信托房地产的委托人必须是该房地产的所有者(支配者),受托人才能接受这项信托,信托行为才能成立,受托人才能替代委托人行使该项房地产的财产权。了解和掌握这一特点,有利于加强受托人营运、管理或处分信托房地产的责任意识,提高收益。

(2)办理信托的房地产具有独立性

在法律上,信托房地产同受托人本身的固有财产,性质不同,为了保障受益人的权利,应区别对待。这是因为,信托制度是为受益人的利益而由受托人管理财产的。虽然信托财产所有者名义上是受托人,但实际持有信托财产权利的是受益人(或委托人)。因此,不仅信托的房地产要与受托人固有财产区别对待,分开核算,就是在信托房地产中一项信托财产与其他信托财产也要加以区别,分开核算。因为它们可能属于不同的受益人,是各自独立的信托财产。这就是信托房地产的独立性。

(3)房地产信托的收益分配具有特殊性

受托人是按照委托人的意愿,为了受益人的利益而管理、处分其房地产的,而不是为了受托人本身的利益。受托人不能占有信托房地产的收益,只能从委托人或受益人那里得到信托合同所约定的信托报酬,即手续费。所以,为了保证受益人充分享有信托利益,受托人必须信守合同,公正地履行其职责,同时,按照经营的实际效果计算房地产信托收益。信托机构只按照委托人意愿和要求,对办理信托的房地产进行管理和处分,就经营管理的实际状况进行核算,得到的收益归受益人享受,如有亏损由受益人或委托人负担。信托机构在本身没有过失的情况下,不承担损失风险,并可向委托人索取处理信托事务所发生的费用以及补偿费用或弥补因委托人的过失而出现的损失的费用。

(4)房地产信托业务方式具有灵活性

房地产的开发经营需要巨额资金,而房地产信托业务形式多样,如房地产委托投资业务、代理买卖房地产业务、代理房地产租赁、房地产信托贷款、代理买卖或保管房地产有价证券等。所以通过开办房地产信托业务,可以更广泛地筹集资金,更灵活地调节和运用资金,以适应房地产生产、流通、交换、消费等多方面的要求。

4.1.2　房地产信托的产生和发展

1. 房地产信托的产生

信托的起源最早可以追溯到大约四千年以前古埃及的遗嘱托孤。古罗马法典中的信托遗赠是首次以法律形式比较完整地记载下来的信托概念。真正具有财产管理制度性质的信托则起源于英国的尤斯制（USE）。中世纪早期的英国，宗教信仰浓厚，虔诚的教徒们死后，往往把土地等财产捐赠给教会，教会因此积累了大量财产，教会拥有的土地越来越多，却享有占有土地不缴税的权利，这严重影响了当时的封建君主的收入。为了改变这一局面，英王亨利三世制定并颁布了《土地没收法》。该法规定凡是将土地捐赠给教会的，必须先征得君主的许可，否则国家将给予没收。为了逃避该法律，教徒们往往将土地委托给第三方使用，再由第三方将从土地上获得的收益转交给教会。通过这种做法，教会仍为受益方，其实质与教会直接接受捐赠的利益相同，也达到了教徒向教会做贡献的目的。另外，有些想把土地遗赠给家属的人也采用同样的做法，于是就出现了委托人、受托人和受益人三者之间的经济关系，这就是信托的雏形。之后，随着商品经济的发展，信托的内容也由最开始的土地扩展到经济生活的各个领域，方式也逐渐多样化，并且出现了以营利为目的的专业信托机构。可见，信托产生的社会条件并非商品生产和商品交换，而是私有财产制度和财产继承管理制度的形成。

上述信托制度的发展，不仅流行于教会接受土地捐赠方式的改变，一般居民也采用类似方式来逃避土地被没收和土地继承的征税。英国当时有规定，土地只有长子有继承权，无人继承者由贵族领主没收；即便能继承土地，也必须向领主交纳税金。土地信托的使用就避免了上述麻烦，能顺利实现土地租用者的意愿。由此可见，英国最初的信托是以宗教为目的而产生的，后来又扩展到家庭财产管理以及其他领域。信托关系最初只是个人之间的信约，是信托双方个人之间的约定，没有法律规定，因此，也无法律保护。当时，接受代为管理、处理财产的受托人极少是以营利为目的的，只是索取很少的报酬。在信托的发展中，受托人的变动和不当，受益权的难于实现，从而使受益人的利益受到损害的事时有发生。为了避免这些情况的发生，在 19 世纪末，英国政府制定了《受托人法》和《官方选任受托人法》，明确了受托人的义务，同时规定法院有权任命和监督受托人，使信托业逐步走上了法制化的道路。用法律手段保护信托，从而促进了信托业的发展。

2. 现代信托业的发展

现代信托业产生于美国，它不是以个人之间的信任为基础发展起来的，而是将其作为一种事业，用公司组织的形式大范围经营发展起来的。美国独立后于1792年成立第一家信托公司。美国以其进取精神，大规模地向各种新领域挑战，不受欧洲陈规陋习约束，随着经济的发展，一开始即以高效率的公司组织形式扩展了信托事业。南北战争时期，美国信托自脱离保险后发展到鼎盛时期。随着工业基础雄厚的北方的胜利，美国完成了从农业国向工业国的转变，信托业务也向公司集团经营转化，信托对象变成从事各种事业的公司，经营内容有证券和股票，从此，信托公司开始具备金融机构的性质。美国自南北战争结束后，开始了大规模的国内经济建设，政府和股份公司大量发行有价证券，以筹措资本，这给人们提供了极好的投资机会。但是作为投资者，既要进行有价证券投资，又希望这种投资能获得成功，并且还不愿意暴露自己的财富，于是，这些投资者便将自己的财产委托给信托机构代为投资，这就使信托业务的发展有了坚实的经济基础。因此，信托公司完全具备了金融机构的性质，并逐渐得到社会的认可。1822年纽约市成立了一家作为代理受托人并展信托等业务的"农民放款与信托公司"，1853年纽约市组建了美国历史上第一家唯一从事信托业务的公司——"美国信托公司"。目前，美国的信托机构已多达5000家，另外，尚有4000余家机构的业务同信托业务有关。

19世纪中叶，欧洲一些主要资本主义国家也纷纷开办信托业务。20世纪初，信托制度引入日本。在日本信托初创时期，多数是信誉很低的小公司，日本政府为了保护民众利益，于1922年颁布了《信托法》，通过立法手段规范了信托业的发展，并以美国信托模式为借鉴，于20世纪30年代建立了一批资本实力雄厚、社会信誉较高的以大财团为后盾的信托公司，同时改善了服务态度，从而使信托事业日益被人们所了解。侵华战争以前，日本信托业随经济的繁荣而达到了鼎盛时期。信托公司对铁路、矿山、电力等基础工业的发展发挥了重要作用。第二次世界大战后，美国的经营思想涌向日本，改变了日本原来禁止银行和信托公司业务兼营的旧规，吸收了美国有益的经验，使信托公司得到经营银行业务的权利，信托银行交易有了很大发展。20世纪60年代后半期，日本进入福利社会后，逐步发展了财产积累信托、赠予信托、公益信托以及为满足民众对利息多少的选择趋向而开办的"到期还本付息"信托，把信托业推向了一个新阶段。

不论是英国、美国还是日本，其信托业都是在人类社会经济、政治发展的基础上产生和发展的，是人类社会商品经济不断发展的产物。

3. 中国房地产信托业的产生与发展

我国信托业是20世纪初伴随着西方政治、经济势力入侵而输入中国的。1913年日本在大连首次设立信托株式会社。此后几年，外国人在中国各地先后设立20

多家信托公司。1917 年民营的上海商业储蓄银行在上海总行首家设立了“保管部”，正式标志近代中国民营信托业的兴起。但不久，以上海为中心迅速刮起了一股“信交风潮”，刚刚兴起的中国信托业经历了由急剧繁荣到急剧衰落的畸形发展过程。从 1928 年开始到抗日战争爆发前夕，以上海为中心的信托业结束了低潮阶段，又重新得到了恢复和发展。1937 年抗日战争全面爆发，战前信托业几乎是一片空白的广大西南和西北地区有了信托机构，上海出现了与伪政权紧密相连的伪金融信托机构，由此民营信托业再现畸形“繁荣”。1947 年 5 月 27 日，上海解放，旧中国的信托业被人民政府接管，经过清理整顿、合营改造，最终成为社会主义银行业的一部分。

1979 年中国国际信托投资公司的成立标志着新中国信托事业的开始。1980 年国务院颁布了《关于推动经济联合的暂行规定》，明确规定“银行要试办各种信托业务”。1980 年 9 月，中国人民银行根据国务院精神下发了《关于积极开办信托业务的通知》，各地陆续开办了信托业务。从此，中国信托业迅速发展起来。但是短期内的迅速发展产生了资金分散、功能定位不清晰、创新乏力、违规机构多等诸多弊端。国家先后出台了《金融信托投资机构管理暂行规定》《信托投资公司清产核资资产评估和损失冲销的规定》《信托法》《信托投资公司管理办法》《信托投资公司资金信托管理暂行办法》等一系列法律法规，并于 1982 年、1985 年、1988 年、1995 年、1998 年对信托业进行了五次清理整理，促使信托业在规范中逐步发展。2003 年，第十届人大通过了国务院机构改革方案，规定信托机构由新设立的银行业监督管理委员会直接监管，使得信托业的管理逐渐趋于合理化。2007 年银监会主持修订了《信托公司管理办法》与《信托公司集合资金信托计划管理办法》(即“信托新两规”)对全国现有的 55 家信托公司开始了新一轮的调整整顿，促使信托公司在 2010 年 1 月 1 日过渡期结束前，逐步实现运作模式由原有的融资模式向资产管理模式的转变，服务对象由原来的普通投资者向风险识别和风险承受能力强的合格投资者的转变。这一轮调整旨在促使信托公司结束以前的经营方式(即 70％以上的信托公司依靠固有财产自营，且信托业务中 70％以上依靠贷款方式运作)，推动信托投资公司从“融资平台”真正转变为“受人之托、代人理财”的专业化机构，走上战略转型和业务重组与创新的发展道路，力争在 3～5 年内，使信托公司发展成为风险可控、守法合规、创新不断、具有核心竞争力的专业化金融机构。

我国信托业参与房地产开发经营的历史较为悠久。1840 年鸦片战争后，各国资本投资的房地产信托在上海、天津、汉口等沿海城市率先出现。第一次世界大战后，随着我国民族资本工商业的发展，大银行纷纷设置信托部办理房地产投资和房地产有价证券买卖。1930～1931 年，国内外各家银行集巨资投资和经营房地产业，这段时期成为旧中国房地产信托业最为活跃的两年。1937 年抗日战争爆发后，民族工商业日渐萧条，房地产信托也因此步入低谷。新中国成立后，计划经济体制严重束缚了我国房地产信托业的发展。改革开放以来，随着土地使用制度改革、住房制度等房地产制度改革和金融体制改革的逐步深化，房地产信托业得以恢复和迅速发展。近年来，在土地和金融宏观调控背景下，信托业成为房地产金融创新的主要领域，特别是 2003 年 6 月央行出台 121 号文后，通过集合资金信托计划等信托产品筹集资金成为房地产企业融资的主要渠道之一。房地产信托在 2003 年第 4 季度出现“井喷”，面向房地产行业的各类信托计划一度成为信托公司的主流信托产品。2005 年 9 月，银监会发布《加强信托投资公司部分业务风险提示的通知》(即 212 号文)，房地产信托产品的发行受到一定阻碍。信托公司纷纷采用股权投资附加回购承诺等形式绕开政策限制。2006 年 8 月，银监会再次下发《关于进一步加强房地产信贷管理的通知》(即 54 号文)对上述行为进行规范。2006 年度，国内集合资金信托市场共发行房地产信托产品 90 个，募集资金规模 1.47 亿元，房地产信托产品发行规模较 2005 年度相比下降了 25.6%。2007 年 3 月，“信托新两规”的颁布及股市走低等原因造成信托市场低迷。2007 年下半年房地产企业资金短缺矛盾日益尖锐，关于房地产信托投资基金(即 REITs)的运作在业内又被广泛提及。房地产信托以其灵活多样、充满想象力的运作方式再度进入投资者和融资者的视野。

4.1.3 房地产信托的职能与作用

1. 房地产信托的职能

(1)财务管理职能

财务管理职能是房地产信托的基本职能，“受人之托，代人理财”是信托机构的主要经营原则。如信托机构接受某投资人的委托，向某房地产开发企业发放房地产委托贷款，信托机构不仅要按委托人的要求，审查该房地产开发企业的偿还能力，担保人的信誉和按约定的贷款金额、期限、利率，而且还须监督贷款的使用情况，考核其经济效益，并督促借款人到期偿还本息。

(2)金融职能

金融职能是指筹集资金和融通资金的职能。开办房地产信托业务，主要目的在于搞活房地产开发资金，在国内为发展和加快房地产业的建设筹集长期稳定的资金。在国际上，着眼于吸引外资，引进国际资本开发国内的房地产业。

(3)信用服务职能

房地产信托机构无论对个人、企事业单位或团体等都可根据实际需要，提供内容丰富、形式多样的信用服务，如为房地产开发企业代理发行股票、债券，代收欠款，信用签约，履约担保和项目咨询等。另如代理房产出租，代办房产保险费的缴纳和领取，代办会计事务和投资顾问等。可以说，房地产业有什么需要，房地产信托机构就可以办理相应的信用服务项目。

2. 房地产信托的作用

(1)促进了金融体制改革，开拓了金融业的业务领域

房地产信托业务的兴办，突破了银行业务的一些过时的老框框和单一的信用，促进了专业银行向商业银行的转化。长期以来，我国房地产金融业务是由中国建设银行一家办理的，而房地产信托业务的兴办，打破了这一局面，有利于开展合作竞争，搞活资金和提高服务质量。

(2)开辟了房地产业筹资、融资的新渠道，沟通了横向联系，促进了经济协作

房地产开发具有投资额大、投资期限长、风险大、收益较高等特点，所以可通过房地产信托方式，以房地产信托存贷款、代理投资、发行房地产企业股票债券等形式筹措国内外资金。

在房地产的生产和流通过程中，房地产企业将与社会其他部门产生广泛的协作及经济联系，这种经济联系有时是两方，有时是多方，有的发生在本地区，有的发生在外地甚至国外，有的需要房地产开发资金，有的需要开发技术。这样多方面的协作，使其经济关系和财务核算都是十分繁杂的，如果没有一个专业的信用中介机构介入，则很难保证有关协作承诺的正常履行。这样复杂的多边信用一般银行难以承担，而信托机构则是最理想的联系纽带。信托机构的多种功能和业务经营的灵活多样，使它具有沟通横向联系，促进经济协作的能力，为跨地区、多方面的合作牵线搭桥。例如，信托机构承办异地房地产委托贷款和投资，促进建材和开发技术的交流；协助沿海经济中心城市的资金、技术向内地转移，支持内地房地产业的发展；同时，保证发达地区可从内地取得本身紧缺的建材和物资。

4.2　房地产信托资金的筹集

信托资金是房地产信托投资机构从事信托的基本条件。作为非银行金融机构，房地产信托机构筹集资金的渠道和方式不同于以吸收存款为主的银行。目前，

国内房地产信托资金的筹集方式主要有以下几种，而房地产投资信托基金这项重要的筹款方式将在第四节做详细论述。

4.2.1 房地产信托存款

房地产信托存款是在特定的资金来源范围内，由信托投资公司办理的存款，即房地产信托投资公司接受机关、团体、企业和房地产开发经营公司的委托，代为管理和运用的存款。

根据是否指定运用范围、对象等，房地产信托存款分为特定信托存款和普通信托存款。前者指存款人指定投资或贷款的范围、对象、期限和收益方法等，在运作过程中所得的收益，除约定的手续费外，全部归委托人所有。而后者的存款人不指定存款的运用范围、对象和方式，由信托机构负责管理和运用并承担运用的全部责任。这种存款一般是单位在较长时间内闲置的预算外资金。

1. 普遍信托存款

委托单位把可以自主运用的资金，委托给金融信托机构加以管理和运用，以获取相应信托收益。其对象为企业、事业、机关、团体、学校等单位及其主管部门按照有关规定提留的结余资金、财政预算外的结余资金以及保险收益结余资金等。其特点是：委托人一般不指定资金的具体对象或项目，而由金融信托部门自选用款对象；在资金的运用过程中，金融信托部门要确保资金安全，并定期向受益人支付收益。此项存款的存款人不指定运用范围和对象，由信托机构负责运用并承担运用的全部责任。这种存款一般是单位在较长时间内闲置的预算外资金、信托机构通过发行“普通资金受益权证书”吸收的资金，信托人据此享受信托收益。信托收益分两部分：一是最低收益，这是根据信托期限的长短，按银行定期存款同档利率保付的最低收益；二是增补收益，这是根据各年普通信托存款资金的运用情况，于会计年度决算后分给存款人的红利，信托存款人按约定的信托期限的长短分享，即约期越长，增补受益次数越多，其收益金额越大。信托机构因经营不当，造成了亏损，则要对存款人负赔偿本利损失的责任。

2. 特定信托存款

存款人指定投资范围或对象以及收益的方法，信托公司除收取约定的信托费外，其损益责任由存款人自负的信托存款。此项存款由存款人指定投资或贷款的范围、对象、期限和收益的方法等，信托机构按照存款信托人的指示和要求处理运用资金，其中用于固定资产投资的特定信托，必须经有关部门批准，纳入固定资产投资计划;否则,信托机构不能予以受理。特定信托存款的信托有两种做法:一种是委托人在没有确定资金的用途前,先将资金存入信托机构,待运用对象确定后,再通知信托机构陆续进行贷款或投资;另一种是委托人发生特定需要时,逐步将资金存入信托机构,由后者逐笔进行对应贷款或投资。在特定信托存款资金的运用中,信托机构只是起中介代理的作用,对于其资金运用所得的收益,除约定的手续费给信托机构外,全部归信托人所有,当然,万一受损也与信托机构无关,而由信托人自负。但是,如果信托机构没有按委托人的指示履行职责,由此造成的损失,委托人则有权要求信托机构予以赔偿。

4.2.2　房地产资金信托

资金信托是世界各国的主要信托形式。在我国,资金信托是整个信托业务比重最大的部分。以资金信托业务的形式筹集信托资金也是信托机构资金的主要渠道。资金信托筹集来的资金与传统的银行存贷款有很大的区别。储户在银行存款,银行给储户固定的存款利息,即只要不破产,银行就应当对存款保本保息,按期支付,而银行发放贷款所取得的收入归银行所有,造成的损失也由银行承担。资金信托则不然。信托机构不能保证信托本金不受损失,也不能保证最低收益。如果项目成功,收益归委托人指定的受益人所有;项目失败,其损失(包括本金受到的损失)也由委托人指定的受益人承担,信托机构收取的是手续费和佣金。如没有按照信托合同的约定管理、运用、处分信托资金导致信托资金受到损失的,其损失部分由信托机构负责赔偿。此外,银行吸收的存款属于银行的负债,银行贷款属于银行的资产。银行破产时,银行贷款作为破产清算财产统一参与清算。而信托机构办理资金信托业务取得的资金不属于信托机构的负债,因管理、运用和处分信托资金而形成的资产不属于信托机构的资产。信托机构破产时,信托资产不属于清算财产。

资金信托的资金来源必须是各单位或个人可自主支配或所有的资金。按照委托人的不同,资金信托的资金来源可能包括单位资金、公益基金、劳保基金、个人资金。其中单位资金来自企事业单位长期不用的各种基金、利润留成、税后积累等,这部分资金可由企事业单位委托信托机构代为经营管理以获取收益,即单位资金信托。这是一种自益信托,委托人自己为受益人。单位资金信托的期限通常大于一年。公益基金是指政府、社会团体、单位或个人资助、赞助和捐赠的社会公益事业基金,如残疾人基金、环保基金等。由于公益基金属于非营利性的资金营运,从而可享受政府豁免全部或部分税收优惠。这种资金信托是一种他益信托。劳保基金信托的资金来源除了劳动部门和实行劳保基金统筹的行业和部门的劳保基金外，还包括所有独立提留并管理劳保基金的国有、集体企事业单位，以及其他合法经济组织。这类资金具有长期稳定性、独立性及内在保值增值要求强烈等特点。

按照委托人数量的不同，资金信托的资金可能来源于单个委托人的资金，也可能来源于两个及两个以上委托人的资金，如集合资金信托计划。我国目前的房地产信托市场中，“集合资金信托计划”是资金信托的主要筹资渠道。“集合资金信托计划”是由多个投资人（委托人）基于对信托投资公司的信任，将自己合法拥有的资金委托给信托投资公司，由信托投资公司集合管理、运用于某一信托计划项目，为投资人获取投资收益的一种信托投资工具。按现行规定，集合资全信托计划尚不能采取公开募集方式。信托投资公司不能通过广告等公共媒体对集合资金信托计划进行营销宣传。一般情况下，一个信托计划的委托合同不能超过 200 份，每份合同的金额不能低于 5 万元。

资金信托不同于信托存款，其表现在于：

1. 信托关系不同

信托存款是存户与信托机构之间的一种接近于银行信用的关系，信托机构只是凭借其信用实力来吸收存款。资金信托形成的是一种信托关系，即委托方出于一定的目的，委托信托机构代为营运资金，信托公司除了凭借自己的信用外，主要是通过向委托人提供资金管理和营运的服务来实现委托人的目的。其基本表现为委托方、受托方和受益方三者关系。

2. 收益来源不同

对信托存款，信托机构只按国家规定利率支付利息，自身获得存贷利差。而资金信托，委托人所得到的是资金营运的收益，其收益率是根据委托人的要求和信托机构的营运水平商定的，信托机构只收取一定的劳务费。

3. 资金所有权关系不同

信托存款的存款人始终对存款拥有所有权，转移的只是使用权。而在资金信托关系下，委托人不再对信托资金拥有所有权，其名义所有权归受托人，信托关系结束，所有权转移给受益人。

资金信托与委托贷款（特定资金信托）也是不同的。委托贷款的主要目的是向指定的对象发放贷款，按照中国人民银行 1988 年的规定，委托贷款的对象、用途、金额、期限和利率均由委托方指定，而资金信托则是通过受托人自主营运资金使受益人获得收益；委托贷款的经营风险由委托人承担，而资金信托的经营风险由受托人承担。

4.2.3　房地产集资信托和代理集资信托

房地产集资信托和代理集资信托是指信托机构接受房地产企业、企业主管部门以及相关机关、团体、事业单位等的委托，直接或代理发行债券、股票以筹集资金的两种信托业务。

房地产集资信托是信托机构接受某房地产企事业单位的委托以自己的名义，直接向社会发行债券以筹集资金，定向投资于该单位，并由信托机构定期向债券持有人支付利息，其利息通常高于同类银行存款的固定利率。如果经营不利发生亏损，利息可发可不发，但本金的安全是必须保障的。如经营合法，盈利丰厚，信托机构可将从净盈利中提取一部分作为红利分配给持券人。

代理集资信托是指信托公司或银行信托部受企业、企业主管部门以及机关、团体、事业单位等的委托，代为发行股票、债券，向社会筹集资金的一种信托业务。是集资信托的一种。几经各级政府批准成立的联合企业、投资项目以及经主管部门批准同意增加投资、扩大生产经营规模的企业，均可委托信托部门代发股票、债券筹集资金。如发行“重点建设债券”、“经济发展债券”等，同时信托机构还可以受托代办股息、红利和债息，委托单位按发行股票、债券总额的一定比例，向信托机构支付手续费。

4.3　房地产信托资金的运用

中国信托投资公司，是非银行金融机构，其资金运用，既可以直接或间接开发经营房地产公司，又可以与外商合资。充分发挥信托公司的信贷杠杆作用和直接投资功能，加速信托资金的周转速度，增强信托公司的盈利能力，为房地产行业提供资金支持。

4.3.1　运用原则

根据中国的实际情况和房地产业发展的要求，全国各大金融信托机构对房地产信贷均相应地制定了贷款原则和规定，对企业所需的房地产开发资金进行信贷投放。目前从中国的经济发展的客观条件看，房地产信贷应本着积极稳妥，量力而行的精神，遵守人民银行规定发放。其基本原则是：首先，坚持区别对待，择优扶植，以“房”定贷的原则，积极支持设计合理、原材料有保证、施工技术先进、施工力量较雄厚的商品房开发项目。其次，坚持经济效益和社会效益相统一的原则，将有限的资金用于社会急需的方面，充分发挥其投资效益。再次，坚持以“销”定贷的原则，促使企业建造社会需要的、价廉物美的商品房，同时又能保证金融信托企业资金的正常周转，保证商品房销售计划的落实和借款企业按期还本付息。最后，按照周密慎重，适当支持，根据“以存定贷、存贷挂钩”的原则，对合理的、必需的职工个人购建住房予以支持。

4.3.2 运用方式

据《信托公司管理办法》（银监会 2007 年第 2 号），信托公司管理运用或处分信托财产时，可以依照信托文件的约定，采取投资、出售、存放同业、买入返售、租赁、贷款等方式进行。由于目前房地产信托以资金信托业务为主，下文主要对资金信托中，房地产信托资金的运用方式加以介绍。

1. 信托贷款

房地产信托贷款是指房地产信托贷款机构运用信托基金或所吸收的信托存款和自由资金，以贷款形式对工、商、房地产开发经营企业进行资金融通的一种方式。目前，我国信托机构经营房地产贷款的基本对象是：凡经工商行政管理部门登记在册，并在银行开户、有法人资格的国有、集体工商企业、事业单位和中外合资经营企业、中外合作企业、外资企业以及个人，在办理房地产开发、经营和购买过程中资金不足时，均可申请贷款。

房地产信托贷款与一般银行发放的房地产贷款都是以偿还付息为条件的资金使用权的暂时让渡，但在具体形式上有所不同。首先，房地产信托贷款具有特定的对象和用途，它是为解决房地产开发经营和购买过程中资金不足而发放的，要坚持专款专用，不能挪作他用；其次，房地产信托贷款的利率灵活，比银行利率稍高，可在一定的范围内合理浮动，因此，信托机构可以在国家政策允许的条件下，对一些企业特殊而合理的资金需要给予支持。这也有助于金融机构监督房地产开发企业合理使用资金，提高资金的使用效率。

根据贷款用途和使用方向，我国信托公司开办的房地产贷款主要包括房产抵押贷款（即信托公司要求借款人以房产作为抵押担保而发放的贷款）、土地使用权抵押贷款（即信托公司要求借款人以通过出让或转让方式获得的土地使用权作为抵押物而发放的贷款）、商品房开发经营企业流动资金贷款（即用于解决商品房开发经营企业在办理土地征用、组织设计、施工、购买设备、支付工程预付款、工程竣工结算和商品房销售过程中的企业流动资金周转困难问题的贷款)等。

目前,国内信托市场中,信托贷款多通过融资性信托计划进行运作,即借助银行理财产品筹集资金,由银行与信托机构签订委托代理协议,再由信托机构将所筹集资金贷放给企业。2008 年 1 月以来,由于收益率可观,且信贷紧缩带来的银行表内业务向表外业务转移,信托贷款类产品成为理财市场的“主角”。据不完全统计,2012 年以来,贷款类产品的发行数量已超过了 400 款,以产品规模平均两亿元保守估计,该类产品总量已高达 800 亿元,且贷款主要投向了房地产、基础设施等宏观调控的重点行业。这已经在一定程度上影响了央行货币政策的执行,监管部门已通过窗口指导等方式,对其进行规范限制。

2. 房地产委托贷款

房地产委托贷款也称特定资金信托,是指委托人将有权自行支配的资金存入房地产信托机构,要求房地产信托机构按其指定的范围、对象和期限等发放房地产贷款。房地产信托机构与委托人签订贷款协议,收存委托存款,并按照委托贷款协议审查发放贷款,到期收回贷款本息并转交委托人。委托贷款的委托人可以是各级财政部门、中央各部委、劳动保险机构、科研机构、企业主管部门等单位,也可以是个人。委托贷款与信托贷款有一定区别,主要体现在:委托贷款的对象和用途由委托人指定,而信托贷款的对象和用途由信托机构自行选定;国家对委托贷款的管理较松,而对信托贷款的管理则与银行贷款一样偏严。

房地产委托贷款中,委托贷款的对象和用途均由委托人事先指明,信托机构不承担经营风险。委托贷款先存后贷,受托机构不予垫款,为此委托人须预先一次或分次将办理贷款的资金以委托存款的形式存入信托机构的指定账户;信托机构在委托存款的限额范围内发放贷款,委托人中途不能提走存款,如委托人急需使用资金,可在尚未动用的委托贷款余额内支取。委托贷款关系至少由委托方、受托方、借款单位以及受益方等四方构成。在该类贷款中,信托机构以提供服务和收取手续费为目的,委托贷款的利息收入全部归受益人。

房地产委托贷款将企业之间的债权债务关系变成信托机构与借款人之间的信用关系,防止资金占压和拖欠,大大提高了资金运用的合理性,并减少投资风险。信托公司对于委托贷款虽然不承担任何风险,但是仍须认真负责地进行贷款管理和监督,协助房地产委托贷款使用单位加强经济核算,合理使用资金,及时回收委托贷款。

3. 股权投资和契约投资

股权投资是指信托公司购买房地产企业的股票或以货币资金、无形资产和其他实物资产直接投资于房地产企业，委派代表参与该房地产企业的领导和经营管理，并按投资份额取得利润或承担亏损责任。它是信托公司未来发展的重点业务之一。目前股权投资信托不仅投资规模越来越大，而且介入范围越来越广。股权投资具有高风险高收益的特征，所以要求信托公司本身具有较高的投资管理水平，能够有效控制风险。这种风险的控制与防范，一方面来自于对房地产行业和房地产企业的了解和把握；另一方面体现在股权退出机制的设计上。总体来说我国股权退出机制尚不健全。股权投资的回报方式主要有公开发行上市后出售股票、出售或回购、公司资本结构重组等。就上市而言，大多数股权投资对象虽具有良好的市场前景，但离在主板市场上市还有较大的距离，即使在中小板上市，这类企业通常也难以达到相应的财务要求，通常以出售或回购方式退出。原因包括：一是我国目前的金融市场缺乏公开的股权交易平台，股权转让多以私下交易为主；二是这种股权转让退出方式下投资者回报相对较低。所以，退出机制的完善，成为股权投资式必须逾越的障碍。

契约投资是指信托公司对某房地产企业投资，并在一定年限内按照事先商定的固定比例分取投资收益，到期出让股权并回收所投资金，不参与经营管理，也不承担盈亏责任。

股权投资和契约投资也被称为信托公司与其他房地产开发投资公司的联合投资行为。

4. 独立、直接地进行产业投资

独立、直接地进行产业投资是指有房地产开发经营权的信托公司运用自有资金和稳定的长期信托资金，以投资者的身份直接参与房地产行业的投资，开展城市土地开发、房地产开发经营等活动，待房地产开发完成后，将房产出售，从中获取收益。据《信托公司管理办法》(银监会 2007 年第 2 号)，信托公司的投资业务限定为金融类公司股权投资、金融产品投资和自用固定资产投资。且除银监会另有规定以外，信托公司不得以固有财产进行实业投资。因此，这种资金运用方式在我国目前的信托市场中尚不能全面展开。

此外，信托机构还可用筹集来的资金在证券市场上购买房地产企业股票、债券、期权等有价证券及相关金融衍生物。

5. 投资运用

房地产信托投资是金融信托投资机构用自有资金进行的投资。按现行规定，用于房地产投资的金额不能超过信托机构的资本金总额。同时，房地产信托投资仅指以投资者身份进行直接投资，而不包括房地产委托投资。

在房地产信托投资过程中，信托机构直接参与投资企业经营成果的分配，并承担相应的风险。

(1)房地产投资分类

房地产信托投资一般分为两类：

直接投资，即将资金直接投入房地产业，参与房地产的开发、经营。

间接投资，即证券投资，是信托机构用自有资金购买房地产开发经营企业的股票、债券等有价证券借以获取收益的行为。证券投资在西方国家已成为主要的房地产投资方式。我国目前证券业正处于起步阶段，但随着社会主义市场经济的发展壮大和我国房地产业兴旺发展的前景，房地产证券的发行量必将越来越大，房地产证券投资是大有前途的。

(2)房地产信托的直接投资方式

房地产信托直接投资方式可分为两种：一种是参与经营的方式，称为“股权式投资”，即由信托机构委派代表参与对投资的房地产企业的领导和经营管理，并以投资比例作为分配利润或承担亏损责任的依据。主要有两种形式：一是隶属于信托公司，拥有开发经营权，实行独立核算的房地产公司即全资子公司；二是信托机构以合资形式投资房地产企业，拥有部分股权，并参与经营管理，即合资公司。

第二种方式是合作方式，称为“契约式投资”，即仅作资金投入，不参与经营管理。以这种方式投资后，信托机构按商定的固定比例，在一定年限内分取投资收益，到期后或继续投资，或出让股权并收回所投资金。

在上述两种形式中，前一种承担风险较大，后一种相对稳妥一些。目前金融信托机构在投资房地产开发企业时主要采用以下几种方式：

①长期合作投资

信托机构在投资时，不需事先与合作者商定投资回收期，而作为投资企业的长期合作者，只要投资的房地产企业经营正常，投资合作关系就一直存在。合资各方实行共同投资、共同管理、共享利益、共担风险。投资各方可以定期(一般按会计年度)根据投资比例，从合资企业分取利润或承担相应的经济损失。这个方式，适合于资金实力雄厚，对房地产业的开发、经营较为熟悉，有专职人员从事房地产业务的信托机构。

②定期合作投资

定期合作投资是投资各方先商定投资期限，即投资回收期，一般为 2～6 年，在合资期间，投资各方按比例分享收益，承担经济风险，投资期满后投资各方收回所投入资金。定期合作投资方式适用于见效快，收益大的房地产开发项目，如开发城市中某一幢写字楼等。这一投资方式比较灵活，目前各地金融信托机构大多采用这种方式参与房地产的开发、经营。

③保息分红投资

保息分红投资是信托机构在投资时事先商定，由房地产合资企业在投资期间按照信托机构投资金额定期（一般按季）支付利息，年终再参与一定比例分红。从严格意义上讲，保息分红投资不能算作真正的投资，而是介于投资与贷款之间的一种融资形式。这一方式适用于对预期销售情况较好，收益稳定的房地产合资企业。对投资的信托机构和房地产企业来说，这一方式较受欢迎。

6. 与外资联合投资

各国房地产信托公司积极扩大国际往来，通过多种渠道筹措外资，拓展了房地产资金的来源渠道。在与外资联合投资开发房地产过程中，具体形式有以下几种：

(1)以项目贷款为目标，吸收国外金融单位资金单独投入国内房地产建设，开发房地产。

(2)房地产信托公司与其他中资企业联合投资，不足部分向国外筹资，开发房地产。

(3)为建设特大型房地产建设项目，由房地产信托公司牵头担保，与国外多家银行组成国际商业银团贷款开发房地产。

(4)配合政府有关部门引进外资。房地产信托公司参与融资，兴办中外合资房地产开发企业。

(5)国外房地产商在我国开发房地产时，以国家土地使用权入股，住房建成后，采用合作经营方式以房地产商品偿还外资。对于引进的房地产开发资金，由房地产信托企业自由在国内办理存取手续。此外，房地产信托公司可向海外扩展，开发投资海外及境外房地产，如在国外发行房地产债券，受理国际投资信托、承包国外房地产顾客的房地产购买及房地产经营咨询代理等业务。

4.4 房地产投资信托基金

作为新型的投资工具，房地产投资信托基金（real estate investment trusts，REITs）为大量的中小投资者提供了投资房地产的机会；作为融资工具，REITs直接把市场资金融通到房地产行业，是对以银行为中介的间接融资的极大补充，提高了房地产市场的流动性，也使得众多房地产企业获得了宝贵的融通权益资金的机会。

4.4.1　房地产投资信托的内涵

房地产投资信托基金是指通过发行股票或受益凭证，向投资者公开或非公开募集资金，然后将所募集资金交由专门机构进行多元化投资经营，并将投资综合收益按比例分配给凭证持有人的一种集合投资制度。

从表面上看，REITs 与房地产投资基金、房地产信托等概念较为相似，但实际上存在一定差异。REITs、房地产投资基金、房地产信托等都是以信托制度原理为基础发展起来的进行房地产资金融通的投融资方式，都是以代理他人财产的方式为房地产业的发展聚集社会闲散资金，实现短期资金长期化，然后通过专业化运作为投资者赚取最大收益的财产管理过程。在这一过程中都存在委托人、受托人、受益人等多边经济关系，但是在信托财产募集、资金运用、投资者人数、组织形式、投资对象等方面存在区别。

1. REITs 与一般房地产信托的区别

就信托财产及其募集方式而言，一般房地产信托的信托财产可以是土地、房屋等不动产，也可以是资金，就我国目前来讲，受到信托合同不超过 200 份的规模限制，信托产品基本属于私募性质；而 REITs 的信托财产主要是通过发行受益凭证向公众募集的资金。其募集方式可以是公开募集，也可以是私募，但是国际上的 REITs 大多是公开募集的。

就融资期限而言，一般的房地产信托产品以 2～3 年的短期融资为主，REITs 的期限一般都超过 20 年。

就资金运用方式而言，一般的房地产信托产品可以信托贷款、股权投资、产业投资、证券投资等多种方式运用所筹集资金，就我国目前来讲，以信托贷款为主；REITs 则通过专业的房地产基金管理公司，直接收购并持有商业房地产项目，以持有期间的经营收益获利。

就投资方向而言，我国目前的大部分信托计划投向单一房地产项目，投资风险相对较为集中；REITs 通常可通过持有多个项目形成投资组合，进行风险分散。

就受益凭证的流动性而言，就我国目前的情况来看，一般房地产信托产品的流动性较弱，尚无法在公开市场交易，而 REITs 的流动性较强，大多可在证券市场公开交易。

可见，虽然与国内常见的房地产资金集合信托计划等房地产信托产品有相似之处，但是真正意义上的 REITs 是一种与之不同的特殊房地产信托方式。在我国,《证券法》和《证券投资基金法》都不适用于REITs,国内房地产金融市场上出现的类REITs或准REITs,实质上均是以信托契约模式设计的集合投资计划。

2. REITs与房地产投资基金的区别

从本质上看,REITs是房地产投资基金的一种特殊形式,在组织形式、资金运用、投资对象、融资规模、投资者人数等方面与一般的房地产投资基金存在区别。

就组织形式而言,国外REITs以公司型为主,而房地产投资基金以契约型为主。

就资金运用而言,REITs是一种资产运营型基金,一般不进行拿地—建楼—销售等投资开发活动,而直接收购并运营房地产项目以获得收入;房地产投资基金则是投资型基金,可以通过证券投资、产业投资等方式投资于房地产企业,但是不进行具体的房地产项目的运营。值得注意的是,房地产投资基金可以股票投资等方式投资于REITs,但是国外多数REITs以直接投资为主,不通过有价证券进行间接投资,因而甚少投资于房地产投资基金。

就投资对象而言,由于写字楼、商场等商业地产的现金流较传统住宅地产的现金流更为稳定,因此,REITs一般只投资于商业地产;而房地产投资基金的投资对象则相对宽泛,包括住宅、商业项目等各类房地产项目,也可投向各类与房地产有关的有价证券。

就投资者人数而言,REITs的投资者数量众多,以美国REITs的资格条件为例,要求REITs至少有100名股东。而房地产投资基金的投资者人数相对较少,通常仅有几十人。

就资金募集方式和融资规模而言,广义上的REITs包括公开上市REITs、公共持有非流通REITs和私募REITs,但是传统的和绝大部分REITs采用证券市场公开上市的方式,其规模通常远大于以私募居多的房地产投资基金。

此外,在需要满足一定的设立条件后,REITs通常可以获得一般房地产投资基金没有的税收优惠。

当然,由于传统的权益型REITs在发展过程中逐步出现了抵押型、混合型等多种类型,投资对象也出现向住宅项目及有价证券延伸的趋势,因此在实务操作中,REITs与房地产投资基金越来越难以区分。

4.4.2 REITs产生的历史溯源

1. REITs的雏形

马萨诸塞商业信托的投资方式在波士顿取得成功后,很快发展至各大工业城市，如芝加哥、奥马哈和丹福，上述城市中的富有阶层很快将马萨诸塞商业信托作为自己的理想投资方式。马萨诸塞商业信托作为投资房地产的工具一直持续到 1935 年，联邦最高法院通过判决的方式取消了该种信托的税收优惠，马萨诸塞信托因丧失了优越性而趋于低迷，到 20 世纪 40 年代，仅剩下为数不多的马萨诸塞信托同享有税收优惠待遇的依据 1940 年《投资公司法》设立的房地产投资公司和房地产辛迪加进行竞争。

2. REITs 的正式发展

在 1935 年之前，美国中小投资者对房地产领域的投资方式一直为麻州商业信托。但由于 1935 年美国最高法院取消了其税收优惠政策，使得此类信托及其他一些类似的信托产品纷纷被转让。在此后的 25 年之间，由于缺乏足够的税收优惠政策吸引投资者，房地产类信托产品在美国基本处于停滞状态。这种情况直至 1960 年《国内税收法案》修正才得以根本改变。

1960 年美国《国内税收法案》的修正实际上是主客观两方面因素的共同作用。一方面在 20 世纪 50 年代剩余的少数房地产信托公司出于生存和业务发展的需要，通过游说政府，使得信托基金能够享有依据 1940 年《投资公司法》成立的投资公司同样的税收优惠政策，这就为 1960 年《国内税收法案》的修正预先进行了法律上的铺垫。该项努力实质上使得 1935 年之后被停滞的商业信托理念重新复苏，并具备了同投资公司设立的其他投资工具，如封闭式共同基金和房地产辛迪加进行竞争的能力。另一方面第二次世界大战后美国投资者对购买房地产抵押贷款资金的强烈需求也促使国会决定促进 REITs 的发展。从此之后，REITs 在美国迅速发展，1968～1990 年 REITs 的总资产额从 10 亿美元迅速增加到 47 亿美元，同期新上市的 REITs 数量从 61 家增长到 161 家。

3. REITs 的发展与创新

1976 年、1986 年《国内税收法案》两度修正后，REITs 不仅可以拥有房地产，还可以直接经营和管理房地产，同时对 REITs 的纳税条款和会计处理也做了相应修改。加上 REITs 管理者经营思路的转变，使被冷落一时的 REITs 在 20 世纪 80 年代重新焕发活力。

20 世纪 90 年代，通过伞形合伙 REITs 的组织结构创新和专业化经营，REITs 进一步提高了市场竞争力和抗风险能力。1993 年《综合预算调整法》的颁布，改变了养老基金投资对 REITs 股东所有权方面的要求，吸引了养老保险等大量机构投资者和证券分析师的参与及关注。1994 年以前，REITs 只在社区连锁商业、公寓楼、医疗卫生设施以及少数写字楼等有限的领域内拥有房地产，投资于大型购物商业区则非常困难。到1994年年底，随着初始发行和二级市场公开发行美元证券数量的剧增，REITs获得了快速发展的动力，其市场规模迅速扩大。

由于REITs在经营范围和租金税收政策上仍然存在一定程度的限制，在与房地产经营管理公司进行市场竞争时，不具备竞争优势，REITs从业者不断游说国会，最终促使1997年《纳税者减免法》和1999年《REITs现代化法》的出台，取消了某些由于REITs为租户提供不符合条件的服务，而其租金收入不享受纳税优惠的条款，废除了REITs资产销售收入不能超过其总收入30%的规定，允许REITs获得税收补贴，可以为租户提供某些服务，将其应税收益的分配比率从95%降至90%等。这些调整为REITs的发展创新开拓了新途径。据不完全统计，至2006年12月美国有300只左右REITs，管理的总资产超过3000亿美元，其中2/3左右在纽约交易所、美国交易所或者纳斯达克上市，市值超过2000亿美元。可以说，《REIT现代化法案》是REITs发展的又一重要里程碑。此后，REITs不仅在美国本土繁荣发展，其理念和成功经验还迅速向世界各国传播，并日益受到各国的广泛关注。英国、德国、法国、荷兰、比利时、加拿大等国纷纷以各种形式发展本国的REITs产品。

在亚太地区，澳大利亚是较早发展REITs的国家。迄今为止，有50只左右REITs在澳大利亚上市交易，市值超过300亿美元。1984年日本发行了由住友信托开办的第一只土地信托产品，2000年日本发行了第一只J－REITs。目前，日本有22只REITs，总市值达209亿美元。日本的REITs多数以办公大楼与公寓资产为主，与美国REITs的多样化经营相比，还存在一定差距。新加坡紧随日本，修改了相关法律，允许其他国家的REITs在新加坡挂牌。2002年第一只S－REITs在新加坡上市，至2006年12月已有15只REITs在新加坡交易所挂牌，总市值超过120亿美元。2003年中国香港紧随新加坡推出了房地产投资信托的监管框架，2005年7月颁布《房地产投资信托基金守则》。2005年11月中国香港第一只房地产投资信托基金(REITs)——领汇基金(0823HK)挂牌上市，至目前先后有领汇、泓富、越秀、冠君、阳光等七只REITs挂牌。韩国2001年7月颁布了《房地产投资公司法》，现已有4只REITs上市。

我国大陆境内最近几年陆续推出了许多类REITs或准REITs的房地产资金集合信托计划，但尚未推出真正意义上的REITs。2005年12月，广州越秀房地产投资信托基金(0405. HK)在香港证交所挂牌交易，成为第一只以国内资产在海外上市的房地产投资信托基金，共发售10亿份基金单位，其中越秀投资持有31.3%，越秀集团持有0.8%，其余67.9%为社会公众份额。以发行价每份3.075港元计，REITs在市场中共募集资金约20亿港元。

4.4.3　REITs 的基本特征

1. 流动性

众所周知，直接进行房地产投资有很大的变现风险。变现风险是指急于将商品兑换为现金时由于折价而导致的资金损失的风险。房地产作为不动产，销售过程复杂，属于非货币性资产，流动性很差，拥有者很难在短时期内将房地产兑换成现金。因此，当投资者由于偿债或其他原因急于将房地产兑现时，由于房地产市场的不完备，必然使投资者蒙受折价损失。相比而言，REITs 投资就具有较大的优势。一方面，REITs 一般不开发新物业，而是通过"采购已开发物业—管理和出租—取得租金收入"的经营方式来获取收益，从而避免资金占用的风险；另一方面，像其他股票一样，REITs 的股票能在证券交易所交易，能够马上变现，其流动性仅次于现金。

2. 市场价值的稳定

衡量某一投资工具的市场价值波动性的指标是 β 系数。所谓 β 系数是指某种投资工具的波动性与某一标准指数(如标准普尔指数)波动性的相对值，其基准值是该投资工具本身的价值。如果某种投资工具的 β 系数大于 1，则其市场价值的波动性大于指数的波动性；反之，如果该投资工具的 β 系数小于 1，则其市场价值的波动性小于指数的波动性。

从 REITs 发展最成熟的美国市场来看，在 1987～1996 年的 10 年中，REITs 的系数平均为 0.59。正因为 REITs 的波动性很小，其价格水平、资产总量及价值本身的变动也不会有很大的变化，对那些不善于经营股票等金融资产且对未来现金支出又不确定的人们来说，投资 REITs 是一个比较理想的选择。

3. 高现金回报

通常，REITs 通过发行股票的方式筹集资金，为收购物业、获取收益提供保障。当拟采购物业的价格低于重置成本，或出现尚未完工但由于种种原因(如业主破产等)而要变现的物业，REITs 就可以考虑购进这些项目再继续运作，以赢得更高的收益。同时，按照有关法律的规定，REITs 净收益的 90%以上都必须以分红的形式返还投资者。这样，投资 REITs 就有可能带来可观的现金流。

4. 有效地分散投资风险

在相同的宏观经济环境变化下，不同投资项目的收益会有不同的反应。如果把适当的投资项目组合起来，便可以达到最终和最理想的长远投资目标。

换句话说，在一个固定的预期收益率下，使风险最低或是在可接受的风险下的明智做法是进行有效的投资组合。

REITs 投资物业类型的多样化，有效地保证了投资者的资产组合效益，就物业所处的区域来看，股票市场上的 REITs 所拥有的物业遍布各地。于是，购买多个 REITs 的股票，就会使自己的投资涵盖的物业种类足够丰富，分布的区域足够广阔，从而保证自己的投资更安全。

5. 抵御通货膨胀

作为 REITs 价值基础的房地产，不会因为通货膨胀而受到损害，具有很强的保值功能，可以很好地抵御通货膨胀的作用。一方面，通货膨胀来临时，物价上扬，房地产物业的价值更是升值得很快，以房地产物业为资产基础的 REITs 股票价值也会随之上升；另一方面，在通货膨胀时期，REITs 的收益水平也会比平时高，能够在一定程度上抵消通货膨胀的作用。我国发展 REITs 最大的障碍在于产业投资基金类的法律制度不完善。因此，在出台相关法律前，REITs 在我国只能停留在理论探讨上。越来越多的房地产开发和投资企业为了解决资本短缺问题，积极尝试境外 REITs。

4.4.4 REITs 的特点

1. 面向中小投资者

满足公众的房地产投资需求的同时具有强大的融资能力 REITs 出现前，受财产价值不可分割性和房地产价值高昂性制约，中小投资者往往难以涉足房地产投资领域。REITs 基于资金集合信托的证券化设计为中小投资者创造了机会。REITs 每股通常需要 10～25 美元，不仅没有持股数量的限制，而且法规特别对其所有权结构进行限制，规定 REITs 应至少有 100 个股东，在税收年度的下半年前 5 大股东持股比例不能超过 50%（即 5/50 规则），以确保股权结构分散化。并且多数 REITs 可上市交易，流动性极强，便于投资者进行变现。因此，作为一种公众投资品，REITs 吸引了众多投资者的参与，也成为房地产业重要的融资渠道之一。

2. 享受税收优惠政策

投资回报率高是为了使 REITs 投资者充分享受投资利益，税法免除了 REITs 公司的所得税和资本利得税，只对股东或受益人的分红征收所得税避免了重复纳税。并且规定 REITs 每年至少应将其应纳税收入的 90%分配给股东。这种高分红制度加上长期的专业化投资策略，为投资者提供了一个波动性小、现金回报丰厚的投资工具。从实践角度看，REITs 也的确取得了优于股票、债券的市场表现。据 S&P 统计，2000～2004 年美国 REITs 平均年报酬率为 12.5%，优于美国国内股票型基金的 0.04%，相较 S&P500 股价指数 2.4%的平均年报酬率也更为出色。尽管 2007 年以来，受次级债和美国房地产市场低迷影响，美国 REITs 出现了亏损。但是相比股票、债券等有价证券的跌幅仍然较低。此外，高分红也可避免管理者滥用经营收益，实现对管理者的间接监督。

3. 专业化管理与多样化的投资组合

有效化解风险 REITs 与其他资产类别相关系数低，本身就具有风险分散的效果。传统 REITs 的运行必须聘请具有丰富行业经验和信息渠道的专业顾问进行资产的外部顾问管理，并且投资和经营相分离。尽管出于减少代理风险目的，现代 REITs 逐步向内部管理过渡，但是其各项资产的投资与管理仍然依托专业人士进行，只不过这些专业人士的产生从外部独立机构转向信托公司内部组织。在市场分工合作深化的背景下，专业化的管理是化解单一项目非系统性风险的主要措施，对于提高 REITs 绩效的作用是毋庸置疑的。另外，通过采用不同地区、不同类型房地产项目的多样化组合投资，进一步保证了投资者的资产组合效益。

4. 以不动产为主的长期投资战略

以房地产作为基础资产的 REITs，较其他投资工具来讲，抵御通货膨胀的能力更强。其长期投资战略使得 REITs 的市场价值较为稳定，也有助于房地产市场的平稳。通常情况下，REITs 总资产的 75%以上应为房地产、房产抵押贷款、其他 REITs 证券、现金和政府债券。从而，其至少 75%的收入来自房地产租金、抵押贷款利息收入、出售房地产和其他 REITs 股份等房地产资源所得；95%以上的收入必须来自房地产相关所得和其他被动投资所得。可见，REITs 的获利主要源于长期投资，而非炒买炒卖房产。

20 世纪 90 年代以后，以美国为代表的部分国家和地区的 REITs 在法规政策和运作方式等方面进行了一系列改革和创新，呈现出一些与传统 REITs 不同的特点。主要表现在：允许 REITs 以不超过 20%的资产控股应纳税 REITs 子公司，然后通过该子公司从事非房地产业辅助业务，实现业务渠道多元化；允许养老基金按其所有者数目计算投资人数，以避免其作为单一投资者违背前述 5/50 规则，促使股东成分机构化；以伞形合伙 REITs 融合了合伙制投资特色和 REITs 所有权结构特点，推动组织结构新型化；在全球经济一体化背景下，将投资视线转向广大发展中国家，力争投资范围全球化。

4.4.5 REITs 的分类

按照不同标准,REITs 可分为不同类别。本节主要从投资方向、组织形式和管理运作模式的角度介绍 REITs 类别的划分。

1. 按照投资方向的不同,REITs 可分为权益型、抵押型和混合型

权益型 REITs 是将资金直接投资于公寓、写字楼、购物中心等收益性房地产项目,以获取租金收入及房产增值收益,又称"股本型 REITs"。

抵押型 REITs 则将资金用于发放面向房地产项目持有人及经营者的房地产抵押贷款或投资于房地产抵押支持证券,以获取贷款及证券利息收入,又称"按揭型 REITs"。

混合型 REITs 是上述两种 REITs 的混合体,既可以投资于房地产资产,也可以投资于抵押贷款等债权类资产,因而,既有机会获取较高的房地产经营收入,又可获得稳定的利息收入。

从收益角度看,在市场繁荣时期抵押型 REITs 的收益高于权益型 REITs,但从长期来看,抵押型和混合型 REITs 的年均回报一般低于权益型 REITs。

美国早期 REITs 以权益型居多。20 世纪 60 年代末,抵押型 REITs 风靡一时。20 世纪 70 年代房地产泡沫破灭导致大量开发商破产和贷款违约,抵押型 REITs 受到了沉重打击,而权益型 REITs 以其良好的抗风险能力获得了更多投资者的青睐。目前美国市场上权益型 REITs 的数量占近 80%,市值占 90%左右。

2. 按照基本组织形式,REITs 可以分为公司型和契约型

公司型 REITs 设立一个具有独立法人资格的投资公司进行管理。其基本结构由投资人(即股东)、REITs 投资公司(即委托人、受益人)和基金保管公司(即受托人)三方构成,如图 4-1 所示。

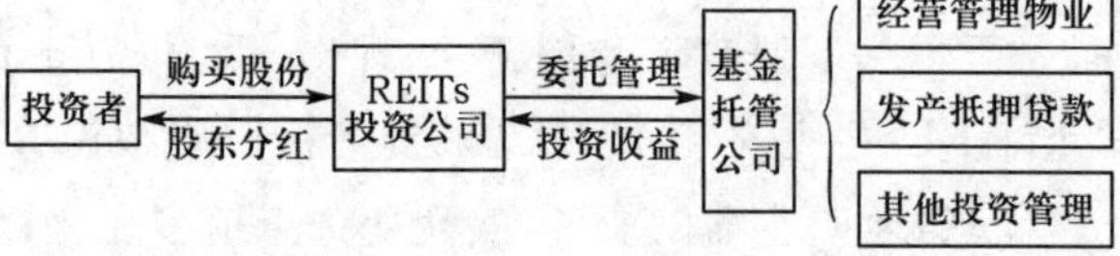

图 4-1 公司型 REITs 组织结构图

(参考:张红,殷红. 房地产金融学. 北京:清华大学出版社,2007.)

从信托关系看,公司型 REITs 中 REITs 投资公司作为委托人将公司资产转让给托管公司，托管公司从事各类房地产投资，再由 REITs 投资公司作为受益人将资产收益以分红形式分配给投资人即股东或其指定的受益人。

契约型 REITs 以信托契约为基础形成代理投资行为，本身不具有法人资格。其基本结构由投资人（即资金委托人和受益人）、受托人（即 REITs 基金本身）、基金托管公司三方构成，如图 4-2 所示。

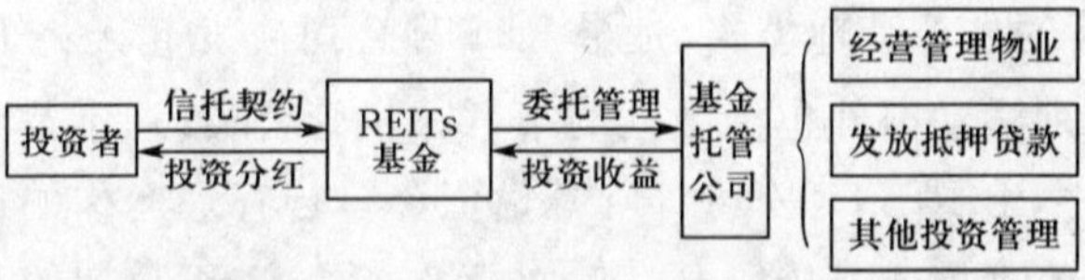

图 4-2　契约型 REITs 组织结构图

（参考：张红，殷红. 房地产金融学. 北京：清华大学出版社，2007.）

从信托关系看，投资人通过与 REITs 基金签订信托契约，将资金委托给 REITs 基金，REITs 基金又将所筹集的资金委托给专门的基金托管公司进行经营管理。基金实现增值收益后，由 REITs 基金对托管公司返回的经营收益按信托契约比例分配给投资人或其指定的受益人。

美国、日本、韩国等国家和我国台湾地区的 REITs 多采用公司型，新加坡及我国香港地区的 REITs 多采用契约型。

在传统的公司型 REITs 基础上，1992 年出现了两种新型 REITs 组织结构—UpREITs 和 DownREITs。UpREITs 和 DownREITs 都是 REITs 的变种，它们能够在不引起现有资本收益纳税的情况下，帮助财产所有人将其现有财产进行 REITs 化。

UpREITs 即伞形合伙 REITs，其概念最初是由投资银行家提出并使用的，其初衷是使房地产经营公司将其已经拥有的房地产集中到一个伞形合伙 REITs 组织结构下，而不用将这些房地产卖给 REITs 以规避巨额的资产收益税。其基本运作程序通常是：数个合伙人共同设立某经营性合伙企业，然后合伙人将所拥有的房地产转让给该合伙企业以获得有限合伙权益凭证，即经营型合伙单位（简称 OP 单位），成为有限合伙人，同时，公开募集成立 REITs，由 REITs 筹集资金并将资金投向合伙企业，成为该企业的普通合伙人。有限合伙人持有 OP 单位一段时间后，可以将其转换成 REITs 股份，通过上市交易获取现金或持有股票获取股息。合伙企业利用 REITs 筹集的资金进行房地产投资。一般而言，这种 REITs 本身不直接拥有任何房地产，它所拥有的是在有限合伙关系中的控制力，并通过这种关系间接拥有房地产。

DownREITs 具有与 UpREITs 类似的所有权结构，但通常是在 REITs 变成了股份公司之后才形成的，另外，在被控制合伙关系的有限合伙人中不包括管理团队的成员。与 UpREITs 不同的是，DownREITs 可以同时拥有多重合伙关系，并且能以 REITs 和合伙公司的形式拥有资产，具有较大灵活性。

3. 按照管理运作模式的不同，REITs 可以分为外部管理模式和内部管理模式

所谓 REITs 的外部管理模式，是指 REITs 公司或发起人将 REITs 资产的管理和运作等一系列活动都外包给独立的第三方托管公司（通常是专业房地产管理公司）进行。反之，由 REITs 公司对所筹集资金自行管理运作的模式即称为内部管理模式。外部管理模式是传统 REITs 的运作模式，美国早期的 REITs 和亚洲国家及地区的 REITs 大多采用该模式。

采用外部管理模式的 REITs，不仅涉及普通意义上股东对董事会、董事会对管理层的委托代理关系，还包括管理层对专业托管公司的委托代理关系。与一般意义上的公司治理相比，其代理环节和代理链更长。由于外部顾问较少考虑到 REITs 股东利益的最大化，股东无法及时观察到顾问们的投资行为，容易产生关联交易、费用转移、自我交易等行为，从而导致严重的信息不对称、“道德风险”和“逆向选择”问题。这些问题也是导致美国 20 世纪 70 年代 REITs 发展陷入停滞的主要原因之一。此外，外部管理模式还会产生一笔不菲的代理成本，对 REITs 的现金流产生影响。而内部管理模式则有助于将上述问题最小化。美国学者 Capozza 和 Seguin 分析了 75 家公司的样本，发现在 1985 年～1992 年，采用内部管理的 REITs 股票业绩超过使用外部管理的 REITs 的 7%。可以说，20 世纪 90 年代期间 REITs 的显著增长，与内部管理方式的创立有密切关系。1986 年美国国内税务署制定的条例允许 REITs 承担选择物业和管理资产的责任，这实际上是允许 REITs 进行自我建议或自我管理。此后，越来越多的 REITs 采用内部管理模式。

4.4.6 REITs 的基本运作模式

公开上市交易 REITs 的基本运作模式如图 4-3 所示。首先由 REITs 在股票市场以 IPO 或增发形式发行股票募集资金，然后委托专门的资产管理公司持有和管理房地产资产。投资者购买 REITs 股票间接投资于房地产，并可以在股票市场进行交易，获得资本利得和保证资本流动性。资产管理公司利用托管资产进行组合投资，收入来源主要包括出租房地产的租金、投资于其他 REITs 股票所得的股利、投资于房地产抵押贷款的利息收益。资产管理公司将收入返还 REITs，由 RE-

ITs 按比例进行股息分红。

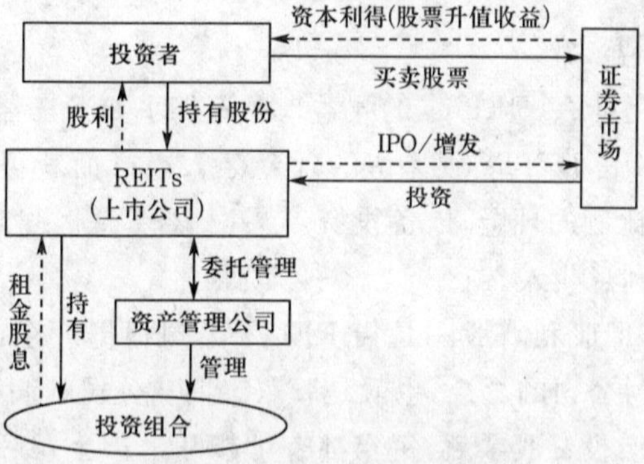

图 4-3　REITs 的基本运作模式

(资料来源:陈怡,彭岩.房地产融资理论与实务.北京:中国建筑工业出版社,2005)

在基本运作模式的基础上,不同国家和地区的 REITs 在不同时期的不同经济和法律环境下,可能有所调整。如美国后来出现的 UpREITs、DownREITs,澳大利亚的 LPT 等。但是通常情况下,REITs 应当具备以下条件,在设计其运行模式时,应当予以充分考虑:

(1)对所有权结构的限制,特别是持股人数的最低限要求;

(2)对 REITs 可创造的收入类型以及可以持有的资产种类的限制,即使在多元化经营的趋势下,也应当对短期持有的物业比例进行适当限制,保证其以长期投资为主;

(3)对其管理结构的限制,特别是以外部方式还是内部方式设置专业顾问;

(4)对财务政策的限制,特别是其应税收入的 90%左右应进行分红的相关规定;

(5)享有一定的税收优惠政策,特别是避免双重纳税问题。

4.4.7　REITs 的收益及投资特性

REITs 从房地产的采购、发展、管理维护、销售过程中取得租金和销售收入或者为个人和机构提供房地产抵押贷款,取得利息收入。

1. REITs 的收益来源及构成

不同种类的 REITs 有其不同的投资目标,基于不同的投资目标,有不同的投资组合和相应的投资结果。由于 REITs 管理者采取的投资策略不同,取得收益的来源和方式也不一样，如投资房地产股票、房地产债券、房地产期权、认股权证和直接涉足房地产运作。

(1)REITs的收益来源

不管投资对象是什么，RELTs的收益来源不外乎如下三种：

①利息收益：一是REITs所保留的现金存入银行而获得的利息收入。一般REITs都保留一定比例的现金，以备投资者买回REITs时付现所用，将其存入银行必然会有一定的利息收入。

②股息和红利(即股利)：股利是指REITs公司根据股东拥有的股份，按确定的比例向投资者支付公司的盈余，也就是股东定期从公司利润中获得的收益部分。REITs以其信托财产投资股票后，每年都有可能从上市公司领到一定数量的股息和红利。

③资本利得：资本利得是REITs收益的最大部分。REITs管理人考虑的往往不是股利和利息收入，而是REITs的投资管理水平。

(2)REITs投资人的收益来源

投资者购买REITs后，也会定期或不定期地获得三笔收益：

①REITs分红：REITs分红就是将前面所述的利息、股利、资本利得等各种收益以利息的形式分配给REITs投资者。对于收益分配的时间以及将收益的多少百分比分配给投资者，各国都有不同的规定和做法。美国规定，REITs必须把95%以上的经营收益(资本收益不计在内)以红利的形式分配给投资者。

②资本增值：REITs经营得好，净资产就会上升。REITs净资产的增值部分最终也归投资者所有。封闭式REITs是在证券交易所挂牌交易的，其净资产的增加会使交易价格上涨，从而使REITs投资者获得收益。

③REITs管理公司扩送的REITs单位。

2. 影响REITs收益的因素

对REITs收益影响最大的是单位价值物业所带来的经营收入、净收益及价格/经营收入乘数。

(1)经营收入(FFO)

FFO从两个方面影响REITs的收益：第一，直接影响到REITs的红利，是REITs收益的基础。第二，短期FFO的表现对投资者的信心有很大影响，进而影响投资收益。如果某REITs当年的FFO比上年有很大的增长，说明这个REITs正处在发展和上升的阶段，投资者的信心增强，该REITs无疑将吸引众多投资者的注意，对该REITs本年度在资本市场中的表现(股票价格增长)有极强的拉动作用，从而实现投资者的收益增长。

(2)净收益

经营收入减去经营成本、利息支出和税金(由于法律规定REITs在经营层面上无须纳税，所以税金为0)，就是净收益。对REITs来说，经营成本的控制和管理对净收益的影响最大。净收益主要取决于资本市场的利息水平和负债水平，而净收益的变动表现在投资收益上。

(3)价格/经营收入乘数

REITs股票价值是FFO与P/FFO的乘积。这里的P/FFO乘数相当于股票市盈率的概念，FFO也可以被视为每股收益。REITs每年的FFO都不同，而相对来说，P/FFO乘数则较稳定。当FFO发生变化时，会影响到P/FFO乘数的值，从而对股价的变动有放大效应。

(4)净资产价值(net asset value，NAV)

不同于会计记录的资产账面价值和企业破产清算时能在市场上出售的资产剩余价值，REITs的净资产价值是REITs所拥有和管理的物业的价值。由于REITs管理水平不同，同样的物业会有不同的增长潜力。将REITs拥有的物业的价值与管理质量乘数(management quality multiple，MQM)(反映物业增长的潜力和收益情况)相乘后所得的，就是REITs的净资产价值。净收益反映的是物业的市场价值和REITs管理层管理水平所能带来的盈利潜能，是影响投资者判断REITs未来收益持续增长能力的重要评价指标。

(5)置入成本(cost of procurement)

在管理水平相差无几的情况下，处于同一地段的两个市场价值相当而分属于不同的REITs管理下的物业所带来的经营收入和净收益很有可能不尽相同，这是由于物业的置入成本不同造成的。假设一个REITs在房地产市场最高峰的时期置入，另一个REITs在房地产市场最低迷的时期置入(置入成本可能是前者的2/3左右)，在经营收入和净收益相同的情况下，后者的净收入和净收益是前者的1.5倍。或者说，后者的单位价格资本(即单位价格物业)的净收入和净收益是前者的1.5倍。由此可见置入成本不同给REITs收益带来的影响。

(6)管理层的管理能力和水平

构成REITs收入中的租金收入、出售物业的利润和资本投资收益等无一不与经营管理者的管理水平、提供的服务和塑造的物业形象等密切相关。首先，优秀的REITs管理者要尽力将资金/物业的比例维持在一定水平。第一，资金/物业比例的大小能决定REITs支付的利息；第二，管理者要保持一定水平的现金收入，为在房地产市场低迷时期购入具有潜能的物业积蓄资金；第三，管理者要结合房地产市场发展的不同时期(高峰、调整和低迷时期),确定适宜的资金/物业比例,以保证REITs收益的最大化和现金调配的灵活性。

其次,REITs管理者要准确判断房地产市场的走势和现在所处的周期阶段,从而决定置入/卖出投资的关键时机,制定物业持有或变现的决策。

最后,一个理想的REITs管理者要尽力维持每年收益的稳定性,从而带动投资者的投资信心。如前所述,FFO的变化会影响价格/经营收入乘数,进而导致股价的放大性变动。由于投资者多是风险规避型的,价格/经营收入乘数更容易向下变化,而非向上变化,所以,保持收益的稳定性及价格/经营收入乘数的均衡水平对投资者的心理影响至关重要,对REITs的市场表现也很关键。

3. REITs的投资特性

(1)REITs与债券

债券是政府、企业等机构为直接向社会筹措资金而向投资者发行的、承诺按一定利率支付利息并按约定条件偿还本金的债权债务凭证。本质是债券的证明书,具有法律效力。

①投资资本的安全性比较

在投资资本的安全性方面,债券投资具有比REITs更大的优势。一方面,除非发行债券的企业或机构破产,债券在到期时必须偿还本金,即投资者至少能收回投资本金,而REITs的投资者则不可能得到这样的保障;另一方面,即使出现破产清算的情况,债券投资者也将得到优于REITs投资者的受偿,而REITs作为普通股,其受偿顺序为最后,投资资本的安全性差。因此,从投资资本的安全性来看,普通债券要优于REITs,适合稳健型的投资者选用。

②收益比较

从总收益的角度来看,在利率和市场行情不发生重大变化的情况下,债券的收益就是息票利率指向的收益值,其收益有基本的保障且与预期值相同,但没有增长的潜力;而REITs的基本收益率没有债券的息票利率高,但其总收益是分红加资本增长所带来的收益。总的来说,REITs的总收益水平远大于普通债券。

③通货膨胀对REITs及债券投资的影响

相对于REITs,债券是利率敏感性的资产,不能对通货膨胀进行任何补偿。具体说来,当通货膨胀率上升时,债券价值会降低很多,且离到期时间越长,其价值就下跌得越快。即使投资者持有债券到期末能收回原来的投资成本,但此时的货币已经贬值。与此相对的是,通货膨胀率的提高会使REITs名下拥有的物业增值,租金水平上升,直接促使REITs经营收入的增长,也就是说,REITs比债券有更强的抵御通货膨胀的能力，且其价值会随着时间的推移而增长。

当通货膨胀率降低时，市场利率也随之降低，企业的融资成本下降。已经发行了高于当时市场利率债券的某些企业，会选择提前回购债券，于是，投资者就被剥夺了未来获取高收益的权利。当然，在美国，政府长期债券在到期前不能提前购回，没有偿付风险，但其收益率较公司普通债券的平均息票率低 3 个百分点左右。与此相应的是，在通货膨胀率下降时，REITs 的股票价值会随之上升，从而保障其总体收益水平。

(2)REITs 与一般公司股票

股票是股份公司发给投资者用以证明其在公司的股东权利和投资入股份额，并据以获得股利收入的有价证券。股票的持有人是股东，在法律上拥有股份公司的一部分所有权，享有一定的经营管理权利与义务，同时承担公司的经营风险。根据股东享有权利的不同，公司股票可分为优先股和普通股。

①REITs 与优先股

优先股是公司在筹集资金时，给予投资者某些优先权的股票。这种优先权主要表现在两个方面：a. 优先股有固定的股息。不随公司业绩好坏而波动，并可以先于普通股股东领取股息；b. 当公司破产进行财产清算时，优先股股东对公司剩余财产有先于普通股股东的要求权。但优先股一般不参加公司的红利分配，持股人亦无表决权，不能参加公司的经营管理。

优先股与普通股相比较，虽然收益和决策参与权有限，但风险较小，是一种介于普通股股票和债券之间的投资工具。

美国上市公司的优先股的收益率在 19 世纪 30 年代末期比较可观，但因为优先股的收益率是事先确定的，其价值的增长潜能很小。一些国家的公司法规定，优先股只能在公司增募新股或清理债务等特殊情况下才能发行。美国的《REITs 法》规定：所有的 REITs 都没有优先股，只能是清一色的普通股。

②REITs 与普通股

普通股是指在公司的经营管理和盈利及财产的分配上享有普通权利的股份，是股票的基本形式，也是发行量最大、最重要的股票。

普通股股票持有者按其所持有股份比例享有以下权利：

a. 公司决策参与权。普通股股东有权参与股东大会，并有建议权、表决权和选举权，也可以委托他人行使其股东权利。

b. 利润分配权。普通股股东有权从公司利润中得到股息。普通股的股息不固定，由公司盈利状况及其分配政策决定。普通股股东必须在优先股股东取得固定股息之后才有权享受股息分配权。

c.优先认股权。如果公司因扩张而增发普通股股票时，现有普通股股东有权按其持股比例，以低于市价的某一特定价格优先购买一定数量的新发行股票，从而保持其对企业所有权的原有比例。

d.剩余资产分配权。公司破产或清算后的剩余资产，按先优先股股东、后普通股股东的顺序进行分配。

应该说，REITs也是一种在金融市场上流通的普通股。基于《REITs法》的管理规定，REITs与一般股票的不同点主要在两个方面：一是REITs公司必须把其95%以上的经营收入(资本收益不计在内)以红利的形式分配给投资者，REITs公司没有权利制定自己的分红比例，而是要服从法律的规定。这样，REITs公司要扩张发展时，所需资本就不能像别的公司那样以自己上一年的盈利为资本积累，必须得开拓新的资本渠道。二是由于REITs公司在经营层面无需纳税，能给投资者的投资带来更大的收益，因此，REITs是美国具有避税作用的最重要的投资工具之一。

(3)REITs与房地产直接投资

房地产直接投资就是直接投资于一定的房地产物业，自行经营或者委托专业人士进行经营。一般来说，优秀的直接投资的收益往往高于REITs的平均水平，但不是所有的投资者都能获得很好的收益，而且直接投资还面临很大的风险。

REITs与房地产直接投资的比较见表8-1。

表8-1　　REITs与房地产直接投资的比较

项目	投资类型	
	REITs	房地产直接投资
流动性	高度的流动性	流动性差；出售物业的难度大且交易成本很高；出售物业可能是变现的唯一途径
收益稳定性	受房地产总体市场的影响较小，波动性小	受房地产总体市场影响较大，价值和收益大起大落，也有可能有较高的收益，但收益不稳定
管理方式	由房地产专业人士管理；管理层在REITs中占有很大的股份，能有效防止管理层与股东之间的利益冲突；投资者能借助管理层开拓良好的融资渠道	投资者要自己介入房地产的具体业务；花费的时间和精力过大；聘请专业人员很容易造成管理层与股东之间的利益冲突及因委托产生的道德风险
物业与资产类型	物业类型多样化；物业所处地区多样化；资产多样化	受投资资本规模的限制，物业一般集中在一种或几种类型上；地区集中，资产单一
投资风险	能有效抵御市场变化和通货膨胀变化的风险；投资风险小	受各种变化的影响大；投资风险大

(4)REITs 与房地产上市公司股票

尽管同为房地产板块的股票，但因为《REITs 法》对红利分配和税收等方面有特殊规定，REITs 与房地产上市公司股票仍存在一些区别。

首先，REITs 的投资者可以分得占经营收入 95%的红利，远高于投资房地产上市公司股票的红利分配；但同时，房地产上市公司留存的收益和利润可以用来扩展公司的业务，其股票资本收益的增长也比 REITs 大。

其次，从公司规模上讲，大多数房地产公司都是地区性的企业，经营的物业类型比较单一，通常资本量小于 REITs 公司。由于投资规模的限制，房地产上市公司不能像 REITs 那样对资产进行足够的多样化，投资于房地产上市公司的风险介于直接投资与 REITs 之间。

第三，相比 REITs 的投资避税功能，投资房地产上市公司要交纳双重所得税(公司层面的所得税和个人所得税)。

最后，从收益和风险水平来看，一般来说，绩优股的房地产上市公司股票的收益要高于 REITs 的平均水平。但同时，房地产整个行业的波动性较大，决定了房地产上市公司易受经济周期影响，其股票收益波动和投资风险比较大。

因此，对于追求红利和收益稳定的投资者来说，REITs 是更好的选择；而追求高资本收益的投资者则会更关注房地产上市公司股票。

4.4.8　我国 REITs 的发展条件

1. 我国 REITs 的发展现状

REITs 是信托业的重要组成部分，在信托投资中所占的比重逐年上升，投资金额也不断增加。

(1)我国发行 REITs 的基本情况

2003 年后，房地产信托业务得到了快速发展，REITs 成为房地产开发企业融资的新渠道。2004 年，全国共发行各类房地产信托产品 89 个，占全年发行总量的 22.47%，共计发行金额 110.8 亿元，占全年发行金额总量的 29.18%。

从发行种类上看，贷款类房地产信托产品为 75 个，金额为 94.6577 亿元人民币；股权投资类房地产信托产品为 4 个，金额为 2.6 亿元人民币；受益权转让类房地产信托产品为 10 个，金额为 13.4999 亿元人民币。

(2)我国现行 REITs 的基本特点

我国 REITs 的发展带有明显的政策推动特性，因此市场中的 REITs 产品带有较强的目的性和趋同性。

①以融资为主要目的

目前我国的 REITs 产品大部分为资金信托，且信托机构对信托财产的运用也多是向房地产开发企业进行贷款融资。这种信托运作方式相对简单，信托收益来源是以贷款利息为基础、信托机构对其进行投资组合所获的增值收益。房地产开发企业通过以产权抵押作为担保，或者由其他企业提供连带担保来融得资金。

②高投资和高预期收益率

房地产行业较高的资金投入和管理法规中 200 份信托合同数量的限制共同决定了我国目前 REITs 产品的单笔发行金额高于其他类型的信托产品，如“世纪星城住宅项目股权投资信托计划”中规定单笔资金金额最低为 60 万元人民币。同时，目前房地产行业较高的平均收益率也使得 REITs 产品具有较高的预期收益率。虽然根据《中国人民银行关于信托投资公司资金信托有关问题的通知》中规定“在办理资金信托业务时，信托投资公司本身不得承诺任何明示或暗示性的保本保息条款，不得以支付信托赔偿金的方式变相保本保息”，但是在房地产行业目前的快速发展阶段，REITs 产品顺利维持了较高的预期收益率和实际收益率。

③广泛涉及各类房地产项目

目前我国 REITs 产品涉及范围较广，包括公共基础设施类、经济适用住房类和高档商品房类。其中公共基础设施类和经济适用住房类的建设可以得到地方政府的支持，相对应的 REITs 收益率无法和高档商品住房类 REITs 相比，但具有较高的安全性和较低的投资风险，而高档住房类 REITs 产品的收益保证主要依靠开发企业自身良好的信誉和雄厚的资金实力。

与美国 REITs 相比，我国 REITs 的差异主要集中在以下两个方面：

a. 避税功能

这是我国与美国 REITs 产品的最大区别。目前美国 REITs 一经认定则在公司层面和个人层面下具有双重避税的特性，可以说，美国 REITs 的发展直接受制于税法的影响，因为税法条款的变动将直接影响 REITs 对投资者的吸引力。

在我国，目前 REITs 产品主要强调其融资功能，即信托投资公司作为信托中介完成对房地产开发企业的融资功能，信托财产受益人必须缴纳个人所得税，且信托投资公司也必须承担公司所得税。虽然目前的高投资回报率维持了 REITs 对投资人的吸引力，但随着房地产市场的不断成熟和金融市场的完善，我国 REITs

要通过免税的特性来提高其吸引力。

b. 受益凭证的上市流通性

除免税特性之外，美国 REITs 对投资者的吸引之处就是 REITs 受益凭证的流通性和变现性强，能使投资者避免承担房地产较长建设周期对资金长时间占用所产生的风险。但我国《信托法》第 48 条规定“受益人的信托受益权可以依法转让和继承”，具体信托合同中往往要求受益人必须全部转让信托收益权，转让人与受益人须持身份证件到受托人处办理转让手续。与美国 REITs 相比，我国信托受益权只可在特定人之间流通，变现性较差且手续复杂，投资人需要承担较高的风险。

2. 我国 REITs 的法律环境

REITs 是按照信托制度设立的投资、融资手段，我国 REITs 的运作除了要符合《民法通则》《合同法》之外，更直接受《信托法》的调整；在具体实施细节上，主要受信托业监管部门中国人民银行发布的《信托投资公司资金管理办法》和《信托投资公司管理办法》指导。

但目前我国尚未针对 REITs 进行专门立法。上述法律法规实际只是投资信托公司开展 REITs 业务的框架性规定。由于信托业的快速发展，部分具体的操作性制度和细则与现实情况产生了矛盾，如关于信托合同数量不得超过 200 份和每份金额不得低于 5 万元的要求既限制了集合资金的数量，也使得投资门槛过高，限制了中小投资者的投资。

3. 我国发展 REITs 需要的条件

作为有效的投资手段之一，REITs 可以活跃和刺激金融市场，对我国房地产业乃至整个国民经济的发展都具有非常积极的意义。可以预计：REITs 是我国房地产金融市场发展的必然趋势。

我国应该综合借鉴美国和亚洲国家和地区的成功经验，同时结合实际，健全相关的制度环境、法律环境、市场机制，为 REITs 的顺利发展创造良好的条件。

(1)制度环境层面

REITs 的建立，必须有制度环境的支持，才能推动 REITs 的主管与相关部门修订相应的法律法规。在美国，REITs 是由于税法给予房地产开发商的减免税收而蓬勃发展的。政府实时对政策进行调整、补充，给 REITs 提供了良好的发展空间。可以看出，政策的支持是 REITs 发展的前提，我国政府应该积极完善与 REITs 有关的行政部门的构架，并出台一系列优惠政策，吸引投资者进入到 REITs 这一市场。

(2)法律环境层面

在政策的引导下,REITs 有了发展空间,但由于 REITs 是孕育于成熟的市场机制中的,只有具备了规范的市场运行机制和完善的法律、法规,才能确保这一金融工具发挥最大作用。在 REITs 业务实施的过程中,涉及大量不同的主体,例如受托人、基金管理者、物业管理者等,此外还需要诸如证券交易所、房地产估价师、会计师等的配合,与房地产相关的各种权利与义务也必须明确。因此,在我国迫切需要建立健全房地产方面、信托方面、证券方面、税收方面的法律等。

在房地产法律方面,首先必须明确实施房地产交易的产权归属问题。现行的法律对于房地产产权转让的一些规定比较模糊,影响 REITs 业务的顺利展开;其次,REITs 业务的主体较多,而先行的产权登记程序较为繁琐,因此简化登记程序、理清业务流程,可以使 REITs 的交易成本降低,并在一定程度提高办事效率;最后,由于 REITs 涉及将物业产权进行分拆,因此对于这类的产权处置也应作相应的补充。

在信托法律方面,必须在我国信托体制下对 REITs 有一个明确的定位。首先,必须对投资信托的概念做出合理的界定,美国等早期实行 REITs 的国家并不区分"投资信托"和"投资基金",只要按照《公司法》成立,同时在交易时符合《证券法》和《证券交易法》即可。但是在我国,投资信托的概念较为模糊,投资信托一般以私募形式出现,但是 REITs 却需要公募的支持,属于类投资基金的范畴,所以必须明确 REITs 的范畴,并为其建立相应的法律条款;其次,REITs 市场也需要信托类法律来规范,信托投资公司等与 REITs 有关的主体需要由相应部门来监管。日本在信托法律方面建立了《信托法》《信托业法》《证券投资信托法》等多种法律,我国可以此为参照,将信托、基金细化类别,使 REITs 有据可行。

在证券法律方面,REITs 进行资金募集的时候必须发行一定量的收益凭证,在 REITs 成熟的国家,该类别的收益凭证与股票、债券均属于证券的范畴,但是在我国,这类信托收益凭证被明文规定不属于证券的范畴,这就为 REITs 的归类增加了障碍,因此需要明确对 REITs 的归类,在相应的证券法律中进行描述,并相应规定其资金募集方式、业务流程、公司治理结构等。

其他类的法律是完善 REITs 法律体系的必要补充。例如,对于税收法律进行相应的调整,可以参照国外的做法,免交 REITs 公司的所得税,同时减免投资者的红利所得税等,从而激发和吸引更多投资者进入 REITs 市场,这对于有志发展 REITs 的我国来说意义重大。

(3)市场机制层面

REITs 涉及的市场主要有房地产市场和证券市场。从美国以及其他 REITs 成熟的国家来看,REITs 的市场机制完善程度主要体现在以下几个方面:首先,需要培育发达的市场经济,使 REITs 能在市场中自由交易,利用供给与需求双方的作用达到市场的稳定,最大限度地发挥价值规律作用,实现资源的最优配置。其次,实行政府调控、行业监管结合的机制,规范市场的运行。政府调控主要从法律政策的角度对 REITs 进行约束,证券等级评估机构、行业协会、证券交易委员会等监管机构,则需保证市场参与者的合法权益。

(4)市场参与者层面

REITs 的市场参与者主要包括三个方面:一是 REITs 的拥有者,即对 REITs 进行日常管理的人员;二是各类投资者,投资者根据各种信息将资金投资到合适的地方;三是完善市场配套的人员机构,包括会计师、律师以及投资监管机构等。首先,需要培养 REITs 专业人才,及时准确把握市场行情,提供投资建议并参与 REITs 的日常运作,此外,对其他相关配套人才如律师、会计师等专业人才也需要补充投资方面的知识,扩充知识架构。其次,必须吸引大量的机构投资者参与到 REITs 的发展中来。个人投资者由于资金额少,信息不对称等在市场处于劣势,同时众多单个投资者的小额投资也加大了证券市场的运行成本,因此需要机构投资者的关注与参与。在美国,REITs 吸引了大量的机构投资者,活跃了 REITs 市场。我国已经具备了培育机构投资者的条件,人寿保险基金、养老基金发展较为成熟,因此,在法律、金融等各项宏观条件都完备的情况下,我国的 REITs 应该吸收机构投资者,并使其长期投资,增加 REITs 的流动,减少风险。最后,对于 REITs 来说,信息透明化是保障投资者利益的前提,但是在我国,房地产业的不规范操作行为大量存在,造成会计财务披露不及时,并有虚报等现象存在,从国外的 REITs 市场看,信息越公开,其市场越发达。因此必须尽可能减少市场参与者的信息不对称,在信息公开的情况下促进 REITs 的良性发展。

(5)类似产品的试点

尽管近来业界对早日发行 REITs 的呼声很大,但就目前的情况看,短期内的条件并不具备。当前推行 REITs 的较为稳妥和可行的方法是首先推动房地产产业投资基金的问世,为 REITs 的发展创造条件。在此基础上,伴随房地产产业投资基金的发展过程,在若干方面逐步向 REITs 靠拢,如进行房地产产业投资基金公募发行试点、房地产产业投资基金上市流通试点、资产运营型房地产产业投资基金试点等，待“准 REITs”和“类 REITs”在此过程中完善后，修订相关的法律制度，最终出台 REITs 管理法律，推出真正意义上的 REITs。

思考题

1. 简述房地产信托的含义及其特征。
2. 简述房地产信托资金的运用方式。
3. 简述房地产投资信托基金与房地产投资基金的区别。
4. 结合实际说明我国 REITs 发展的条件和现状。

第5章

房地产开发贷款

5.1 房地产企业以及房地产开发贷款概述

房地产企业贷款是指对有关房地产企业的贷款，是房地产贷款中与个人贷款相对的业务种类。

5.1.1 房地产贷款与房地产企业贷款

各国和各银行对房地产贷款的分类有不同的标准。根据美国联邦存款保险公司的分类方式，银行贷款按照贷款的目的可分为7类：房地产贷款、金融机构贷款、农业贷款、商业和工业贷款、个人贷款、杂项贷款、应收账款融资租赁。其中，房地产贷款是指以房地产作为抵押的贷款。从贷款期限来看，房地产贷款包括用于各类房地产开发的短期贷款及对购买农场、房屋、公寓、商用建筑和国外不动产的企业、个人提供的长期贷款。基于贷款期限不同的美国房地产贷款分类如图5-1所示。

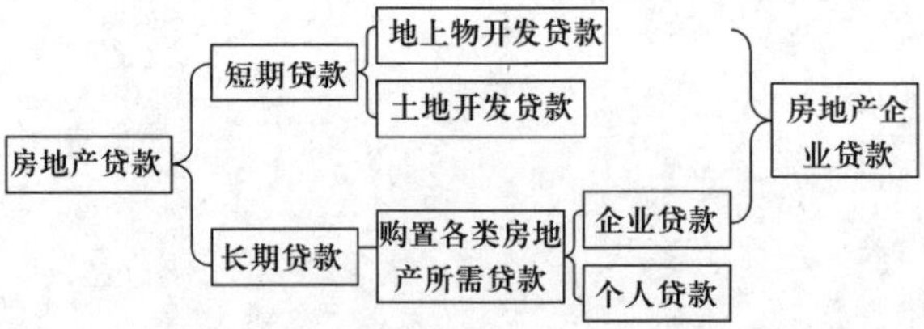

图5-1　基于贷款期限不同的美国房地产贷款分类

台湾地区的银行如房地产业务量较大的台湾土地银行，把房地产贷款分为土地贷款、建筑业贷款和住宅贷款，前两者主要针对房地产企业。其中土地贷款包括购买工业用地及购建厂房的贷款、市地改良贷款；建筑业贷款则可分为建筑业预售房屋履约保证贷款、兴建住房贷款等；住宅贷款则分为一般住宅贷款和政策性住宅贷款。台湾地区的房地产贷款分类如图5-2所示。

在我国内地，房地产贷款包括对企业的贷款和对个人的贷款两类。其中企业贷款主要是指对各类与房地产业有关的企业发放的贷款（如开发企业贷款、建筑施工企业贷款）及对一般企业在购买、建造房地产时发放的贷款。对个人的贷款主要指用于个人房地产投资与消费的贷款，如包括个人购房贷款、个人住房装修贷款、个人建房贷款、个人住房改造贷款、个人商用房贷款等。

- 房地产贷款
  - 土地贷款（房地产企业贷款）
    - 购买工业用地贷款
    - 购建厂房的贷款
    - 市地改良贷款
  - 建筑业贷款（房地产企业贷款）
    - 预售房屋履约保证贷款
    - 兴建住房贷款
    - ……
  - 住宅贷款
    - 一般住宅贷款
    - 政策性住宅贷款

图 5-2 台湾地区的房地产贷款分类

我国内地房地产贷款的分类如图 5-3 所示。

- 房地产贷款
  - 房地产企业贷款
    - 一般企业用于购买建造房地产的贷款
    - 与房地产业有关的企业贷款
      - 房地产开发企业贷款
      - 建筑施工企业贷款
  - 个人消费贷款
    - 非住房消费贷款
    - 住房消费贷款
      - 住房信用贷款
      - 住房担保贷款
        - 住房抵押贷款
        - 住房质押贷款
        - 住房保证贷款

图 5-3 我国内地房地产贷款的分类

5.1.2 我国房地产企业贷款的主要种类及其特点

目前,我国的房地产企业贷款主要有如下几种。

1. 房地产开发贷款

房地产开发贷款是银行支持城镇综合开发和经济开发区建设的贷款,是融通地产资金的重要形式。地产开发是城市建设的基础工作,是国家财政收入的重要来源。地产开发贷款就是为满足土地开发而提供给地产开发企业的资金。这项贷款,一般用于土地开发成本所占用的资金,包括土地补偿费、青苗补偿费、安置补助费、新菜地开发建设基金、耕地占有税、拆迁补偿费和“三通一平”或“五通一平”费等。

2. 房地产开发企业流动资金贷款

此项贷款是指银行对经营房地产的企业所发放的用于流动资金的贷款。主要用于垫付城镇开发或旧城改造项目所需的生产性流动资金。这项贷款不能用于开发企业自身固定资产的投资,也不能作为开发项目的投资性贷款。其具体用途有:

(1)房地产开发前期各项工程必需的占用资金,主要有工程总体规划设计费、可行性研究费、水文地质勘察测绘费等。

(2)基础设施建设所需占用的资金。主要包括道路、供水、供气、供电、排水、通信、照明、绿化和环境卫生建设费等。

(3)建筑安装工程所需占用的资金,即各种用于将要出售的房屋或其他建筑物所占用的资金。

(4)公共设施配置工程所需占用资金,包括各种直接摊入出售房产价格中的附属建筑物建设所需资金,其中包括建造居民委员会、派出所、幼儿园、托儿所、消防设施、锅炉房、配电房、塔、自行车停车棚和公共厕所等用房的建筑费用。

3. 商品房建设贷款

商品房建设贷款是指银行为推进城市建设综合开发和住房商品化而发放的专项贷款。商品房建设贷款的重点是住房建设、旧城改造及其他商品房项目。

商品房建设贷款按照开发内容的不同,主要分为以下两种类型:

(1)住房开发贷款,是指银行向房地产开发企业发放的用于开发建造向市场销售住房的贷款。

(2)商业用房开发贷款,是指银行向房地产开发企业发放的用于建造商业用房而非家庭居住用房的贷款。

4. 房产经营贷款

房产经营贷款是指对从事房屋租赁、房产交易、房屋维修和装饰以及其他服务性活动的独立经营、自负盈亏的房产经营企业发放的经营性贷款。房产经营贷款的具体对象有:房产经营公司、房屋维修公司、房屋装饰公司、房产信托公司等。

房产经营贷款主要用于房屋出租、房屋修缮、房屋装饰、房产交易所需资金。

房产经营贷款的种类有:对房产企业发放的经营性流动资金贷款;对经营企业发放的经租房产大修理资金贷款;对经营企业发放的经租房更新改造资金的专项贷款。

5. 建筑贷款

建筑贷款是指银行对建筑企业在兴建楼宇过程中遇到资金不足时发放的贷款。建筑贷款的特点是:

(1)贷款占全部建筑费用的比例(即贷款比例)较高。

(2)建筑贷款拨付方式由银行按建筑进度分期拨交贷款。

6. 商品房建筑材料、设备补偿贸易贷款

补偿贸易是指一方向另一方提供购置机器、设备、技术等所需资金,另一方在企业组织生产后以产品或商定的其他产品来偿还资金的一种易物贸易。商品房建筑材料、设备补偿贸易贷款，是银行对商品房开发经营企业用于建筑材料、设备补偿贸易发放的贷款。此项贷款期限一般为 1～2 年，最长为 3 年，按国家流动资金贷款利率计息。

7. 房地产贴息贷款

房地产贴息贷款是指由国家下达规定贷款额度，由银行来发放，但其利息由国家财政补贴的房地产贷款支付。它体现了国家对有关单位房地产业的支持和政策性照顾。其发放对象是机关和事业单位。其使用范围一般为城市文化设施和公用福利性设施，如图书馆、电影院、体育馆、学校教学楼、机关行政办公楼等。

房地产贴息贷款发放的期限一般为 1～3 年。贴息贷款分全贴息和半贴息两类。全贴息是指国家承担借款单位应付的全部利息；半贴息是指由国家承担借款单位应付利息的一半。

与其他工商企业贷款相比，房地产企业贷款具有如下特点：

(1)贷款数额较大，贷款期限较长。

(2)贷款状况受经济发展周期影响的程度较大。在经济蓬勃发展时期，房地产市场需求旺盛，企业有较好的现金流和盈利，还款能力强；而在经济衰退时期，房地产价格低迷，企业还款能力就受到限制。

(3)房地产企业贷款一般要以不动产作抵押，以抵御贷款风险。

(4)相对于其他贷款，银行会更谨慎地挑选贷款申请者，要求更高的贷款利率，并需要有第三方对项目进行评估，以保证工程完工后的价值足以抵偿贷款。

(5)地域限制风险较大。房地产的不可移动性决定了房地产市场的区域性。房地产市场状况、房地产的具体区位对房地产价格影响很大。

5.1.3　房地产开发贷款的种类及特点

1. 房地产开发贷款的种类

房地产开发贷款可分为房地产开发企业流动资金贷款、房地产开发贷款。

(1)房地产开发企业流动资金贷款

房地产开发企业流动资金贷款，是银行向为社会提供房地产产品的房地产开发企业发放的用于生产周转的流动资金贷款。凡经主权机关批准经营城镇土地开发及商品房建设的企业，拥有一定的自有资金，独立承担民事责任，具有健全的管理机构和财务管理机制，经主管机关核准登记，取得了法人资格并按规定办理年检手续，均可向银行申请房地产开发企业流动资金贷款。这种贷款为短期贷款。

房地产开发企业流动资金贷款主要用于垫付城市综合开发、商品房开发、土地旧城改造等项目所需的生产性流动资金。房地产开发企业开发经营周转资金不足的部分，可向银行申请贷款。

房地产开发企业流动资金贷款属于垫支性的生产资金，一般用于以下四个方面：

①开发前期所需占用的资金，包括总体规划设计费，可行性研究费，水文、地质勘察测绘费等；

②土地开发和基础设施建设所占用的资金，包括土地补偿费，青苗补偿费，安置补助费，拆迁补偿费和道路、供水、供气、供电、排水、通讯、照明灯建设资金；

③建筑安装工程所需占用资金；

④公共设施配套工程所需占用资金，包括各种生活小区、公共设施、直接摊入商品房价格中的配套工程等。

(2)房地产开发贷款

房地产开发贷款是银行向房地产企业开发的房地产项目发放的贷款。由于房地产开发项目开发期长，相应占用资金时间也长，因此这类贷款属于中长期贷款。

房地产开发贷款用于开发项目的土地使用及拆迁补偿、前期工程、基础设施建设、房屋建筑安装以及公共配套设施等发生的费用支出。

2. 房地产开发贷款的特点

(1)按项目贷款

房地产开发类贷款一般是企业按开发项目申请贷款，银行按该项目的生产期及其资金占用量核定贷款额度，只能用于规定的工程项目，企业不能自行将贷款转移到其他开发项目中使用。

(2)贷款额度大

房地产属于不动产，规划许可、土地征用、拆迁补偿、市政配套、施工建设等开发过程复杂，开发成本高，单位价值较大，这就决定了房地产项目开发需投入大量资金。由于企业和个人自有资金有限，故银行贷款额度相对较大。

(3)贷款占用时间长

房地产的生产经营活动具有生产环节多、建设周期长、室外作业受季节影响等特点。房地产开发产品的生产，涉及土地征用、前期开发、工程建设、设备配置等各复杂环节，因此房地产在生产建设阶段资金周转速度慢；在经营销售阶段，资金是分期分批回收的，其速度也较慢，这都决定了其占用贷款的时间较长。

(4)贷款风险较大

由于房地产开发、销售易受经济、政治等诸多因素的影响,而房地产开发贷款的偿还也主要来源于项目的租赁收入或销售收入,当宏观经济形势或市场环境有较大变动时,往往造成贷款难以收回。

5.2　房地产开发贷款的基本程序

5.2.1　房地产开发企业申请贷款的目的

筹集资金和运用资金是每一个企业家的必修课程。房地产投资由于资金需求量巨大,资金占用时间长,客观上要求房地产企业广开筹资渠道。因此,房地产投资企业的资金筹措和资金管理工作异常复杂。其中资金组合或者说资金结构是企业财务管理的核心问题。追求最优资金结构是财务管理的一个重要目的。这当中确定合理的负债比率又是一个关键性的问题。

企业负债的一个根本出发点在于利用财务杠杆(leverage),提高企业权益资本利润率。在力学上,"杠杆作用"是指通过某一个支点,以一个较小的作用力移动一个较大的物体。在财务上"杠杆作用"则是指通过改变负债比率这一"支点",以较小的权益资本去投资较大的项目,从而达到提高权益资本利润率的目的。这就是通常所谓的负债经营。现在我们用一些简单的例子来说明财务杠杆的作用。

假定某一投资者拥有 10 万元股本。现在他找到一个投资项目,预计该项目投资收益率为 12%。如果他不进行任何融资,那么股本资本的利润率也就是 12%。现在假定他能够以 10%的利率借入 10 万元,与原始股本一并投资,收益水平仍是 12%,那么,由于财务杠杆的作用,10 万元原始股本的净收益达到 1.4 万元,即收益率为 14%。这里融资比率为 1∶1,实际上融资比率可以是 1∶2、1∶3 或任何其他比率。为了说明问题,现在假定融资比率达到 1∶4,借款人以 10%的利率借入 40 万元,而总投资收益水平仍然为 12%,那么实际净收益将达到 2 万元,与原始股本相比,实际收益率将达到 20%。可见,只要融资成本低于项目预期收益率,融资比率越高,股本资本收益率就越大,财务杠杆的作用就越明显。也正是因为如此,几乎所有的房地产企业都强烈追求高比率融资。

然而在高比率融资过程中,财务杠杆有时也会起负面作用,譬如,原始股本仍然为 10 万元,融资比率为 1∶50,即借入资金 500 万元,利率仍为 10%。如果由于宏观经济衰退或经营上的某些原因，投资实际收益率只有 9%。根据上述计算方法，510 万元总投资的毛收入为 45.9 万元，而借入资金成本却高达 50 万元，所以这笔投资将导致 4.1 万元的净亏损。

从上述分析，我们发现财务杠杆既能起正的作用，提高企业权益资本的收益率，也能起负的作用，有时甚至导致企业亏损破产。因此房地产企业在财务管理方面应该根据项目的实际情况和宏观经济、金融背景，优化资金结构，充分发挥财务杠杆的作用，提高权益资本的收益率。由于房地产企业发行股票和吸收投资的方式与其他类型的企业没有多大的差异，所以这些内容本书不拟讨论。

5.2.2 银行向房地产开发企业发放贷款的一般程序

由于银行用于发放上述各种贷款的资金绝大多数来源于银行对存款人的负债，为了保证银行的经营业绩，维护社会稳定，无论是各国政府、中央银行还是贷款银行本身都对企业的贷款非常谨慎，形成了一整套严格的程序和制度。具体可以包括如下几个步骤：

第一步，企业向银行提出贷款的申请。内容包括贷款方式、贷款用途、金额、使用期限、还款方式等。目前由于我国总体上仍然是资金短缺，资金市场仍然是一个卖方市场，所以主要还是企业向银行递交申请。而在许多西方国家，由于资金市场情况的变化，许多银行已不再坐等企业上门，而是主动出击，为资金寻找出路。

第二步，银行对企业进行贷款前的审查。在接到企业的贷款申请之后，银行不仅要研究项目本身的可行性，还要调查开发企业经营管理状况和资信等，以此作为决定是否贷款和贷多少的依据。银行对贷款项目的评估与企业本身作的项目可行性研究在方法上大致相同，不同之处在于企业更关心的是项目的盈利能力，而银行更关心的是企业的偿债能力。银行考核企业可以采用《巴塞尔协议》规定的 12 个指标，即流动比率、速动比率、现金比率、应收账款周转率、存货周转率、固定资产利用率、资产负债率、负债净值率、销售收益率、净资产收益率、价格收益率、市价比率。

同时，由于我国国家银行在金融体系中占据主导地位，银行在对项目可行性进行评估时比较强调项目的计划性和政策性。譬如，要考虑项目是否被列入当年的投资计划，是否符合当前的产业发展战略等。又比如，1995 年，为了控制高档房地产开发项目，政府曾经下文指出："对批准开工的项目，自筹资金要与银行贷款同步到位；自筹资金不落实的，银行不发放贷款"。在对项目的可行性进行评估之后，银行紧接着就是要对企业的资信进行调查，包括企业的沿革，企业经营者状况，企业与股东关系、劳资关系，与协作企业的关系，企业的竞争能力，损益状况，财务状况，企业的经营计划，收支预测与偿债能力等。

第三步，贷款的审批。这是在贷款的审查报告基础上，银行管理层对借款人、贷款金额、期限、利率、贷款项目本身情况、风险情况、偿债能力、担保人的审查情况和抵押物的审查情况等内容进行重新确认，并按有关程序签订贷款合同的过程。银行对各类贷款实行集体审批体制。具体可以采用逐级审批（信贷员、信贷负责人、行长或主任三级审批）和会议审批两种形式。

第四步，贷款的检查。贷款发放之后，为了保证贷款质量，及时回收贷款本息，银行要对贷款的使用进行跟踪、监督。首先是要检查贷款的使用情况，包括贷款的使用是否与贷款合同相符；贷款企业的财务状况是否良好，偿债能力是否充足；贷款企业将如何安排还款等等。其次是要检查借款企业的基本情况，如企业是否准时向银行递交报表和其他文件；是否按期支付利息；内外部环境是否正常；是否面临一些不利的突发事件等等。如果在检查中发现一些问题，银行应认真分析问题的根源，与借款企业认真磋商，帮助企业解决问题，必要时银行甚至应该参与企业的经营决策。

从上述的贷款程序中，我们不难发现，企业获得银行贷款的关键，一个是贷款项目一定要可行，另一个就是贷款企业的资信要好。资信好的企业不仅容易获得贷款，而且贷款利率也比较低，所以大多数好的企业都非常重视维护企业本身的信誉。同时，为了顺利获得银行贷款，企业家还要重视金融知识，谙熟金融市场，要密切注意银行贷款方式的发展变化和整个金融形势的调整，从而能够保证企业以最低的成本获得最多的贷款。

5.2.3　房地产开发类贷款的申请

1. 贷款对象

房地产开发类贷款是指用于房屋建造、土地开发过程中所需建设资金的贷款。包括房地产开发贷款和房地产开发企业流动资金贷款。

房地产开发类贷款的对象是经工商行政管理机关（或主管机关）核准登记的地产开发企业和利用单位自有土地建设经济适用住房的企（事）业法人。

2. 申请贷款的条件

借款人申请房地产开发类贷款应具备以下条件：

(1)具有独立的法人资格;

(2)实行独立核算,有健全的管理机构和经营管理制度,财务状况良好;

(3)信用良好,具有按期偿还贷款本息的意愿和能力;

(4)按规定办理各类证件的年检手续,并持有中国人民银行颁发的年审合格的《贷款卡》或《贷款证》;

(5)在贷款银行开立基本结算账户或一般存款账户,办理全部或部分结算业务;

(6)借款人为房地产开发企业,应具有建设行政主管部门核准的房地产开发企业资质证书;

(7)开发项目经过可行性论证,符合当地房地产市场需求,销售前景良好;

(8)开发项目已纳入国家或地方房地产开发建设计划,有关文件完整、真实、有效,能够进行实质性开发建设;

(9)借款人对外的股本权益性投资总额不超过其资产净值的50%;

(10)借款人投入贷款项目的自有资金不少于总投资的35%;

(11)有贷款银行认可的足值有效的抵(质)押物或具有符合条件的第三方保证人提供贷款担保;

(12)贷款银行规定的其他条件。

3. 借款人应报送的主要材料

银行在受理房地产开发类贷款申请时,要求借款人必须提供下列材料:

(1)借款申请报告,有限责任公司和股份有限公司应同时出具董事会借款决议;

(2)企(事)业法人营业执照、法人代码证;

(3)法定代表人或其授权代理人的证明文件;

(4)公司或单位简介,有限责任公司、股份有限公司、合资合作企业必须提供公司成立批文、合同、公司章程;

(5)财政部门或会计(审计)事务所核准或年审通过的申请借款前三个年度的(主要包括资产负债表、损益表及财务情况说明书)和上一个月的会计报表;

(6)税务部门核准的税务登记证及上年度利税清算表;

(7)所有开户银行名称及存、贷款余额情况;

(8)中国人民银行颁发的《贷款卡》或《贷款证》;

(9)自有资金落实的证明文件、资料;

(10)房地产开发企业的资质证明;

(11)申请贷款项目的有关材料，主要包括项目建议书、可行性研究报告及项目年度投资计划、扩充设计以及批准文件；《建设用地规划许可证》《建设工程规划许可证》《拆迁许可证》《建设工程开工证》；

(12)担保人出具的担保意向书，有限责任公司、股份有限公司、合资合作企业需由董事会出具担保意向书；

(13)担保人的与以上第(1)、(3)、(4)、(5)、(6)、(7)、(8)项内容相同的有关文件；

(14)抵(质)押物权属证明及有处分权人同意抵(质)押的书面文件，单位为有限责任公司、股份有限公司、合资合作企业的，须经董事会决议通过；

(15)贷款行要求提供的其他文件资料。

5.2.4　房地产开发类贷款的审批与发放

1. 审批原则

房地产开发类贷款实行审贷分离制度，审批管理坚持严谨、科学、高效的原则，信贷经营部门负责开拓市场、发展客户、受理贷款申请、调查评估、信贷发放与回收等前台业务，不参加贷款的审批决策；信贷审批部门专职负责贷款审批、督促贷款相关条件落实等后台业务。

2. 审批程序

房地产开发类贷款实行分级审批管理。贷款额度在信贷授权以内的，信贷业务由受理行审批；超越授权权限的信贷业务，报上一级行审批。

3. 审批方式

贷款一般通过贷款审批人全体会议的方式进行审批。特殊情况下也可采取文件会签的形式进行审批。

4. 贷款发放

根据最终审批意见，落实有关条件，按照规定签订合同后，方可发放贷款。

5.2.5　房地产开发类贷款的回收与展期

1. 贷款回收

房地产开发贷款回收包括贷款本金回收和贷款利息回收，借款人应按借款合同约定的还款计划、还款方式偿还贷款本息。

2. 贷款展期

借款人因故不能按期归还贷款，需要银行给予原借款一定宽限期时，可以进行展期申请。房地产开发类贷款展期期限不得超过原贷款期限的一半；展期利率按展期贷款期限加上原贷款期限所达到的利率档次计算；每笔贷款只能办理一次展期。

5.2.6 经济适用住房(国家安居工程)贷款

为推进住房制度改革，加快城镇住房商品化和社会化进程，建立新的城镇供应体系，解决城镇中低收入家庭的住房问题，国家在1995年开始实施安居工程建设。随着经济适用房建设逐渐替代了原来的国家安居工程建设，1998年起，银行承办的安居工程贷款也演变为经济适用住房贷款。

经济适用住房贷款是指银行运用信贷资金向开发经济适用住房项目的房地产开发企业或单位发放的房地产开发贷款。

经济适用住房贷款的特定要求：

1. 贷款对象

经济适用住房贷款对象必须是取得房地产开发资质的企业建设经济适用房的独立法人。

2. 贷款担保

经济适用住房贷款一律实行抵押担保方式。开发建设单位可以其有效资产进行抵押，也可以自有资金占总投资30%以上的在建工程进行抵押。

3. 贷款期限和利率

贷款期限由借贷双方根据经济适用房的建设周期协商确定，最长不超过3年。贷款利率按中国人民银行规定的同期同档次法定利率执行，不上浮。

4. 贷款条件

主要包括：

(1)项目已纳入国家建设性计划和信贷指导性计划；

(2)已取得建设用地或所需建设用地已纳入年度土地供应计划，且手续齐备；

(3)借款人投入建设项目的自筹资金不低于规定的比例，并在贷款使用前投入项目建设。

5.3　房地产开发贷款的主要风险及其防范

5.3.1　房地产开发贷款的主要风险

房地产贷款风险是指房地产贷款不能按时、足额(包括本金和利息)收回的可能性。其中，轻者是延期但可以足额收回，重者是俗话所讲的"血本无归"，中间状况是现在通常所讲的形成"不良资产"。房地产贷款主要面临下列风险。

1. 违约风险

房地产贷款中，贷款人因借款人违约而面临的风险称为违约风险。借款人违约是指借款人终止对贷款的偿还，并已达到或超过规定的期限。借款人违约有被迫违约和理性违约。被迫违约是指由于借款人支付能力不足而无法如期偿还贷款所造成的违约。理性违约是指借款人从自身利益出发，出于经济理性而采取放弃还款责任的违约。如在房地产市场价格下跌到一定程度时，借款人继续履行借款合同所带来的损失可能大于其违约所带来的损失，此时借款人就可能采取违约行为。在现实中还可能由于借款人信用等原因不按期偿还贷款所出现的违约。

2. 抵押房地产价值风险

如果房地产估价人员由于理论水平、实践经验、职业道德、疏忽或过失等方面原因，在设定抵押时将房地产价值评估过高，会给抵押权人带来风险。另外，即使在设定抵押时的价值评估是客观合理的，但如果未来的经济不景气、房地产市场萧条，抵押房地产的价值可能下跌。此外，如果抵押房地产被人为损坏，其价值也会下跌。如果下跌后的抵押房地产的价值不足以清偿剩余贷款的本利和，则贷款人就可能遭受损失。

3. 利率风险

对于固定利率的贷款来说，由于贷款利率在整个贷款期间不随市场利率的变化而改变，贷款人承担了全部的利率风险。如果在贷款期间市场利率下跌，借款人有可能选择以当前市场上较低的利率重新借款并提前偿还原来的贷款。这样，贷款人就有可能遭受利息收入的损失。而对于浮动利率的贷款来说，如果在贷款期间市场利率上升，借款人有可能因还款负担的加重而造成违约风险。

4. 流动风险

房地产开发抵押贷款一般为中长期贷款，抵押贷款债权流动性较差，相对于短期贷款具有较大的风险性，因此，客观上就要求有健全的风险转换机制作保障。如果担保制度、保险制度及房地产抵押贷款二级市场不完善，贷款人就难以转移这种风险。

5. 欺诈风险

欺诈风险主要是指借款人采取捏造事实、隐瞒真相或其他不正当手段，骗取超过其偿还能力的贷款；或者采取隐瞒的手段将房地产多次重复抵押，使累计贷款金额超过房地产的价值；或者共有的房地产未经其他共有人书面同意，抵押人采取欺诈手段将共有的房地产抵押。这些可能使贷款人受骗，从而可能出现风险。

6. 不可抗力风险

在抵押贷款期间，由于战争等不可抗力导致抵押房地产灭失或贷款无法收回，从而出现不可抗力风险。

5.3.2 房地产开发贷款风险管理

目前房地产开发以银行借贷融资为主，自有资金和其他融资所占份额少，据统计显示，我国房地产开发商通过各种渠道获得的银行资金占其资产的比率在70%以上。房地产开发贷款风险大，商业银行对房地产开发贷款进行严格管理，提高商业银行房地产开发贷款的风险管理能力，对降低贷款风险是非常重要的，房地产开发贷款风险控制和风险管理的主要措施包括以下三个方面。

1. 严格贷款审查

严格贷款审查又主要包括以下三个方面。

(1)商业银行应对申请贷款的房地产开发企业进行深入调查审核：包括企业的性质、股东构成、资质信用等级等基本背景，近三年的经营管理、财务状况和开发项目情况，以往的开发经验和开发项目情况，与关联企业的业务往来等。对资质较差或以往开发经验较差的房地产开发企业，贷款应审慎发放；对经营管理存在问题、不具备相应资金实力或有不良经营记录的，贷款发放应严格限制；对于依据项目而成立的房地产开发公司，应根据其自身特点对其业务范围、经营管理和财务状况、股东及关联公司的上述情况以及彼此间的法律关系等进行深入调查审核。

(2)商业银行对未取得国有土地使用证、建设用地规划许可证、建设工程规划许可证、建筑工程施工许可证的项目不得发放任何形式的贷款。

(3)商业银行对申请贷款的房地产开发企业,应要求其开发项目资本金比例不低于 35%;商业银行应严格落实房地产开发企业贷款的担保,确保担保真实、合法、有效。

2. 严格贷款项目审批机制

严格贷款项目审批机制主要包括以下三个方面:

(1)商业银行应根据房地产贷款的专业化分工,按照申请的受理、审核、审批、贷后管理等环节分别制定各自的职业道德标准和行为规范,明确相应的权责和考核标准。

(2)商业银行在办理房地产开发贷款时,应建立严格的贷款项目审批机制,对贷款项目进行尽职调查,以确保该项目符合国家房地产发展总体方向,有效满足当地城市规划和房地产市场的需求,确认该项目的合法性、合规性、可行性。

(3)商业银行选择房地产估价机构进行抵押评估时,应着重于其企业资质、业内声誉和业务操作程序等方面的考核,择优选用,并签订责任条款,对于因房地产估价机构的原因造成的银行业务损失应有明确的赔偿措施。

3. 贷后管理

贷后管理主要包括以下四个方面:

(1)商业银行应逐笔登记房地产开发贷款详细情况,以确保该信息可以准确录入银行监管部门及其他相关部门的统计或信贷登记咨询系统,以利于各商业银行之间,商业银行与社会征信机构之间的信息沟通,使各行充分了解借款人的整体情况。

(2)商业银行应建立完备的贷款使用监控机制。在房地产开发企业的自有资金得到落实后,可根据项目的进度和进展状况,分期发放贷款,并对其资金使用情况进行监控,防止贷款挪作他用。同时,积极采取措施应对项目开发过程中出现的项目自身的变化、房地产开发企业的变化、建筑施工企业的变化等,及时发现并制止违规使用贷款情况。商业银行应严密监控建筑施工企业流动资金贷款使用情况,防止用流动资金贷款为房地产开发项目垫资。

(3)商业银行应对有逾期未还款或有欠息现象的房地产开发企业销售款进行监控,特别是要加强对商品房预售资金的监管,建立项目预售资金专户,防止将销售款挪作他用。

(4)商业银行应密切关注国家政策及市场的变化对房地产开发项目的影响,利用市场风险预警预报机制、区域市场分类的指标体系,建立针对市场风险程度和风险类型的阶段监测方案，并积极采取措施化解因此产生的各种风险。

5.4 房地产开发贷款项目评估

5.4.1 房地产开发项目贷款及评估含义

1. 房地产开发项目贷款

房地产开发项目贷款是指银行向房地产开发商或者相关企业所发放的贷款。房地产开发项目贷款的目的是实现商品房的开发和销售，这些贷款一般属于项目贷款，个别流动资金贷款也是服务于项目开发的。这是房地产贷款中最主要的业务种类之一。房地产开发项目贷款主要是用于支持房地产开发企业从事住房开发、商用房开发、房地产土地开发和配套设施建设的资金需要。因此房地产开发项目贷款可分为以下几种：

(1)住房开发贷款是指银行向房地产开发企业发放的用于开发建造向市场销售住房的贷款。

(2)商用房开发贷款是指银行向房地产开发企业发放的用于开发建造向市场销售，主要用于商业行为而非家庭居住用房的贷款。

(3)其他房地产开发贷款是指除住房、商用房开发贷款以外的土地开发和楼宇装饰、修缮等房地产贷款。

2. 房地产开发项目评估

对于“评估”这个词，历来有各种各样的定义，有人把评估定义为“既是一门艺术，也是一门科学。它是在某一特定时刻权衡物业的所有特征，同时还考虑市场基本经济要素，包括投资的选择性质，为了某一特定目的而对所涉及的物业进行的价值估算。”

一般来说，评估的数学过程通常非常简捷。评估可被简单地定义为“是一种用数学形式来表达观点的艺术，它能在某一特定时刻对所涉及的特定物业给出数值解”。通过研究影响有关物业权益的各种因素及物业状况，建立一套评估观点并将这些观点渗透到数学体系中去，就可建立起一整套处理实际问题的评估体系。

项目评估是来自国外的术语，其原始含义就是项目的审查。在国外，项目评估一般属于银行审查贷款项目的专用名词，有的叫项目审查，也有的叫项目评价。项目评估作为抉择项目的一种方法，是 20 世纪 70 年代末期伴随可行性研究引进到我国的。在我国，项目评估已超越了银行专用的狭义范围，成为投资项目决策的必经程序。

项目评估是指在项目可行性研究的基础上，从企业和国家全局的角度，对拟定项目进行全面的技术经济论证和评价，从而确定项目未来发展的前景。这种论证和评价从正反两个方面提出意见，为决策者选择项目及实施方案提供多方面的建议，并力求客观地、准确地将与项目执行有关的资料（包括市场、技术、财务、经济、社会等方面的基本数据资料）汇集报告给决策者，使其能够在全面而深入了解和掌握项目有关情况的条件下，实事求是地作出正确的决策。同时，也为投资项目的执行、监督、反核算奠定良好的基础。

房地产开发贷款项目评估是指银行或其他有关部门在可行性研究的基础上，从贷款人的角度，根据贷款效益性、安全性和流动性的要求，运用定量和定性分析相结合的方法，在商品房开发贷款决策前期工作中对借款人和拟开发项目的盈利水平、偿债能力、建设条件、市场环境及各种不确定因素所作的全面、系统的评估，对开发项目进行比较全面、客观、公正的经济技术论证，并提出贷与不贷、贷多贷少的意见。

对于房地产开发企业来说，影响其借款偿还能力的因素主要是房地产开发项目的效益。因此，对房地产开发项目的效益评价是贷款银行所最为关注的。效益评价可由财务效益评价和国民经济效益评价两方面的若干具体内容组成，下节将着重通过房地产开发项目的财务效益评价（即财务评价），对房地产开发项目评估应用进行研究。

5.4.2　房地产开发贷款项目评估的目的

项目评估工作在我国的引进和使用，充分显示出其在项目管理中的作用。通常房地产开发贷款的项目评估是由银行来执行的，从银行实践及信贷资金运动客观要求来看，银行开展贷款项目评估工作主要基于以下几个目的。

1. 提高银行投资收益，保证信贷资金的安全和有效运转

项目评估是银行投资过程中一项很重要的工作。银行发放贷款是以贷款的流动性、安全性和效益性为前提的。要想实现这三性，就必须做好项目评估。银行一旦对某个项目进行了投资（贷款），信贷资金就与项目建设联系在了一起，银行对信贷资金由直接支配转为间接管理，这就预示着银行的信贷资金处在了一定的风险状态。一个项目建设涉及很多方面和因素，尽管项目建设单位为了项目建设预期收益，进行了大量的可行性研究，但由于其具有局限性，考察和论证的要素不可能全面详尽，难免受到短期行为和局部利益的驱使，企盼得到银行最大可能的投资，而人为地避开一些不利因素。银行一旦投资，企业就得到了对信贷资金使用的主动权，银行则完全处于一种被动状态，为了实现三性，银行不仅要考虑项目的经济效益，还要考虑其社会综合效益和自身的长远利益，在项目评估中要从银行和整个国民经济的立场出发，对项目的可行性研究报告进行综合分析评估，对项目提出肯定或否定、接受或不接受、修改或不修改的建议，使拟建中的项目更趋于合理化，降低风险，提高盈利性。

2. 是避免或减少投资决策失误的关键环节，并为投资决策提供咨询

项目投资的主体企业，尽管要对拟建的项目进行必要详细的可行性研究，但其考虑最多的还是将来项目建成投产后能否给自身带来最大限度的经济效益。从一般意义讲，企业追求项目的经济效益是与项目的社会效益相一致的，但在实际中，也有不少项目投资的社会效益并不好，甚至社会效益极低，更值得注意的是个别企业为了增加从银行得到的最大贷款保险系数，达到早投产、快投产的目的，很可能在提供的可行性报告中淡化一些不利因素，夸大有利因素。银行作为项目的投资者，既要考虑投资的自身收益，又要考虑项目本身的经济效益和社会效益，因为后两项效益是银行投资收益的可靠保证。又因为房地产开发项目具有周期长、投资大、风险率高等特点，因此，银行进行项目评估时分析论证的因素要全面系统，不仅要对企业的可行性研究报告进行审评，而且还要对项目进行综合、周密和科学的论证和估算，以避免和减少项目投资决策失误，降低投资风险。

3. 调节和优化投资结构，使信贷资金的分配使用趋于合理化

作为国家宏观经济调控部门之一的国有商业银行可以有效地调节和优化投资结构，合理分配使用信贷资金，以适应市场变化，符合国家的有关产业政策。银行通过项目评估掌握了大量的投资项目，就能够有目的、有选择地从中挑选出好的项目进行投资，从而达到调节和优化投资结构，合理分配使用资金的目的。

4. 通过项目评估，银行能更好地管理和监督项目投产进程，达到预期收益

一般地讲，一个项目通过银行必要的评估，进行了投资，是能够产生预期效益的。但是在市场经济中，各种各样的因素变幻莫测，难免产生各种问题，因此，银行对投资项目的建设过程进行管理和监督是非常必要的。如果对项目投资之前没有进行评估或只是简单地进行评估，那么，在管理和监督过程中就会显得十分被动，甚至起不到多大的作用。只有经过详细、切实的项目评估，才能掌握大量丰富的第一手资料和真实的数据，也才能有针对性地进行管理和监督项目的建设过程。

5.4.3　房地产开发贷款项目评估的内容和方法

1. 借款人评价

(1)借款人概况

调查借款人历史沿革、隶属关系、组织形式、产权结构、资质等级、信用等级、经营范围和规模;分析主营业务发展状况、经营业绩及其在同业中的竞争地位;对借款人资格、改制情况、对外投资及诉讼等重要事项要作重要调查分析。

(2)经营者素质评价

调查法定代表人及其领导班子成员的经历、业绩、信誉、品德和能力,评价其经营管理水平。

(3)经济技术实力评价

调查、了解借款人资产规模、人员构成、职工素质、技术装备、在建工程总量及建设情况、近 3 年已完工开发项目的建设、销售和运营等业绩情况。

(4)资产负债分析

调查借款人近 3 年总资产、总负债、所有者权益、流动资产、短期负债、长期负债总规模及其构成的增减变动情况,分析其增减变化的原因;调查、了解应收账款构成、清收及沉欠等情况,分析其变化的原因。

(5)盈利能力分析

了解借款人近 3 年经营收入、经营成本、经营税金及附加、财务费用、经营利润等的增减变动情况,计算经营利润率、资产利润率和开发成本利润率等指标,评价其盈利能力。

(6)现金流量分析

分析借款人近 3 年现金流入和流出的构成及增减变动趋势,借款人现金流入及流出的主要业务活动,衡量其偿债能力和支付能力。

(7)信用状况评价

调查借款人基本账户、信用等级、还本付息等信息,评价其存量贷款的风险状况,计算存贷比率和销售款归行率,并对借款人的商业信用及与银行的合作状况作出说明。

(8)发展前景评价

调查借款人业务发展方向、中长期发展规划及其采取的措施,评价其发展前景。

2. 项目建设条件评价

(1)项目建设的必要性评价

调查项目提出的背景，综合分析项目所在地区有关商品房开发的政策环境、发展规划和重点发展对象，调查项目建设的目的及社会效益，评价项目建设的必要性。

调查项目的性质、特点、地理位置、小区的规划环境、占地面积、建筑总面积、容积率、绿化率等技术经济指标；调查项目的动迁安置计划和规划设计方案。

(2)项目实施进程评价

了解项目从立项、可行性研究、下达规划任务、征地拆迁、委托规划设计、取得开工许可证直至完成开工前准备等工作的进程情况；分析说明项目开、竣工时间及其进度安排，工程的配套建设计划等情况。对已开工项目要分析形象进度、投资完成及各项资金到位情况；对投资项目要说明设计变更、概算调整等文件的批复情况。

(3)项目建设条件评价

分析项目建设中建筑材料的需要量、采购方式、供应计划以及施工期间动力、水等条件的保障程度；分析项目建成后水、电、热力、煤气、交通、通信等条件的落实情况。

(4)设计单位资质评价

调查、了解设计单位的资格和能力。

(5)施工组织评价

调查施工单位和监理单位资质等级和能力，了解其有无不良记录及调查项目招投标内容、步骤和开标、评标方式是否符合有关部门规定。

(6)环境保护评价

调查项目的主要污染源和污染物以及开发项目可能引起的周围生态环境变化，了解环境保护措施和方案及其批复情况。

3. 市场评估

由于市场的不确定性较大，所以市场分析与市场定位是房地产开发项目信贷评估分析的关键。一般来说，应该考虑的主要内容有：

(1)市场供求状况及其发展趋势分析

了解国家宏观经济政策和产业政策导向；调查当地经济发展水平和房地产市场发育程度；根据项目类型和特点分析当地与评估项目相关的商品房市场供需状况及价格水平；分析价格、居民收入、消费偏好、相关产品价格、未来预期及经济政策等因素对商品房市场的影响。通过对这些因素的分析和预测，判断所评估项目的市场发展趋势。

(2)市场竞争能力分析

调查评估项目的工程质量、价格、地段、户型、功能、居住环境、配套设施、营销策略和物业管理等方面的同业竞争能力。

(3)市场前景预测

根据所评估项目的市场发展趋势及竞争能力分析，预测其租售计划和租售价格，评估实现租售计划的风险状况。

银行在贷款评估时进行的市场分析与房地产开发企业在项目筹划时进行的市场分析并不完全一致。首先，二者的实施时间不同，前者通常是在项目已经开始运作后进行，而后者是在可行性研究阶段进行，即金融机构在评估时可以掌握更多的实际情况，如通过预售或预租情况预测项目的市场前景，使其结论更接近项目实际的市场表现。其次，二者的研究角度不同，对价格，银行主要考虑盈利因素，不但要关心预期价格的可实现性，而且要估计自己可接受的波动范围，而开发企业在价格方面的定价策略，不仅要考虑盈利因素，还需要考虑怎样通过制定合理价格提高竞争优势、增强企业实力和信誉等，银行与开发企业在分析价格对项目的影响时，其侧重点是不同的。目前，许多银行已经联合专业咨询机构或科研机构对贷款项目进行市场分析。这些专业机构拥有大量统计信息资料和专业分析能力，有助于银行从宏观上了解市场，通过对所评估项目进行横向和纵向的比较分析，增加评估的客观性和科学性。

4. 投资估算和筹资评价

(1)项目总投资估算。项目总投资包括土地费用、前期工程费、房屋开发费、其他费用、管理费用、销售费用、财务费用、不可预见费和税费。土地费用、前期工程费、房屋开发费、其他费用、不可预见费和税费构成项目的开发成本，销售费用和财务费用构成企业的期间费用，企业所属内部独立核算单位及开发现场为开发房地产而发生的各项间接费用应计入项目开发成本，行政管理部门发生的各项费用计入期间费用，如无法区分则一并计入项目开发成本。

(2)投资估算的评价。审查项目投资费用构成是否齐全，有无漏项；审查取费标准和依据是否合理；分析有无任意扩大或压低投资等情况。

(3)投资来源及筹资评价。了解项目投资来源构成和筹资方案，审查各项资金来源和出资方式是否合法、合规和可行，分析其落实的可能性。审查自有资金比例是否符合规定。

(4)项目投资计划评价。评价开发项目分年度投资计划的可行性。

(5)根据投资估算、投资来源及分年度投资计划,编制"项目投资来源及支出预测表"。

5.项目财务评价

(1)项目财务效益预测

根据市场评估预测的分年度租售计划和租售价格预测年租售现金收入,计算各年销售收入。根据国家和地方现行的财税制度及房地产企业会计的有关规定,按比例结转开发产品至经营成本,计算经营税金及附加、销售费用、管理费用、财务费用、所得税等项目,编制"项目损益及利润分配预测表"。

(2)项目财务现金流量分析

根据项目投资来源与支出、租售收入计划以及损益预测等情况,编制"项目财务现金流量表",计算财务内部收益率、投资回收期、财务净现值等指标。

(3)资金来源与运用分析

编制项目计算期内"资金来源与运用表",确定各年可还款资金来源。

(4)项目偿债能力评估

根据可还贷资金来源和还款方式,编制"项目借款偿还预测表"。按合同规定还款的,计算各年偿债保证比和综合偿债保证比;没有预先规定的,按最大能力还款,预测项目借款偿还期。

(5)项目敏感性分析

计算分析建造成本、建设周期、租售价格和租售量的变动对项目内部收益率、偿还期和偿债保证比的影响程度,确定敏感因素。计算盈亏临界状态时的项目产品租售价格和租售量。

6.贷款风险分析

(1)定量分析与定性分析

测算贷款风险度,填制"项目贷款风险度测算表"。综合分析借款人在落实建设条件、资金筹措、租售价格、其他开发产品积压、汇率、管理体制、经济政策等方面面临的风险,分析这些风险因素出现的可能性以及对贷款的影响程度,提出相应的避险措施。

(2)贷款担保评价

对借款人提出的贷款担保方式意向进行初步调查,评价其可行性。

7.项目总评价与评估报告的编写

总结上述评估内容,提出建议和意见,得出项目评估结论,编制项目评估报告。

(1)总体要求:编写评估报告应实事求是,客观公正,报告要求有事实、有数据、有分析、有结论,分析要突出重点,文字要简明扼要,条理清楚。

(2)格式要求:封面以“贷款评估报告”为标题,并注明借款人名称、项目名称、评估组织单位和时间。正文一般包括概要、借款人评价、项目建设条件评价、市场评估、投资估算与筹资评价、偿债能力评价和贷款分析几部分。

(3)评估报告附表主要包括评估主要结论报告表、投资来源及支出预测表、项目损益及利润分配预测表、项目财务现金流量表、资金来源与运用表、项目借款偿还预测表、项目贷款风险度测算表、借款人损益及利润分配预测表、借款人资产负债预测表、借款人现金流量预测表、借款人长期负债偿还预测表。

5.4.4　项目评估程序

投资额不同,涉及面不同,因而对其进行评估的程序也不完全一致。就一般项目而言,其评估的程序大致如下:

1. 准备和组织

对拟建项目进行评估,首先要确定评估人员,成立评估小组。评估小组的人才结构要合理,一般可包括财务人员、市场分析人员、技术工程人员、土木工程人员和其他辅助人员。组成评估小组以后,组织评估人员对可行性研究报告进行审查和分析,并提出审查意见,要求每个评估人员都要了解项目的全貌,根据各自的分工,各有侧重。如经济评价人员侧重审查可行性研究报告中的经济部分,专业技术工程人员主要审查可行性研究报告中的建设条件和技术部分。最后,综合各评估人员的审查意见,并编写评估报告提纲。

2. 分析和编写

根据评估报告的内容,由评估小组负责人作明确的分工,各自分头工作,包括数据调查、估算、分析以及指标的计算等。

数据调查和分析重点在于对可行性研究的审查所提出的问题,评估人员可以与编制可行性研究报告的单位交换意见,也可以与建设单位或其主管部门交换意见,还可以对其他有关部门进行充分的了解。在对收集到的资料进行整理以后,进行审核和分析,在基本掌握所需要的数据以后即进入评估报告的编写阶段。

报告的编写要求各个评估人员进行很好的衔接,因为评估报告的内容都是有联系的。一般来讲,先有项目和(或)企业的概况分析、市场分析、建设条件和技术评估;然后再进行有关财务数据的估算,再就是计算有关经济评价指标,进行财务评价和不确定性分析;最后是总评估,包括问题和建议。

分析和论证不是一次完成的,可能要经过多次反复才能完成,特别是对一些大型项目或数据不易取得的项目。这一阶段是项目评估的关键,一定要充分掌握数据,并力争数据的准确和客观,计算指标的方法一定要科学合理,不能随心所欲,并且,根据不同项目的特点要选用有侧重点的方法和指标体系。

3. 论证和修改

编写完项目评估报告的初稿以后,首先要由评估小组成员进行分析和论证,形式是:由各成员介绍各自负责的部分,大家一起讨论,提出修改意见。对于评估报告,要注意前后的一致性,提出的每一个问题,要有充分的依据。根据所提意见进行修改以后方能定稿,作为向领导和决策部门汇报的文件和决策的依据,报送有关部门。

5.5 房地产开发贷款项目评估中的财务评价

5.5.1 房地产开发贷款项目财务评价的含义、意义

房地产开发贷款项目评估中的财务评价(下称财务评价)是项目评价的重要组成部分,它是依据国家现行财税制度、现行价格和有关法规,鉴定、分析房地产开发项目可行性研究报告提出的投资、成本、收入、税金和利润等,从项目(企业)角度,考察项目建成投产后的盈利能力、清偿能力和资金平衡能力等财务状况,据此评价和判断项目财务可行性的一种经济评价方法。项目财务评价的意义主要体现在以下几方面:

1. 衡量项目的财务盈利能力

企业是一个独立核算、自负盈亏的经济实体。企业是独立的经济法人,建设项目要逐步做到首先明确投资责任主体,即先有法人主体,后定项目。企业法人要对建设项目的筹划、筹资、建设直至生产经营、归还贷款和债券本息以及资产的保值、增值,实行全过程负责,承担投资风险。除需要国家安排资金和外部条件需要统筹安排的,应按规定报批外,凡符合国家产业政策,由企业投资的竞争性项目,即投资收益比较高、市场调节比较灵敏、具有竞争能力的项目,其可行性研究报告和初步

设计均由企业法人自行决策。因决策失误或管理不善造成企业法人无力偿还债务的，银行有权依据合同取得抵押资产或由担保人负责偿还债务。因此，企业经营者和所有者对项目盈利水平如何，能否达到国家规定的基准收益率或企业目标收益率；项目清偿能力如何，是否低于国家规定的基准回收期；能否按银行要求的期限偿还贷款等等十分关心。此外，国家和地方各级决策部门、财务部门和贷款部门（如银行）对此也非常关心。为了全面准确地把握项目的财务盈利能力，保证其财务可行性，进行项目盈利能力分析是十分重要的。

2. 用于筹措资金

建设项目的实施需要多少投资（固定资产投资和流动资金投资），这些资金的可能来源、恰当的用款计划的安排和适宜的筹资方案的选择都是财务评价要解决的问题。为了保证项目所需资金按时提供（资金到位），项目经营者、投资者（国家、地方、企业和其他投资者）和贷款部门也都要知道拟建项目的投资金额，并据此安排投资计划或国家预算。

3. 权衡非盈利项目或微利项目的财政补贴及经济优惠措施或其他弥补亏损的措施

对于一些非盈利项目或微利项目，如基础性项目，在经过有关部门批准的情况下，才可以实行还本付息价格或微利价格，但这类项目为了权衡项目在多大程度上要由国家或地方财政给予必要的支持，例如，进行政策性的补贴或实行减免税等经济优惠措施，或者其他弥补亏损的措施，也同样需要进行财务计算和评价。基础性项目主要是指建设周期长、投资大而收益较低，需要政府扶持的基础设施和一部分基础工业项目，以及自觉增强国力的符合经济规模的支柱产业项目。这类项目大部分属于政策性投融资范围，主要由政府通过经济实体进行投资，并吸引地方、企业参与投资，有的也可吸引外商直接投资。这类项目的投融资既要注重社会效益，也要遵循市场规律，讲求经济效益。

4. 外商投资项目尤其需要作财务评价

中外合资项目的盈利能力直接涉及中外各方合营者的财务利益，对外方合营者来说，项目的决策将以项目的财务可行性为依据，对中方合营者来说，财务评价和国民经济评价都是项目决策的依据。

5. 一般工业项目，在财务评价的基础上进行国民经济评价甚为方便

国民经济效益分析及其所用的基本报表在形式上与财务效益分析极其类似，二者都是试图判别一个项目的费用和效益，并以此计算其盈利能力。多数工业建设项目在财务计算的基础上，对其费用和效益范围、价格、汇率、折现率等进行适当的调整，进而进行国民经济评价。通过两种评价，两种分析，可以进一步选取两种评价均为可行的方案。

5.5.2 财务评价的作用及在银行贷款决策中的重要性

1. 财务评价的作用

财务评价的主要作用是能对项目的盈利能力、清偿能力和资金平衡能力进行衡量。

(1)衡量项目的盈利能力

盈利能力是反映项目财务效益的主要标志。在财务评价中，应当考察拟建项目建成投产后是否能盈利，盈利能力有多大，盈利能力是否足以使项目可行。项目的盈利主要是指建成投产后所产生的利润和税金等。

(2)衡量项目的清偿能力

拟建项目的清偿能力包括两个层次：一是指项目的财务清偿能力，即项目收回全部投资的能力，明智的投资者总是希望能在最短的时间内收回全部投资；二是指债务清偿能力，主要是指项目偿还建设投资借款和清偿债务的能力。通过清偿能力分析，提供贷款的金融机构不但能考察项目是否具有债务清偿能力，还能考察投资借款的偿还期限是否符合有关规定，项目是否具备所要求的清偿债务的能力。

(3)衡量项目的资金平衡能力

作为房地产项目开发经营的必要条件，各期累计盈余资金不应出现负值(即资金缺口)。如果出现资金缺口，应采取适当的措施(如短期贷款等)予以解决。通过财务评价中的资金平衡分析，主要能考察房地产项目开发经营期间的资金平衡状况。

2. 财务评价在银行贷款决策中的重要性

财务评价是项目投资和贷款决策的直接依据，是进一步开展项目宏观效益评估的重要基础。银行只有准确地把握项目的大方向，判断项目的经济效益，明确项目的清偿能力、盈利能力以及贷款的风险大小程度，才能决定是否给予该项目贷款支持，做出正确的贷款决策。如果银行在财务评价环节出现偏差或疏漏，将直接导致投资(贷款)决策的失误，影响贷款资金的安全性和效益性，增加投资风险，使银行完全陷入一种被动状态，无法实现预期的投资收益，甚至危害社会综合效益。

5.5.3　财务评价的基本程序

1. 收集、整理和计算有关基础财务数据资料

收集、整理和计算有关基础财务数据资料，包括对项目总投资、资金筹措方案、产品成本费用、销售收入、税后利润以及其他与项目有关的财务数据进行分析、鉴定和评估。首先是对可行性研究报告提出的数据进行分析审查，然后与评估人员所掌握的信息资料进行对比分析。若有必要可重新进行估算。

2. 编制、评价基本财务报表

基本财务报表是根据财务数据填列的，也是计算反映项目盈利能力、清偿能力和资金平衡能力的技术经济指标的基础，所以，在分析和估算财务数据之后，需要对基本财务报表进行分析和评估，主要是对现金流量表、损益表、资金来源与运用表、资产负债表及财务外汇平衡表等进行分析和评价。一是要审查基本报表的格式是否符合规范要求；二是要审查所填列的数据是否准确。如果格式不符合要求或者数据不准确，则要重新编制表格，填列评估人员所估算的财务数据。

3. 财务效益指标的计算与评价

财务效益指标包括反映项目盈利能力的指标和反映项目清偿能力的指标。反映项目财务盈利能力的指标包括静态指标（投资利润率、投资利税率、资本金利润率和净利润率等）、动态指标（财务内部收益率、财务净现值等）；反映项目清偿能力的指标包括投资回收期、借款偿还期、资产负债率、流动比率和速动比率。对财务效益指标进行分析和评估，一是要审查计算方法是否正确；二是要审查计算结果是否准确。如果计算方法不正确或者计算结果有误差，则需要重新计算。

4. 进行不确定性分析

不确定性分析包括盈亏平衡分析、敏感性分析和概率分析三种方法，主要分析项目适应市场变化的能力和抗风险能力。

5. 提出财务评价结论

以上述确定性和不确定性分析的结果，作为投资项目财务上可行与否的最终结论，将计算出的有关指标值与国家有关部门公布的基准值（若有的话），或与经验标准、历史标准、目标标准等加以比较，并从财务的角度提出项目可行与否的结论。

5.5.4 财务评价的方法

1. 财务效益指标的运用

财务评价主要是通过计算项目的财务效益指标对项目进行定量评判。常用的财务效益指标有财务净现值 $FNPV$、财务内部收益率 $FIRR$、贷款偿还期 N 和投资利润率，银行不但要计算项目的指标值，还要对指标值进行敏感性分析。

(1)财务净现值

它是指根据现值分析原理，按照一定的折现率，将项目计算期各年所得到的归项目投资者所有的净收益值，折算成项目建设初期的价值。计算和分析财务收益净现值，是揭示项目的动态盈利能力的一种方法。财务净现值一般通过编制现金流量表求得，见表 5 1。

表 5-1 现金流量表

项目/年度(季度)	第一年度(季度)	第二年度(季度)	第三年度(季度)	第四年度(季度)	第五年度(季度)	第六年度(季度)
一、现金流入 1. 预售收入 2. 经营收入 3. 出租收入 4. 其他						
二、现金流出 1. 建设期开发成本 2. 经营期经营成本 3. 销售费用 4. 管理费用 5. 所得税 6. 其他						
三、净现金流量 1. 累计净现金流量 2. 财务净现值(折现系数)						

财务净现值的计算公式是：$FNPV=\sum_{t=0}^{n}(CI_t-CO_t)\times\frac{1}{(1+i)^t}$

公式中 CI_t 表示项目寿命期内各年的企业财务现金流入量，CO_t 表示项目寿命期内各年的企业财务现金流出量，$\frac{1}{(1+i)^t}$表示折现系数，i 表示折现率。

贷款项目的财务净现值的经济意义是：财务净现值等于零时，表明项目的获利率等于所选定的折现率，即与贷款项目的最低获利要求相符；财务净现值大于零时，表明项目的获利率高于所选定的折现率，即高于贷款项目的最低获利要求；财务净现值小于零时，表明项目的获利率低于折现率，即低于贷款项目的最低要求。一般来说，财务净现值大于或等于零的项目在财务上往往被认为是可行的。

在计算分析项目财务净现值时，关键是如何合理确定项目的建设期。根据项目的性质和项目的经营形式：如果项目的性质是住宅，那么项目的经营期比较短；如果项目的性质是写字楼或商住楼，而且是以销售为主，那么项目的经营期一般确定在 3～8 年；如果是租售结合的，那么经营期一般确定在 8～15 年。总地说来，除建设期应根据实际确定外，经营期有 15 年已经足够了。

(2)财务内部收益率

它是指项目建设经营期内各年净现金流量的累计净现值等于零时的折现率，是反映项目投资获利能力的重要动态评价指标。财务内部收益率的经济意义在于，能够把项目的财务收益与总资金额联系起来，据以判别项目可以承担支付的最大资金成本率。或者说，通过财务内部收益率的高低判别项目盈利的大小。判别财务内部收益率是否可行的标准是企业财务的折现率，即项目的综合资金成本率加上一定的风险系数后的财务折现率。具体地说，银行在进行项目的经济效益评估时，当项目的财务内部收益率大于或等于项目的综合资金成本率并加上一定的风险系数时，才可以考虑对项目给予支持。

财务内部收益率的数学表达式为：

$$\sum_{t=0}^{n}[(CI_p - CO_p)\times(1+FIRR_p)^{-t}] = 0$$

上式中，CI_p 表示企业财务现金流入量，CO_p 表示企业财务现金流出量，$FIRR_p$ 表示财务内部收益率。

由于财务净现值的计算结果是绝对值，不宜进行横向比较，所以财务内部收益率被更多地使用。如果财务内部收益率低于基准收益率，一般不能获得贷款，因为基准收益率是项目所应达到的最低收益率，是投入资金的最低期望收益率，通常由国家计划部门确定。由于在贷款发放过程中银行也承担了相应的风险，所以银行会根据自身需要对其进行调整。

(3)贷款偿还期

项目清偿能力的评价主要有两个指标：一个是贷款回收期，一个是投资回收期。贷款回收期主要是评价项目偿还银行借款的能力，投资回收期是评价项目回收全部投资的能力。贷款回收期是指金融机构根据预计的项目投资现金流计算的借款人能够承受的合理还款期限和年还款额度。贷款偿还期越长，金融机构所承担的借款人违约风险就越大，对房地产开发企业获得贷款的影响也就越大。

(4)投资利润率

它是评估企业财务效益的静态指标。它是指项目建成后，商品房的销售和出租达到计划的销售率和出租率时年平均税后利润总额与项目总投资的比率。其公式为：

$$投资利润率=\frac{年平均税后利润总额}{项目总投资}\times 100\%$$

投资利润率指标反映了项目全部投资的获利能力，投资利润率高，表示投资效果好而风险小，债务清偿能力强。

2. 项目的不确定性分析

项目的不确定性分析是以计算和分析各种不确定因素的变化对投资项目经济效益的影响程度为目标的一种经济分析方法。可进行不确定性分析的因素主要有：租售价格、销售进度、出租率、开发周期、项目总投资、土地费用、建安工程费、融资比例、融资成本等。由于投资项目和项目评估工作本身都存在着不确定性，而不确定因素的存在会给项目的实施带来风险，因此在对项目进行经济评价时不仅要在已有数据的基础上按正常情况(即确定条件下)计算项目经济评价指标，还应该估计到出现不确定因素后将会给项目投资效益带来的不利后果，据以评价项目抵抗风险的能力。只有在考虑了各种易发生的不确定因素的不良影响后，项目有关的经济评价指标仍然不低于基准值，经济上才是可行的。

项目评估中的不确定性分析的基本方法包括盈亏平衡分析、敏感性分析和概率分析。盈亏平衡分析只用于财务评价，敏感性分析和概率分析可同时用于财务评价和国民经济评价。

(1)盈亏平衡分析

盈亏平衡分析，又称临界点分析，是通过计算盈亏平衡点(BEP)处的产量或生产能力利用率，分析拟建项目成本与收益的平衡关系，判断拟建项目适应市场变化的能力和风险大小的一种分析方法。盈亏平衡点通常是根据正常生产年份的产品产量或销售量、变动成本、固定成本、产品销售收入和销售税金及附加等数据计算出来的，用生产能力利用率或产量等表示。

盈亏平衡分析是测算一个或多个不确定性因素变化时，房地产项目达到允许的最低经济效益时的极限值，并以不确定性因素的临界值组合显示项目的风险程度。不确定性因素临界值的分析计算可以用列表或图解的方法。通常可进行临界值分析计算的因素有：

①最低售价和最低销售量、最低租金和最低出租率。售价和销售量是房地产项目重要的不确定性因素，能否在预定的价格下销售出预想的数量，通常是房地产项目成败的关键。最低售价是指房地产产品售价下降到预定可接受的最低盈利水平时的价格，售价低于这一价格时，项目盈利水平将不能满足预定的要求。最低销售量是指在预定的房地产产品售价下，要达到预定的最低盈利水平所必须达到的销售量。最低售价与预测售价之间的差距越大，最低销售量与房地产产品商品量之间的差距越大，说明房地产项目抗市场风险的能力越强。房地产产品以出租为主时，可相应地进行最低租金和最低出租率的分析。

②最高土地取得价格。土地费用是影响房地产项目营利性的重要因素，也是重要的不确定性因素。最高土地取得价格是指在房地产项目销售额和其费用不变的条件下，保持预期收益水平所能承受的最高土地费用。当土地费用超过这一价格时，项目将无法获得足够的收益。最高土地取得价格与实际估测的土地价格之间差距越大，最高土地取得价格越高，房地产项目承受土地使用权价格风险的能力就越强。

③最高工程费用。最高工程费用是指在预定销售额下，满足预期的项目收益要求所能承受的最高工程费用。当土地开发工程量不大时，最高工程费用是指最高建筑安装工程费用。最高工程费用与预测的可能工程费用之间差距越大，说明房地产项目承受工程费用增加风险的能力越强。

(2)敏感性分析

敏感性分析是通过预计房地产项目不确定性因素发生的变化，分析对项目经济效益产生的影响；通过计算这些因素的影响程度，判断房地产项目经济效益对于各个影响因素的敏感性，并从中找出对于房地产项目经济效益影响较大的不确定性因素。

房地产项目敏感性分析主要包括以下几个步骤：

①确定用于敏感性分析的经济评价指标。通常采用的指标为内部收益率，必要时也可选用其他经济指标。在具体选定评价指标时，应考虑分析的目的，显示的直观性、敏感性以及计算的复杂程度。

②确定不确定性因素可能的变动范围。

③计算不确定性因素变动时，评价指标的相应变动值。

④通过评价指标的变动情况，作出进一步的分析。

进行房地产项目敏感性分析时，可以用列表的方法表示由不确定性因素的相对变动引起的评价指标相对变动幅度，也可以采用敏感性分析图对多个不确定性因素进行比较。

(3)概率分析

概率分析是使用概率研究预测不确定性因素对房地产项目经济效益影响的一种定量分析方法，通过分析不确定性因素的变化情况和发生的概率，计算在不同概率条件下房地产项目的经济评价指标，说明房地产项目在特定收益状态下的风险程度。

概率分析的一般步骤为：

①列出需要进行概率分析的不确定性因素。

②选择概率分析使用的经济评价指标。

③分析确定每个不确定性因素发生的概率。

④计算在给定的概率条件下经济评价指标的累计概率，并确定达到临界值的概率。

思考题

1. 简述房地产开发贷款的种类及特点。
2. 简述房地产开发贷款的申请条件、申请程序以及主要风险和防范。
3. 简述房地产开发贷款项目评估的内容和方法。
4. 财务评价的方法有哪些，如何进行房地产项目敏感性分析？

案例分析

某商品房开发项目开发贷款分析

某信用等级为AA级的房地产开发企业现有一个限价商品房开发项目，该项目正在建设中，预计需要资金2亿元人民币，企业现有资金7500万元人民币，尚需资金12500万元人民币，企业想用一幢写字楼向银行申请抵押贷款。经审查该抵押物符合相关法律规定，可以设定抵押权，房地产价格评估机构评估的抵押价值为1.2亿元人民币。根据该银行最高贷款价值比率的规定(贷款金额不得超过抵押房地产价值的70%)只能贷给企业8400万元人民币，企业所需其余资金为同业间的借款。

银行根据该项目建设文件、市场和产品分析以及财务评价的结果(略)，确定该项目风险等级为A级。经过银行和房地产相关部门的审查，签订了房地产开发项目借款合同和抵押合同。借款合同的主要条款为：贷款金额为8400万元，贷款期限为2年，贷款的年利率为6.75%，且在整个贷款期限内固定不变，还款方式为按季度等额本息支付。

该企业和银行在办理贷款时应考虑如下问题：

1.贷款的程序

①开发项目贷款受理；②开发项目贷款调查；③开发项目贷款担保；④开发项目审查与审批；⑤开发项目贷后管理。

2.企业申请抵押贷款时需向银行提供的资料

(1)单位资料

①贷款申请报告；②营业执照(副本及复印件)和年检证明，房地产开发企业开发经营资质证书；③企业法人组织机构代码证书(副本及复印件)；④税务部门年检合格的税务登记证明和近两年企业纳税证明资料复印件；⑤基本账户开户许可证；⑥企业章程；⑦验资报告；⑧法定代表人身份证明及其必要的个人信息，公司主要领导人简历及工作人员文化结构等清单；⑨近三年经审计的资产负债表、利润表、业主权益变动表以及销量情况，本年度及最近月份存借款及对外担保情况；⑩贷款卡复印件；⑪董事会成员和主要负责人、财务负责人名单和签字样本等。

(2)项目相关资料

①可行性研究报告及项目预算报告；②项目立项批文复印件及环评报告书；③四证——《国有土地使用证》《建设用地规划许可证》《建设工程规划许可证》《建筑工程施工许可证》复印件；④商品房预售许可证复印件、土地出让合同及规划红线图、地价款缴纳凭证复印件。

(3)抵押贷款资料

①抵押物清单、估价报告；②同意抵押承诺书；③抵押物为现房的应提交房地产权证。

(注：所有复印件一式三份均加盖公章。)

3.银行确定该项目贷款额度的方法

写字楼抵押价值是该写字楼在委托估价时的市场公开价值扣除法定优先受偿后的余额。估价机构确定为1.2亿元人民币，银行规定贷款金额不得超过抵押房地产价值的70%。

贷款额度为：1.2亿元×70%=8400万元

4.该企业贷款综合风险度

贷款综合风险度＝50％×100％×120％×60％＝36％

银行可以发放贷款(未超过60％)。

5.该企业每季度应偿还银行贷款利息

$$每季度还本付息额=贷款本金\times\left[\frac{季利率\times(1+季利率)^{s}}{(1+季利率)^{s}-1}\right]$$

$$=8400万元\times\left[\frac{6.75\%/4\times(1+6.75\%/4)^{4}}{(1+6.75\%/4)^{4}-1}\right]$$

$$=1131.29万元$$

6.银行贷款后应注意持续监测还款的因素

①该企业是否按约定用途使用贷款，是否诚实地全面履行合同；②贷款项目是否正常进行；③该企业的法律地位是否变化；④该企业的财务状况是否变化；⑤贷款的偿还情况；⑥对抵押物的管理。(对于抵押物的检查主要涉及抵押物当时的估价与现价是否有重大变化，保管是否完好，贷款余额与抵押物现值的比例是否合适，抵押物有无转让、出租等处置或重复抵押问题。)

第6章

个人住房贷款

6.1 个人住房贷款概述

6.1.1 个人住房贷款的概念和特点

1. 概念

个人住房贷款是指放款人向借款人发放的各种用于购买住房的贷款。个人住房贷款是一种担保贷款，即借款人必须为自己的借款提供各种形式的担保，包括抵押、质押和保证等。个人住房贷款是房地产金融业务的主要内容，并将会逐渐发展成为最主要的内容。

2. 特点

(1)个人住房贷款是银行主要消费信贷品种

从性质上说，个人住房贷款属于消费贷款的一种，而由于房地产是高价值的普遍消费品，个人住房贷款就成为消费贷款的最主要品种。

(2)个人住房贷款必须设立担保

这主要是因为住房贷款的贷款额大、期限长，银行的或有风险较大。担保可以是人的担保——保证，特点是方便；也可以是物的担保——质押或抵押，特点是安全。

(3)个人住房贷款的基础是抵押权

所谓抵押权就是抵押权人对抵押财产享有的优先受偿权。从法律的角度而言，抵押权是担保物权的一种，抵押权具有优先受偿权，抵押权的设立并不一定需要完全物权——用益物权，如使用权等也可以设立抵押权。

(4)个人住房抵押贷款可以实行证券化

个人住房抵押贷款可以实行证券化，具体的流程比较复杂，其核心内容就是抵押债权的标准化集成，然后分割成标准化证券品种在资本市场上交易。如深圳目前就有信托性质“住房抵押贷款债券”。

(5)个人住房贷款业务具有一定的政策性

个人住房贷款具有一定的政策性，包括利率、税收、基本保障等方面的公平性的体现，也包括政府在一定地区、一定时期的产业政策倾向。特别是在利率非完全市场化的国家，个人住房贷款的政策性特点更加明显。

(6)个人住房贷款成本较高，但效益较好

个人住房贷款的经营成本虽然较高，但由于担保条件比较严格，资金的安全性较好，利率和期限较合理，回报相当稳定，其经济效益尤其突出，是各种金融机构非常重视和争相发展的服务品种。

6.1.2　个人住房贷款的种类

个人住房贷款按不同的标准有不同的类型，主要有以下四种。

1. 按资金来源划分

个人住房贷款可分为自营性个人住房贷款(也称商业性个人住房贷款)、委托性个人住房贷款(也称公积金个人住房贷款)、个人住房组合贷款(由自营性个人住房贷款和委托性个人住房贷款两部分组合而成)。

自营性个人住房贷款是银行运用信贷资金向在城镇购买、建造、大修各类住房的自然人发放的贷款。对于该类贷款，银行资金成本较高，利率相对高一些，但贷款额度、期限所受限制较小。

委托性个人住房贷款又称公积金个人住房贷款，是银行接受住房公积金管理部门的委托，以职工缴存的住房公积金存款为主要资金来源，按规定的要求向按时足额缴存住房公积金的职工在购买、建造、大修城镇各类型住房时发放的贷款。该类贷款不以营利为目的，实行“低进低出”的利率政策，带有较强的政策性，贷款额度受到限制。

个人住房组合贷款是指向按时足额缴存住房公积金的职工在购买、建造、大修城镇各类型住房时，同时发放的委托性个人住房贷款和自营性个人住房贷款。由于个人住房组合贷款是由委托性个人住房贷款和自营性个人住房贷款两个独立的贷款品种组成的，鉴于其贷款的主体、资金来源、利率不同，因此需要分别签订借款合同。

2. 按住房交易形态划分

个人住房贷款可分为首次住房贷款和再交易住房贷款。

首次住房贷款是指银行向在住房一级市场购买由房地产开发商或售房单位直接出售的住房的自然人发放的贷款，也称“一手房”贷款。

再交易住房贷款是指银行向在住房二级市场购买再次进行住房交易的住房的

自然人发放的贷款，俗称“二手房”贷款。

3. 按贷款用途划分

个人住房贷款可分为个人购买贷款、个人大修住房贷款等。

4. 按购买住房类型划分

个人住房贷款可分为个人购买经济适用住房贷款、个人购买商品住房贷款等。

6.1.3 个人住房贷款的主要术语

1. 贷款金额

贷款金额简称贷款额，是指借款人向贷款人借款的数额。一般来说，银行对借款人的借款数额会作出限制性规定，即所谓的贷款限额。比如我国目前对个人住房贷款的数额规定不得超过房价的 70%；购买普通住宅不得超过房价的 80%。

2. 首付比率

首付比率通常是指购买住房时首期付款额占所购住房总价的比率。例如，一套总价 30 万元的住房，首付比率为 30%，则购房人的首付款为 9 万元。

3. 贷款价值比率

贷款价值比率也称贷款成数，是指贷款金额占所购房地产价值的比率。银行一般有最高贷款价值比率的规定，目前我国规定，贷款金额最高不得超过所购房地产价值的 70%。

4. 偿还比率

偿还比率通常是指借款人分期偿还贷款的数额占其同期收入的比率。在个人住房贷款中，通常采用的是按月分期付款的方式偿还，其偿还比率即为借款人的月还款额占月收入的比率。在发放个人住房贷款时，银行通常将偿还比率作为衡量贷款申请人偿债能力的一个指标，并规定一个最高比率。

5. 贷款余额

贷款余额是指分期付款的贷款，在经过一段时期的偿还之后尚未偿还的贷款本金数额。

6.1.4　个人住房贷款的担保方式

个人住房贷款的担保制度是住房贷款必要的补充制度，目的是分散、转移一级抵押市场上的贷款风险，保障抵押权益的实现，提高贷款的流动性和安全性，保证住房消费信贷资产的良性循环，同时也为债权人在二级市场顺利转让债权或发行抵押债券提供保证。为防范个人住房贷款风险，《担保法》《住房公积金管理条例》和《个人住房贷款管理办法》都对个人住房贷款担保作出了规定。目前个人住房贷款担保主要有以下五种形式：

1. 以所购住房作抵押

抵押是个人住房贷款主要的也是最有效的担保形式。贷款人持有抵押财产的担保权益，当借款人不履行借款合同时，贷款人有权以该财产折价或者以拍卖、变卖该财产的价款优先受偿。

住房贷款抵押包括现房抵押和期房抵押。期房抵押是指购房人在按规定支付首期购房款后，由银行或公积金管理中心代其支付其余的购房款，购房人将所购住房抵押给银行或公积金管理中心作为偿还贷款履行担保的行为。期房抵押、现房抵押应按照国家有关规定办理抵押登记手续。

2. 抵押加连带责任保证

即借款人或第三人提供住房作为抵押，同时在抵押登记完成前提供第三人连带责任保证。主要包括以下两种形式：

(1)以期房作抵押的，由房地产开发商提供阶段性担保。

(2)住房置业担保。在借款人不能按规定提供贷款担保时，住房置业担保公司出面为借款人申请住房贷款，与贷款人签订保证合同，提供连带责任保证担保。申请担保的借款人要向担保公司提供本人或第三人的合法房屋进行反担保，房屋抵押权与其担保的债权同时存在，抵押人还需办理抵押房屋保险。

3. 抵押加购买住房贷款保险

即借款人或第三人提供抵押担保的同时，由借款人购买住房贷款保险。住房贷款保险是指借款人作为被保险人，因意外或疾病导致死亡或残疾等自然原因，或因失业、经济收入下降等社会性原因致使无法继续全部或部分归还贷款本息时，由保险公司代借款人偿还全部或部分所欠贷款本息的行为。《个人住房贷款管理办法》规定，以房产作为抵押的，借款人需在合同签订前办理房屋保险，目前各地的房屋保险年费率不低于0.8‰，由借款人一次性支付。

4. 质押担保

即借款人或第三人以银行存单、债券等权利凭证作为借款人贷款的质物交贷款人保管，当借款人不能如期还款时，贷款人依法处理质物偿还贷款本息、罚息及费用。

5. 连带责任保证

即保证单位为借款人全程提供连带责任保证，借款人不能如期还款时，由保证单位代借款人偿还剩余的贷款本息、罚息及费用。

6.1.5 住房置业担保

1. 住房置业担保的概念

住房置业担保是指依法设立的住房置业担保公司(以下简称担保公司)，在借款人无法满足贷款人要求提供担保的情况下，为借款人申请个人住房贷款而与贷款人签订保证合同，提供连带责任保证担保的行为。

住房置业担保可以支持个人住房消费，发展个人住房贷款业务，保障债权的实现。

2. 住房置业担保的程序

(1)借款人向担保公司申请住房置业担保

申请住房置业担保的借款人应具备下列条件：

①具有完全民事行为能力；

②有所在城镇正式户口或者有效居留的身份证件；

③收入来源稳定，无不良信用记录，且有偿还贷款本息的能力；

④已订立合法有效的住房购销合同；

⑤已足额缴纳购房首付款；

⑥符合贷款人和担保公司规定的其他条件。

(2)担保公司受理借款人的申请

担保公司在受理借款人的申请时，应严格评估借款人的资信。对于资信不良的借款人，可以拒绝提供担保。

(3)签订有关合同,办理有关手续

在住房置业担保申请及个人住房贷款申请批准后,贷款人与借款人签订书面个人住房借款合同,担保公司与贷款人签订书面保证合同。其中,贷款人与借款人依法签订的个人住房借款合同为主合同,担保公司与贷款人依法签订的保证合同为从合同。主合同无效,从合同无效。保证合同另有约定的,从其约定。住房置业担保的保证期限由担保公司与贷款人约定,但不得短于个人住房借款合同规定的还款期限,且不得超过担保公司的营业期限。

此外,担保公司有权要求借款人以其自己或者第三人合法所有的房屋向担保公司进行抵押反担保。同时还应签订书面抵押合同,并向房屋所在地的房地产行政主管部门办理抵押登记。房屋抵押权与其担保的债权同时存在。借款人依照借款合同还清全部贷款本息后,房屋抵押权方可终止。

(4)解除担保

借款人依照借款合同还清全部贷款本息,借款合同终止后,保证合同和房屋抵押合同即行终止。

借款人到期不能偿还贷款本息时,依照保证合同约定,担保公司按贷款人要求先行代为清偿债务后,保证合同自然终止。保证合同终止后,担保公司有权就代为清偿的债务部分向借款人进行追偿,并要求行使房屋抵押权,处置抵押房屋。

3. 住房置业担保公司

担保公司是为借款人办理个人住房贷款提供专业担保,收取服务费用,具有法人地位的房地产中介服务企业。

担保公司的组织形式为有限责任公司或股份有限公司,其实有资本以政府预算资助、资产划拨以及房地产骨干企业认股为主。为保证贷款人与担保公司的独立性,贷款人不得在担保公司中持有股份,其工作人员也不得在担保公司中兼职。担保服务费由借款人向担保公司支付。

担保公司的资金运用应遵循稳健、安全的原则,确保资产的保值增值。担保公司只能从事住房置业担保和房地产经营业务(房地产开发除外)。担保公司应从其资产中按照借款人借款余额的一定比例提留担保保证金,并存入借款人的贷款银行。当担保公司未按规定或合同约定履行担保义务时,贷款人有权从保证金账户中予以扣收。担保公司还应建立担保风险基金,用于担保公司清算时对其所担保债务的清偿。担保公司担保贷款余额的总额,不得超过其实有资本的 30 倍;超过 30 倍的,应追加实有资本。

6.1.6 个人住房贷款的性质

抵押和按揭两者都是房地产金融市场中融资的重要工具和手段。严格来说，这两者是有较大差异的。在我国现行法律中，如《民法通则》《城镇国有土地使用权出让和转让暂行条例》《担保法》以及《中华人民共和国城市房地产管理法》(以下简称《城市房地产管理法》)等法规，均只有“抵押”的有关规定，而无“按揭”的有关规定。由于我国的法律制度中没有按揭贷款制度，往往把国外有关的“按揭”贷款统称为抵押贷款，在实际工作中，也把“按揭”当成抵押。个人住房贷款实质上是按揭贷款，若不加以区分，不利于房地产业、金融业的发展，也容易造成金融市场上的混乱。把“抵押”与“按揭”区分开来，不仅理论上有必要，更有助于我国房地产金融体系、金融制度的建立和完善。

1. 个人住房贷款的实质

个人住房贷款，即房地产按揭，更准确地说是房屋按揭，就是购房者(按揭人)在按揭合同期限内向金融机构(按揭权人)租楼，按揭期满买楼的一种法律行为。房地产发展商既是售楼人，又是按揭人的担保人，同时也是按揭权人的部分代理人。购房置业是绝大部分人一生中最大的投资，一般来说，很少有人靠自身的储蓄或积累，而不通过金融机构融资去购置物业的。为了帮助居民购置物业，提前实现住房消费，作为现代商品经济条件下的按揭贷款形式应运而生。

从按揭购楼的行为过程来看，按揭人首先买下非按揭楼宇部分，把这部分当做“租楼”按金，向按揭权人“租用”按揭楼宇，交付的贷款月息就是按揭楼宇租金，按揭期(实质上就是租期)满买楼；而对于按揭权人来说，就是买下按揭楼宇给按揭人租用，按揭期满卖出楼宇的法律行为。换句话说，房屋按揭就是潜在的业主(准备购置房屋的人)将拟购买的物业通过一定的程序转让给按揭权人，在按揭期内，按揭权人成为该房屋的业主(即房屋所有权人)，按揭人还款后，按揭权人将房屋属主权、业主权转回给按揭人。这种“按揭”形式类似“虚拟抵押”。

抵押，按照我国《民法通则》第八十九条第二款规定，债务人或者第三人可以提供一定的财产作为抵押物。债务人不履行债务的，债权人有权依照法律的规定以抵押物折价或者以变卖抵押物的价款优先得到偿还。按照《城市房地产管理法》第四十六条规定：房地产抵押是指抵押人以其合法的房地产以不转移占有的方式向抵押权人提供债务履行担保的行为。债务人不履行债务时，抵押权人有权依法以抵押的房地产拍卖所得的价款优先受偿。《担保法》第三十三条规定：抵押是指债务人或者第三人不转移财产的占有，将该财产作为债权的担保。债务人不履行债务时，债权人有权依照本法规定以该财产折价或者以拍卖、变卖该财产的价款优先受偿。从这些法律规定中可以看出：能设定抵押权的，只能是法定的（即已合法取得的）财产或者房地产。房地产抵押贷款是产权人将物业的所有权中一部分权益赋予抵押权人，以此作为债务资金的偿还保证。但抵押权人并未实际占有抵押物，也不能享有使用权和收益权，只有当抵押权实现时（即抵押人到期未归还抵押贷款），抵押权人方能依法律程序拍卖抵押房地产并从中优先受偿。

从上面分析来看，“抵押”与“按揭”两者是有区别的。最明显的区别就是：“按揭”中，按揭权人享有按揭物业的属主权，并成为其所有权人；而“抵押”中，抵押权人并不享有物业的属主权，也不是其所有权人。区分按揭和抵押最简单的方法，即从当事人（抵押权人和按揭权人）在民事诉讼中的地位来看，在抵押诉讼中抵押权人只能以抵押受益人的身份参加，不能以所有权人或业主的身份参加；而按揭诉讼中按揭权人是以所有权人的身份或业主的名义参加的。

为了更清楚地说明“按揭”的实质，我们以中国香港楼宇按揭制度为例来加以阐述。按照香港法律制度和房地产有关法律，房地产的权利分为法定权利和衡平法（law of equity）上的权利。法定权利是指某人是法定土地的所有人或房地产所有人；衡平法上的权利是指土地所有人或房地产所有人以外的人，因建立了信托等关系，而有权获得土地或房地产的利益，他们则被称为衡平法上的土地权益所有人或房地产权益所有人。法定权利是附属于土地或房地产的，对该土地或房地产所有权持有者具有约束力，是对物的权利（right in rem）；衡平法上的权利是对人的权利（right in persona）。与之相应，房地产因其性质不同也被认定为两种形式：法定式产业（legal estate）和衡平式产业（equitable estate，或称为公义式产业）。法定式产业是法律承认现有现存物业；公义式产业是指在普通法中缺乏条件成立的产业权益，从实践的需要出发，以衡平法的原则认定该权益是有效的，它是相对于法定式产业而言的。

2. 按揭贷款与抵押贷款的区别

按揭贷款和抵押贷款虽然都属于债务资金市场的信用形式，但两者有较大差异，主要表现在以下五个方面：

（1）债务承担手段不同

房地产抵押贷款是债务人将自己拥有的房屋所有权及土地使用权作为还款的担保；而按揭贷款是按揭人将自己非按揭楼宇的房地产作为“按金”，向按揭权人租用按揭楼宇。

(2)债权债务参与人不同

抵押由借贷双方参与,即债权人(抵押权人)和债务人(抵押人)参与,债权人既是贷款者,又是受押人;债务人既是借款者,又是出押人。而按揭贷款参与人有发展商、按揭人、按揭权人。按揭人必须与发展商订立楼宇买卖合同或楼宇预售合同并付了非按揭楼价款后,方可与按揭权人签订按揭购楼贷款合同。

(3)债务资金运用及目的不同

抵押贷款的目的是为了获得贷款,但资金可以自由运用;按揭贷款的目的是为了购置物业,资金不能移作他用,只能用于特定房屋的购买。

(4)债务还贷形式不同

抵押贷款还款形式,可以是到期一次性偿付贷款本金、利息,也可以是分期偿还;而按揭贷款还款形式是等额还款,即"每月支付"或叫"月供",月供项目分为两部分,即按揭贷款月息及定额月存楼价款。

(5)债权人审查债务人资信重点不同

对于房地产抵押贷款,债权人审查的重点内容是:抵押房地产的权属是否清楚;抵押房地产具体情况(建筑结构、坐落地点、四至范围、新旧程度、建筑面积、占地面积等);抵押房地产的实际价值等。而对于按揭贷款,债权人审查的重点内容因房屋是"现房"还是"期房"而不同:现房按揭主要审查楼宇质量如何,房屋销售情况以及按揭人收入状况等;期房按揭主要审查发展商资信,发展商经济实力,房屋施工进度,竣工时间,预售手续(包括是否办理了房屋预售许可证件,是否有预售资格等)是否完备、齐全,按揭人收入状况及月供能力稳定性如何等。

6.2 个人住房贷款的申请、审查和审批

6.2.1 个人住房贷款的申请

个人申请住房贷款必须满足一定的借款人资格,填写银行个人住房贷款申请书并提交相应的个人资料。

(1)借款人资格

一般来说,凡是具有完全民事行为能力的自然人,在符合下列条件的情况下都可以申请个人住房贷款:

①具有合法的身份证件和居留证件;

②具有固定的职业和稳定的收入；

③信用良好，确有偿还贷款本息的能力；

④借款人购房首期付款不低于所购买住房价格的 30%；

⑤具有购买住房的合同或者协议；

⑥借款人的住房购买价格基本符合贷款银行或其委托的房地产估价师所评估的价值；

⑦能够提供经办银行认可的资产进行抵押或质押，或(和)有足够代偿能力的法人、其他经济组织作为归还贷款本息并承担连带责任的保证人；

⑧符合经办银行的其他要求。

(2)申请人需要提供的资料

申请个人住房贷款需提供的资料一般如下：

①申请人及其配偶、财产共有人及其配偶的有效身份证件，包括居民身份证、户口本、居留证件或其他身份证件；

②申请人婚姻状况说明；

③申请人及其共同还款人的收入证明，该证明应该是由贷款银行所认可的部门出具的；

④合法的购(建、大修)房合同、协议或(和)其他批准文件；

⑤不少于所购房价 30%首付款发票或收据；

⑥如果申请人申请非签约楼盘单套购房贷款，且以所购房产作为抵押物的，还需提供房产销(预)售许可证或所开发楼盘的《房地产权证》《建设用地规划许可证》《建设工程规划许可证》《房产开发商营业执照》《房产开发商资质证书》，在合法抵押登记和有关保险手续办妥前房产商出具的书面阶段性担保协议。

⑦抵押物或质押权利清单、权属证明文件，由处分权人出具的同意抵押或质押的证明，贷款银行认可的评估机构出具的抵押物估价报告书；

⑧保证人同意提供担保的书面意见及保证人的资信证明；

⑨贷款银行规定的其他文件和资料。

6.2.2　个人住房贷款的审查

银行经办人员在收到借款人资料以后，对借款人的申请及信用应该进行初步审查，主要包括以下内容：

(1)检验借款申请书；

(2)核实借款人购房行为、购房合同的真伪；

(3)审核借款人以及共同还款人收入水平和资产、负债状况；

(4)对抵押房屋进行评估；

(5)核实首付款等。

个人信用的调查和评估是规避信贷风险、保障个人房贷资产安全的重要环节，是从源头对贷款风险的控制和把握。因此，必须把个人信用的调查和评估作为个人房贷工作的核心之一，给予高度重视。

1. 个人信用调查和评估

个人信用调查和评估的概念主要包括三个方面。第一，对个人信用的考察范围应该是综合性、全方位的，不但有反映其外在客观经济环境的指标，如个人的资产状况、收入水平、社会职务与地位以及该人所生活的经济环境的宏观经济状况等，还包括能反映其内在道德诚信水平的指标，如历史的信用行为记录、犯罪记录等。第二，个人信用评估应使用科学的分析方法，得到定量化的评估结果。第三，个人信用评估应包括对该人履行各种经济承诺的评价，由不同的征信单位分别给出相应的评估结果。

个人信用的调查和评估包括了多方面的内容，其中核心内容大致包括：借款人、保证人的资产和收入来源、水平；借款人、保证人的资信状况及还款意愿；贷款担保的有效性；担保物的价值。

对于个人信用的调查应当切实、深入，具有针对性、专业性，不能流于形式，而要强调调查结果的真实性、可靠性；对于个人信用的评估应当强调综合性和系统化，全面考虑贷款业务的各方面，包括业务操作的规范性、资金的投向性、合法合规性等。

在个人信用的调查和评估过程中，须贯彻以下原则：

以借款人、保证人及其家庭的稳定收入和资产净额作为衡量还款能力和担保能力的依据；以借款人、保证人及其家庭的基本信息和信用记录来反映还款意愿和资信状况；用于贷款担保的抵(质)押资产必须与对应债务相匹配。

2. 个人信用调查和评估的操作体系

个人房贷业务的调查、评估和审核(批)是一个完整的操作体系，在此过程中必须根据权限管理规定，形成贷前调查、贷款审查和贷款审批的三级贷款调查和评估体系，各级贷款调查和经办人员应该做到各司其职，责任明确。

信贷调查人员按照业务操作规程所规定的程序和要求，进行贷前调查和评估，提出专业分析意见、结论和建议，并提供真实、完整、有效的信贷资料。信贷调查人员对自己撰写的调查报告的结论负责。

信贷审查人员按照个人房贷政策和相关管理办法的规定，根据信贷调查人员提交的材料和其他外部信息，对房贷业务的风险进行认真分析，对信贷调查人员的贷前调查意见是否正确并符合调查要求作出专业判断。信贷审查人员对其审查意见负责。

信贷审批人员作为信贷业务的决策者，应在审阅信贷调查人员、信贷审查人员分析报告的基础上，根据其经验作出贷与不贷、贷多贷少的专业判断，对信贷决策意见负责，同时，还应对所审批的信贷业务的合规性、合法性和投向负责。对于超过审批权限的个人贷款应当及时上报，由上一级贷款审查部门(人)根据全行或所辖地区的个人信贷政策和个人贷款投向，对上报的个人贷款的政策风险和经营风险，以及信贷业务的合规性、合法性作出专业判断。

3. 个人收入调查

在个人住房贷款业务中，借款人的稳定合法收入是归还个人贷款的主要来源。因此，借款人的收入来源及收入水平调查是保证商业银行个人住房贷款业务规范健康发展、个人住房贷款资产安全的核心内容。

(1)收入来源及收入水平调查的重要意义

借款人作为自然人，其收入来源及收入水平是归还银行贷款的基础，也是其第一还款来源。借款人收入来源及水平对于个人住房贷款来说是借款人作出投资和消费决策的基本依据，也是银行判断借款人即期投资和消费能力的基础。因此，在开展个人住房贷款业务时，应根据借款人的收入水平来确定借款人的还款能力，并以此为基础，参照借款人提供的其他流动性金融资产证明来作出贷款决策。

(2)收入来源和收入水平调查的原则、思路和方法

个人住房贷款借款人收入来源和收入水平的调查必须坚持以下原则：①以借款人稳定收入为准的原则，银行在确定借款人收入时，应将借款人提供的收入材料中的稳定收入作为判断借款人收入的依据，非稳定收入不能作为借款人收入进行认定；②客观性原则，在确定借款人收入水平时，应以借款人实际可提供的收入证明或经调整的借款人收入为准。

借款人作为自然人，其收入来源一般由以下几方面组成：

①职业收入(包括个体、私营企业主在生产经营过程中用于个人消费的收入)；

②各类投资收入(包括资产出租收入)；

③偶然所得；

④企业承包收入等。

借款人作为自然人，其收入的运用一般由以下几方面组成：

①消费；

②转化为实物，包括生产性资料或企业股权投资；

③存款及其他金融性资产投资。

借款人稳定收入的确认应有证明依据，没有依据的收入不能确认。根据上述收入与资产转化的分析，借款人如有不能提供证明依据的经常性稳定收入（或偶然所得等），则必须转化为一定数量的资产，审查收入不足以确定借款人还款能力的，可要求借款人出具流动性金融资产证明其还款能力。

调查人员可以通过当面与借款人面谈，要求借款人陈述其收入来源及收入水平，并根据借款人陈述的内容，要求其出具证明或进行调查取证，没有证明或未进行过取证的收入不得确认为借款人的稳定收入。

4. 对各类借款人收入的证明或取证

(1)稳定职业者

对有稳定工作，以单位工资、奖金等收入为主的借款人收入的证明或取证：借款人为机关事业单位，或银行较为了解其收入水平和管理水平的大中型企业、大型跨国公司在国内分支机构的员工，可直接由单位出具收入证明，银行可以凭证明载明的收入作为其稳定收入（调查人员应对该类企业的收入水平进行必要的描述）；此类借款人不能提供单位证明的，可根据借款人对本人收入来源及水平的陈述，要求其提供连续三个月的工资单或银行卡对账单或活期存折复印件等可反映其收入的证明，作为借款人稳定收入的确认依据。

借款人为银行不了解其收入水平及管理水平的企业员工，必须根据借款人对本人收入来源及水平的陈述，要求其提供连续三个月的工资单或银行卡对账单或活期存折复印件等有效收入签收单或进账单等可反映其收入的证明，作为借款人稳定收入的确认依据，将单位收入证明作为收入确认的参考依据。

借款人为企业经理、董事长或其他高级管理人员，其收入除日常收入外，尚有对企业投资收入、承包收入或其他风险性收入的，日常收入的审查同上规定，对风险性收入应要求其提供风险性收入的确认依据证明，如投资参股合同、承包合同、出资证明等资料，并根据合同规定的风险性收入条款，提供相应的可证明其依据合同条款能够获得风险性收入的证明资料，如企业财务报表、单位股东证明、上年末风险性收入签收单、银行卡对账单或活期存折等资料，无明显证据表明借款人可以获得风险性收入的，不得将此收入确认为借款人的稳定收入。

(2)私营企业主

私营企业主的收入来源主要由两方面内容组成：一是日常经营中费用支出的

一部分，可以确认为其日常收入；二是经营利润的一部分，可作为其投资收益。因此，对私营企业主的收入可按以下内容进行调查确认：

私营企业主可提供企业营业报表的，应要求其提供企业股东名册、企业章程、出资证明、上年度营业报表及最近三个月营业报表，按照一定的比例确认为其正常收入。

私营企业主不能提供企业营业报表的，应要求其提供企业股东名册、企业章程、出资证明及私营企业主本人连续一年的货物进出流水账。收入确认按以下规定执行：根据流水账确定其销售额，根据其所在行业毛利率确定其毛利额，将毛利额的一定比例确认为业主收入；私营企业主不能提供任何收入依据或收入难以确定的，调查人员应根据借款人的陈述进行实地调查取证，否则不能确认为其稳定收入。

(3)个体经营业主

个体经营业主应提供个体营业执照，并提供其经营流水账目，调查人员应根据其流水账目确认为其销售额，根据其所在行业毛利率确定其毛利额，以毛利额的40%～50%确认为其稳定收入。借款人不能提供流水账目的，调查人员应根据借款人陈述进行实地调查取证并根据调查的结果确认为其稳定收入。

(4)收入依赖一技之长者

有稳定职业，但收入的大部分依赖其一技之长的借款人的职业收入外收入确认应根据其职业外劳务合同内容来确定，合同不足以或不能保证其获得稳定收入的，不能确认为其稳定收入。

6.2.3　个人住房贷款的审批

经上述程序后，同意贷款的按照规定的程序上报审批，并在规定的期限内通知借款人进行相关程序的处理；不同意的，应将申请人的所有材料退还。个人贷款流程如图 6-1 所示。

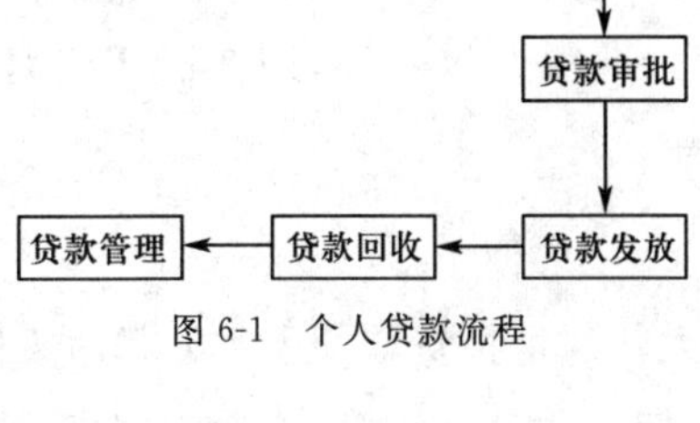

图 6-1　个人贷款流程

6.3 个人住房贷款的发放与偿还

6.3.1 个人住房贷款的发放

1. 签订借款合同

银行批准了申请人的贷款申请后，应及时通知借款人签订若干合同，包括借款合同、担保合同、保险合同和公证合同等，具体程序如下：

(1)信贷员正式通知申请人签订个人住房贷款合同及办理相关事宜；

(2)采取抵(质)押担保方式担保的需要签订抵(质)押合同，并按规定办理有关公证和抵押登记、保险手续；

(3)按合同规定向借款人代收代缴印花税；

(4)借款人将《房屋买卖合同》正本、抵押登记证明文件(或房屋他项权证)、抵押物保险单正本交放款人保管，需要借用时应办理相关手续并在规定的时间内交还放款人保管；

(5)个人住房贷款专项保险可由银行代办，保单正本由银行保管；

(6)开发商同意存入保证金存款的，要开立开发商保证金存款专户。

2. 贷款额度、期限和利率的确定

(1)贷款额度

贷款额度最高不超过购买房屋价值的 80%，一般为 70%。

(2)贷款期限

贷款期限最长不超过 30 年。

(3)贷款利率

贷款利率由中国人民银行专门公布。在利率调整时，若剩余期限在一年内的仍按合同利率执行；若剩余期限超过一年，则在次年 1 月 1 日起执行新利率。因此，必须分段计算还贷清单。

3. 确定还款方式

目前，商业银行的个人住房抵押贷款的还款方式由中国人民银行统一规定，贷款期限在一年内的采用到期一次还本付息方式，贷款期限在一年以上的采用等额

本息还款法(先息后本)或等额本金还款法(利随本清)。累进偿还法正在研发之中。

4. 抵押权登记

(1)住房抵押登记

借款人获得抵押贷款时,一定要签订抵押合同并到当地房地产产权登记机关申请抵押登记。

①登记时限

抵押当事人必须在抵押合同签订的 30 天内,向产权登记机关申请抵押登记,登记机关对申请及提交的文件审核合格后,应在 15 个工作日内作出是否准予登记的书面答复,抵押合同生效日为登记之日。

②应提交的文件

应提交的文件有:抵押当事人的身份证明或法人资格证明、抵押双方共同提交的抵押登记申请书、经过公证的借款合同和抵押合同、《国有土地使用权证》《房屋所有权证》或《房地产权证》(共有房屋还必须提交《房屋共有权证》和其他共有人同意抵押的证明)、房屋价值证明文件、登记机关认为必要的其他文件。

③房屋抵押权的设立与变更

以房屋的所有权证抵押的,抵押的设立是通过产权登记机关在《房屋所有权证》上作他项权利记载,并同时向抵押权人颁发《房屋他项权证》;以预售房屋或在建工程抵押的,登记机关应在抵押合同上作记载。

④抵押合同发生变更或者抵押关系终止

抵押当事人应当在变更或者终止之日起 15 天内,到原登记机关办理变更或注销抵押登记手续。

(2)期房抵押登记

以期房抵押的,放款人与抵押人应持合法的房屋买卖合同到房地产所在地的房地产登记机关办理抵押登记手续,以防止开发商重复销售同一房屋。在取得《房屋所有权证》后要及时办理正式的抵押登记手续。

5. 贷款的发放

以所购住房作为抵押物的,在借款人办妥房屋保险、公证和抵押预登记手续后,方可发放贷款;若当地房地产管理部门尚未开办抵押预登记业务,在借款人办妥房屋保险、公证,并将购房合同、首付款付款凭证等办理房屋产权证明必需的资料移交经办行后,方可发放贷款。

发放贷款时，由经办行信贷员填写借据，借款人签章或按指印认定，同时借款人签署《划款扣款授权书》，经办行将款项直接划入开发商在经办行开立的售房专户上，同时通知借款人贷款已经发放，开发商出具收款证明。从受理借款人申请到贷款发放，在经办行内的运转时间不得超过7个工作日。

个人贷款的发放有以下两种方式：

(1)直接发放

借款合同生效后，借款人按照合同约定的用款计划，将所借款项直接转入其在贷款行开立的存款户。

(2)专项发放

借款合同生效后，由借款人委托贷款行按借款合同约定的时间，将借款一次或分次转入售房单位或开发商在银行开立的存款户内。采取专项提款方式的借款人，在提取贷款时，必须向贷款行提供有关合同、协议、付款通知等凭证。贷款行可根据借款人贷款的具体种类、金额、用途及借款人的信用程度，规定其采取一种或同时采取两种提款方式。

6.3.2 个人住房贷款的还款

从国内商业银行的操作来看，目前个人住房贷款的还款方式，主要可以分为等额本息还款法和等额本金还款法。

1. 等额本息还款法(CPM)

等额本息还款法(constant payment mortgage)的主要特色就是每期支付贷款总和都相同。因此我们可将这些每期相同的付款看成年金。这些付给借方的年金，其现值总和必等于贷款的现值。在贷款初期，所支付的贷款本息大部分是利息支出。随着还本的增加，每期所欠贷款逐月减少，因而所支付的利息也随着减少。同样的条件下，在贷款初期等额本息还款法的每月支付总额大于等额本息还款法的每月支付总额；在末期则反之。如果借方的所得是逐渐增加的，借方的偿债能力也会逐渐增加，那么等额本息还款法的付款方式比等额本息还款法的付款方式更能配合借方的经济能力变动情况，尤其在期初时等额本息还款法的付款远低于等额本息还款法，更能吸引一些目前收入较低而以后收入增长潜力大的购房人。

下面是一个等额本息还款法的例子，假设贷款总额为60万元，贷款年限为30年，贷款年利率为12%，每月付款一次，则表6-1是在等额本息还款法下的每月还款额情况。

表 6-1　　等额本息还款法每月还款额和贷款余额情况　　单位:元

(1)	(2)	(3)	(4)	(3)－(4)	(2)－(3)＋(4)
月份	期初余额	月还款额	当月利息	余额摊销	期末余额
1	600000.0	6171.7	6000.0	171.7	599828.3
2	599828.3	6171.7	5998.3	173.4	599654.9
3	599654.9	6171.7	5996.5	175.2	599479.7
4	599479.7	6171.7	5994.8	176.9	599302.8
5	599302.8	6171.7	5993.0	178.7	599124.1
6	599124.1	6171.7	5991.2	180.5	598943.6
…	…	…	…	…	…
360	6111.06	6171.7	61.1	6110.6	0

假设贷款总额为 Y,月还款额为 A,贷款月利率为 i,贷款总月份为 n,则公式如下:

$$Y = \frac{A}{(1+i)} + \frac{A}{(1+i)^2} + \cdots + \frac{A}{(1+i)^n} = A \times \sum_{1}^{n} \frac{1}{(1+i)^n}$$

2. 等额本金还款法(CAM)

等额本金还款法(constant amortization mortgage)就是在贷款期内,每月等额偿还贷款本金,贷款利息随本金逐月递减。

等额本金还款法的主要特色是定期、定额还本,也就是在贷款后,每期借方除了缴纳贷款利息外,还需要定额摊还本金。因为等额本金还款法每月还本额固定,所以其贷款余额以定额逐渐减少。因此每月付款及每月贷款余额也定额减少。该还款法并不很流行,主要是每月偿付的本息总额并不固定,造成混乱不便;同时每月总付款逐月减少,这对初次购屋的人不利。这是由于初次购屋的人,家庭经济情况才开始改善,可能无法支付高额本息,但是随着时间的延续大多能够逐渐增加所得,改进付款能力。因此,等额本金还款法的多少正好与借方的经济能力呈现反方向变动。表 6-2 是在表 6-1 相同条件下,等额本金还款法每月还款额情况。

表 6-2　　相同条件下等额本金还款法每月还款额和贷款余额情况

(1)	(2)	(3)	(4)	(3)＋(4)	(2)－(4)
月份	期初余额	当月利息	归还本金	月还款额	期末余额
1	600000.0	6000.0	1666.7	7666.7	598333.3
2	598333.3	5983.3	1666.7	7650.0	596666.6
3	596666.6	5966.7	1666.7	7633.4	594999.9
4	594999.9	5950.0	1666.7	7616.7	593333.2
5	593333.2	5953.3	1666.7	7600.0	591666.5
6	591666.5	5916.7	1666.7	7583.4	589999.8
…	…	…	…	…	…
360	1666.7	16.7	1666.7	1683.4	0.0

$$A_n = \frac{Y}{N} + Y_n \times i$$

$$Y_n = Y - \frac{Y}{N} \times (n-1)$$

$$A_n = \frac{Y}{N} + \left[Y - \frac{Y}{N} \times (n-1)\right] \times i$$

式中，A_n 为第 n 个月的还款额；Y_n 为每月期初余额；N 为还款总月数；n 为已还款月数，$n = 1,2,3,\cdots,N$。

3. 两种方法的比较

从月还款额的角度来讲，等额本息还款法是固定的，而等额本金还款法在还款初期高于等额本息法。这就意味着等额本金还款法的贷款门槛要高于等额本息还款法，在最初借钱购买房屋时，等额本金还款法的负担比等额本息还款法重，一般来说，这对于经济尚未稳定而且是初次借钱购买房屋的人来说是不利的，这也就是为什么大多数借款人都采用等额本息还款法。另外，从银行的角度来看，等额本金还款法的还本速度比较快，风险比等额本息还款法小。然而，银行更倾向于采取等额本息还款法的原因在于：银行相信在贷款期内借款人的收入将增加，所抵押的房地产价值将维持不变或是增加。一个价格相对稳定、收入和财产价值增长的状况能够呈现出真实增长的宏观经济，会降低与等额本息还款法相关的借款人的贷款风险。同时，随着实际收入的增加，财产的价值很可能在贷款期内保持高于贷款余额的水平。因此，相对于递减速度非常缓慢的贷款余额，银行通常认为房地产的抵押价值是充足的。

6.3.3 个人住房贷款中的“三书”

个人住房贷款中的“三书”包括个人住房贷款申请书、个人住房贷款风险评估书以及个人住房贷款合同书。

1. 个人住房贷款申请书

个人住房贷款申请书是个人向银行申请个人住房贷款时填写的资料表格，其主要内容为申请人基本情况、配偶基本情况（无配偶不填写）、共同借款人基本情况、申请人收入情况、申请人资产情况等。

个人住房贷款申请书主要反映申请人的个人信用和资产、收入情况，银行主要通过它来判断申请人的还款能力、信用程度以及最后的贷款金额、贷款年限等。

2. 个人住房贷款风险评估书

申请人向银行递交个人住房贷款申请书以后，银行将会通过申请书的资料，利用个人住房贷款风险评估书对申请人进行风险评估。个人住房贷款风险评估书基本涵盖了对借款人进行分析的各个方面，如偿还能力、还款意愿、担保情况、财务状况、基本情况及其他情况，通过对上述信息进行分析，最终能够获得申请人的风险程度。

3. 个人住房贷款合同书

个人住房贷款合同书是贷款申请人与银行签订的正式借款合同，其主要内容包括以下方面：

(1)贷款申请人的基本情况

主要包括贷款申请人、抵押人以及共同还款人的姓名、身份证号以及工作单位、居住地址等基本信息。

(2)贷款用途、金额

贷款用途即为购买并作为抵押物的个人产权房；金额为银行审批后的金额，与贷款申请人的申请金额可能会不同。

(3)房屋基本信息

主要包括房屋地址、房屋类型、房屋结构、建筑面积、抵押物价值、购房合同编号以及房地产权证编号等。

(4)贷款期限及利率、计息方式

贷款期限从贷款申请人实际借款起始日期开始，以贷款实际发放日为准，借款人所欠债务的有效凭证以贷款人按业务操作规定出具的会计凭证为准。

贷款利率按中国人民银行公布的同期、同档次贷款基准利率及浮动区间规定执行。如在贷款期限内遇中国人民银行调整贷款基准利率，则自合同约定的合同贷款利率调整时间起，在新的贷款基准利率基础上按上述利率浮动比例浮动后执行新的合同贷款利率。

贷款计息方式一般为：贷款利息采取对年、对月、对日的计算方法，如果不能对年、对月、对日，以月末最后一日为对日。贷款期限满年的按年利率计算；满月的按月利率计算；有整年(月)又有零头天数的，整年(月)部分按年(月)利率计算，仅零头天数按实际天数计算。

(5)借款人提款条件

一般来讲，借款人应该向贷款人提供符合规定的购房合同意向书、协议或其他批准文件。同时，贷款采用抵押方式担保的，办妥保险、公证(如银行要求办理公证的)及抵押登记手续,并将该抵押物登记凭证、他项权利凭证、保险单正本交由贷款人保管。

(6)还款

从国内商业银行的做法来看,目前个人住房贷款的借款人可选择以下几种还款方式中的一种:等额本息还款法、等额本金还款法、到期一次性归还本息、利随本清以及其他还款方式。

(7)贷款逾期和提前还款

一般来讲,借款人若发生贷款逾期,银行有权要求借款人支付该期还本付息的逾期罚金,并对借款人未支付的利息计收复利。

借款人提前归还贷款,应事先征得银行的同意。未取得同意的,借款人仍应当依照合同约定的期限还本付息。从目前的实际情况来看,大多数银行对于个人住房贷款提前还款都设有一个缓冲期,即在贷款后的一定时间内(一般为6个月),如果借款人需要提前还款,则需要支付违约金;如果在该缓冲期以后提前还款,则不需要支付违约金。

(8)抵押担保

主要包括抵押物的基本情况、抵押物所担保的主债权、抵押担保的范围、抵押物处置等内容。

(9)违约事件与处理

一般来说,下列任一事件均可构成借款人的违约:借款人未按合同规定的贷款用途使用贷款;未按合同约定按时足额偿还贷款本息和相关费用;向贷款人提供虚假或者隐瞒重要事实的资料;拒绝或阻碍贷款人监督检查贷款使用情况、保证人资信状况或担保物状况的;违反所在国法律法规,受到刑事处罚的;提供的担保人/担保物已经或将要不再具有提供与贷款相应的担保能力,或违反其签署的担保文件的,或由于担保人的其他行为,如担保人出国未征得贷款人同意等导致其丧失担保能力,或担保能力明显下降且没有重新落实贷款人认可的相应担保的;未经贷款人同意,借款人或抵押人将设定抵押权财产或权益拆迁、出售、转让、赠与或重复抵押的;借款人或抵押人或保证人与其他法人或经济组织签订有损贷款人权益的合同协议的;借款人或抵押人或保证人涉及诉讼或被法院及其他权力机关监管、冻结其财产的;借款人在还款期限内死亡、失踪或丧失民事行为能力后无继承人或受遗赠人,或其法定继承人、受遗赠人拒绝履行借款合同的。

当合同所列违约事件之一项或数项出现时,贷款人可酌情采取措施进行处理。

6.4　个人住房贷款贷后管理

个人住房贷款的贷后管理是指贷款发放后到收回期间内贷款的贷后检查、风险分类以及档案管理三个部分。它关系到信贷资产能否安全收回，是个人住房贷款信贷工作的重要环节之一。

6.4.1　贷后检查

贷款到期日前，贷款经办人员应该根据借款人的还款计划，及时提醒借款人按时还款；贷款发生逾期时，应该及时向借款人催收贷款；贷款逾期达到一定时间，经办人员应该向借款人发出书面催收通知。贷款全部归还后，贷款经办人员应该协助借款人、抵押人等办理有关解除抵押、质押手续等。

贷后检查是个人信贷风险控制的重要环节，是促进个人住房贷款业务健康、平稳、持续、高效发展的重要手段。贷后检查能够了解信贷资产的真实风险情况，及时采取有效的信贷政策，避免资产受到损失。

1. 贷后检查的原则

贷后检查必须坚持以下几个原则：首先是客观性原则，经办人员要本着客观、公正的态度如实反映检查中发现的问题，客观地评估风险；其次是及时性原则，经办人员要定期对个人住房贷款业务进行检查，准确地记录和反映已掌握的情况，力求及时把握信贷风险、调整信贷方案；第三是独立性原则，即经办人员要独立开展贷款检查，任何部门和个人不能对其进行干涉或妨碍；最后是有效性原则，经办人员应该切实通过多种途径真实地了解借款人的实际情况，对于每一次信贷检查都应该认真对待，做到行之有效。

2. 贷后检查的主要内容

贷后检查的主要内容包括以下部分：

(1)借款人依合同约定归还贷款本息情况；

(2)借款人有无骗取银行信用的行为；

(3)借款人品行、职业、收入和住所等影响还款能力的因素变化情况；

(4)保证人保证资格和保证能力变化情况；

(5)抵(质)押物保管及其价值变化情况；

(6)期房项目工程进度、抵押预登记和正式登记落实情况；

(7)有关合同及相关资料的完整性与有效性，有无与法律、法规和制度相抵触，需要变更、修改和补充的；

(8)贷款资产风险程度、变化情况及趋势；

(9)其他关系贷款人债权实现和保障的内容。

3.贷后检查的方式与程序

正常类贷款可采取抽查方式进行；关注、次级、可疑和损失类贷款采取全面检查方式。

贷后检查程序为：对违约贷款通过电话提示、约见借款人、现场核验、走访借款人所在单位等方式了解借款人违约的主要原因；根据借款人违约情况，判断贷款的风险状况、确定贷款形态；对借款人违约行为提出催收贷款或强制清收贷款的处理方案，报主管领导批准实施；登记贷后检查台账，撰写贷后检查报告。

6.4.2 风险分类

贷款的风险分类指按规定的标准和程序对贷款资产进行分类。贷款形态分正常、关注、次级、可疑和损失五类，后三类贷款为不良贷款。

贷款风险分类一般先进行定量分类，即先根据借款人连续违约次(期)数进行分类，再进行定性分类，即根据借款人违约性质和贷款风险程度对定量分类结果进行必要的修正和调整。

贷款风险分类应遵循不可拆分原则，即一笔贷款只能处于一种贷款形态，而不能同时处于多种贷款形态。

1.正常贷款

借款人一直能正常还本付息，不存在任何影响贷款本息及时、全额偿还的不良因素；借款人未正常还款记录或连续违约期数在1次(含)以下，属偶然性因素。

2.关注贷款

借款人连续违约期数在1次以上、3次(含)以下；借款人虽能还本付息，但已存在影响贷款本息及时、全额偿还的不良因素。

3.次级贷款

借款人连续违约期数达3次以上、6次(含)以下；借款人的正常收入已不能保证及时、全额偿还贷款本息，需要通过出售，变卖资产，对外借款，保证人、保险人履行保证、保险责任或处理抵(质)押物才能归还全部贷款本息。

4. 可疑贷款

借款人连续违约期数达 6 次以上、12 次(含)以下;贷款人已要求借款人及有关责任人履行保证、保险责任,处理抵(质)押物,预计贷款可能发生一定损失,但损失金额尚不能确定。

5. 损失贷款

借款人连续违约期数达 12 次以上,或借款人无力偿还贷款,履行保证、保险责任和处理抵(质)押物后仍未能清偿的贷款及借款人死亡,或依照《民法通则》规定,宣告失踪或死亡,以其财产或遗产清偿后,仍未能还清的贷款。

6.4.3　档案管理

贷款档案指贷款在申请、审查、发放和收回等过程中形成的文件和材料。贷款档案管理是指根据《中华人民共和国档案法》及有关制度的规定和要求,对贷款档案进行规范的管理,以保证贷款档案的安全、完整与有效利用。

1. 贷款档案的内容

贷款档案可以是原件,也可以是具有法律效力的复印件。贷款档案主要包括:

(1)借款人相关资料

借款人身份证件(居民身份证、户口本或其他有效证件);

贷款人认可部门出具的借款人经济收入和偿债能力证明;

符合规定的购买住房意向书、合同书或其他有效文件;

购房交易收件收据;

所购住房的估价证明;

抵押物或质押物清单、权属证明、有处分权人同意抵押和质押的证明及权威部门出具的抵押物估价证明;

保证人资信证明及同意提供担保的文件;

房屋他项权利证明书;

个人住房借款申请审批表;

借款合同;

抵押合同(质押合同、保证合同);

保险合同、保险单据;

个人住房贷款凭证;

委托转账付款授权书。

(2)贷后管理相关资料

贷后检查记录和检查报告；

逾期贷款催收通知书；

贷款制裁通知书；

法律仲裁文件；

依法处理抵押物、质押物等形成的文件；

贷款核销文件。

2. 贷款档案管理

贷款发放后，经办人员应在规定日期内，对贷款文件材料进行复查和清理，检查文件材料的有效性和完整性，对文件材料进行整理，合理编排顺序。

经办人员将档案卷宗移交专门部门。档案管理员对归档材料进行清点，如认为归档材料不完整应退回主管信贷员并督促其尽快补齐。在确认归档材料合格后，双方在档案移交单上签字，完成移交工作。经办人员收妥贷款档案后亦按上述工作程序与档案管理员办理贷款档案的移交手续。

档案管理员应按照一定的标准对档案卷宗进行归类、编序和排列。

贷款档案必须实行集中统一保管，应指定专职或兼职档案管理员具体负责本行贷款档案的保管。

贷款档案实行专用档案库房(室)保管。档案库房(室)要做到防火、防潮、防虫、防盗等。档案管理员如发现贷款档案损毁或遗失，应立即向本部门经理和主管行长报告。

特别重要的凭证和文件材料原件应做特殊保管，以确保档案的完整与安全。

要建立贷款档案借阅制度，完善贷款档案借阅手续。房地产信贷部门内部人员借阅贷款档案，需经本部门经理同意。其他任何单位和部门人员借阅贷款档案，均需经主管行长同意。贷款档案借阅应作登记记录。贷款档案借阅原则上在档案室或办公室进行，一般不得借出。贷款档案借阅人员不得将贷款档案涂改、拆换、损毁和遗失。贷款档案借阅完毕，档案管理员要对贷款档案进行核查。贷款档案是贷款人与借款人的商业秘密，贷款档案经办人员及查阅使用人员应严格遵守保密。

贷款业务终结后，贷款档案仍须保管一定年限。保管期结束后，贷款档案经鉴定、登记造册、贷款部门经理和主管行长签批，进行集中销毁。对尚未终止信贷关系、尚未失去法律效力和尚未登记造册批准销毁的贷款档案，任何人不得擅自销毁。

6.5　住房公积金贷款

住房公积金贷款是以公积金作为资金来源的政策性较强的一种贷款种类。若仅从银行信贷的角度来看，它与其他贷款在受理、审核、发放贷款和监督方面没有本质的区别。但在具体运作环节上，住房公积金贷款是受住房公积金管理中心委托的政策性较强的贷款(体现在贷款对象、利率、保证方式等方面)，与典型的住房抵押贷款有较大的区别。从发展趋势来看，住房公积金贷款的主要对象是个人，在下面的描述中住房公积金贷款均指针对个人的住房公积金贷款。

6.5.1　住房公积金贷款概述

住房公积金贷款是指政府部门所属的住房公积金管理中心运用公积金，委托银行向购买自住住房(包括建造、大修)的住房公积金缴存人和离退休职工发放的优惠贷款。

住房公积金贷款与一般个人住房贷款的区别在于以下几个方面：

1. 性质不同

住房公积金贷款属于政策性个人住房贷款，资金来源为单位和个人共同缴存的公积金存款。一般个人住房贷款属于商业银行自主发放的商业性贷款，资金来源为银行自行吸收的各类存款。

2. 发放方式不同

住房公积金贷款的贷款人是住房公积金管理中心，贷款风险由住房公积金管理中心承担。贷款方式属委托贷款，由住房公积金管理中心委托指定银行办理发放手续，并签订委托合同。一般个人住房贷款由商业银行发放，贷款风险由银行自己承担。

3. 贷款对象不同

住房公积金贷款的对象是指住房公积金缴存人和汇缴单位的离退休职工。商业银行发放的个人住房贷款可对一切具有完全民事行为能力、符合银行规定的贷款条件的自然人发放贷款。

4. 贷款条件有所不同

在贷款额度、期限上有不同的规定；另外，住房公积金贷款利率比一般个人住房贷款利率优惠。

住房公积金贷款可分为两类:一类是纯公积金贷款(一般称为住房公积金个人购房贷款),即职工仅申请公积金贷款;另一类是组合贷款(一般称为个人住房担保组合贷款)。组合贷款是申请住房公积金贷款不足以支付购买住房所需费用时,购房者既申请公积金贷款,同时又向商业银行申请一般个人住房贷款,这两部分贷款一起构成组合贷款。

6.5.2 住房公积金贷款条件与审批

住房公积金贷款主要分两类:一类是向单位发放的住房专项贷款;另一类是向职工发放的住房公积金贷款。这里主要介绍个人住房公积金贷款。

个人住房公积金贷款是指公积金管理机构运用所归集的公积金委托银行向职工个人购、建自住住房或者翻修、大修自住住房发放的贷款。这里所指的住房应该是在本市的城镇区域内,职工能获得房屋产权的住房。借款人应为本市正常履行住房公积金缴存义务的职工。借款人向银行偿还公积金贷款的担保是以其所拥有的产权住房做抵押物。个人住房公积金贷款的贷款基金主要来源于单位和职工缴存的住房公积金。申请个人住房公积金贷款的职工,必须符合下列 7 个条件:

(1)具有本市城镇常住户口;

(2)借款人购、建、修的是自住住房,并有相当于购、建、修住房费用 30%或以上的自筹资金(可用本人和同户成员、非同住直系血亲或配偶已缴纳的公积金存款抵充自筹资金,不足部分由借款人补足);

(3)借款购买商品房或成本价房者,必须是交房前付清全部房款的 30%(分年分月结付房款者不属贷款范围);

(4)借款人购、建、修的是自住住房,必须具有当地房地产管理部门发放的房地产权证,可用于贷款的抵押;

(5)借款人有稳定的经济收入和偿还贷款本息的能力;

(6)借款人同意办理住房抵押和保险;

(7)借款人能提供所需的购房资料和身份资料。

在符合了以上的条件后,借款人的每笔贷款额度不能超过所购住房评估价值的 80%。一般来说,月均还款额不得超过家庭收入的 1/3,根据住房公积金条例的规定,住房公积金管理中心应当自受理借款申请之日起 15 日内,按照受理时间的先后顺序,对借款人申请进行审核,并作出准予贷款或不予贷款的决定,并书面通知申请人。

住房公积金管理中心除对公积金借款人是否符合贷款条件进行认真审核外，必须就贷款人的贷款期限、贷款额度标准以及贷款利率进行审定。

(1)关于贷款期限的审定

依据住房公积金个人购房贷款管理办法，住房公积金管理中心要求每项公积金贷款期限最长不得超过 20 年，并不长于借款人法定离休或退休时间后的 5 年。共同借款的，贷款期限最长不超过 20 年，并不长于其中最年轻者法定离休或退休时间后的 5 年。

(2)关于贷款利率的审定

公积金贷款的利率一般按照国家规定在住房公积金计息利率的基础上加规定利差，并随住房公积金存款计息利率的调整而调整。

(3)关于公积金贷款额度的计算

目前的个人住房公积金贷款可贷额度可以参照下面的公式来计算：

可贷额度＝住房公积金月缴存额的工资基数×规定比例×12×贷款期限

住房公积金管理中心对公积金贷款人申请审核时，受托银行与借款人应当以书面形式签订公积金借款合同。

当上述手续经审核批准后，受托银行应当按照借款合同约定的时间和金额，以转账支付的方式将贷款资金支付给房屋出售人。

6.5.3　个人住房担保组合贷款

个人住房担保组合贷款基本运作方式与纯公积金贷款相似，相关规定如下：

(1)申请个人住房担保组合贷款的，必须同时符合住房公积金管理部门有关公积金贷款的规定和有关住房商业性贷款的规定。申请个人住房担保组合贷款的，借款人应先向商业银行提出申请，同时提供相关证明材料，由商业银行凭借款人相关证明材料代借款人向公积金受托银行提出公积金贷款申请；公积金受托银行经审核，以书面形式向借款人承诺公积金贷款可贷额度、期限等，同时通知商业银行；商业银行经审核，以书面形式向借款人承诺商业性贷款额度、期限等。组合贷款发生日必须为同一天。

(2)组合贷款由同一银行发放的，借贷双方可以分别签订住房公积金贷款合同和住房商业性贷款合同，也可以合并签订一份住房担保贷款合同。组合贷款的贷款人为非同一银行的，分别由公积金受托银行与借款人签订住房公积金贷款合同，同时由提供商业性贷款的银行为借款人提供公积金贷款的担保，并由提供商业性贷款的银行与借款人签订商业性贷款合同、住房担保合同。提供商业性贷款的银行在成为抵押权人的同时，必须向公积金受托银行作出承诺，保证当借款人没有按公积金贷款合同约定履行还款义务时，由其承担连带偿还本息的责任。

(3)办理组合贷款的商业银行应在每月收到贷款本息后，按约定的时间，将其中应还的住房公积金贷款本息用转账的方式划转到经办住房公积金贷款银行。非同一银行发放的组合贷款的借款人没有按住房担保贷款合同约定，按月归还公积金贷款本息的，发放住房商业性贷款的银行履行归还贷款本息的义务。

(4)提供商业性贷款的银行对抵押物或质押物进行处置的，应当采取转让、拍卖或者法律、法规、规章允许的其他方式。处置抵押物所得的价款应当按下列顺序分配：首先，支付与处置抵押物或质押物有关的费用；其次，扣除与抵押物或质押物有关的税费；第三，如抵押物或质押物为共有的，按共有产权的份额偿还其他共有权人；最后，有第一抵押权人的，偿还第一抵押权人的贷款本息余额及违约金、损害赔偿金等。

(5)个人住房担保贷款为组合贷款的，抵押人在办理抵押物财产保险时应明确住房公积金贷款委托人为保险的第一受益人。

6.5.4 住房公积金贷款的担保

1. 住房公积金贷款的担保方式

住房公积金贷款的担保方式与商业银行其他贷款的担保方式没有本质的区别，目的是要达到商业银行认可的贷款担保。具体方式可分为四种：

(1)抵押加担保

借款人将所购的住房抵押给银行，同时还要具有法人资格、符合担保条件的第三方给予担保。

(2)抵押加购房综合保险

如果不选择第三方担保，可以在办理房屋抵押时，买一份综合保险，它将为借款人提供保证、保险。

(3)质押

也就是把相当于贷款额的“硬通货”押给银行，如债券、存单等。

(4)由房地产担保公司担保

前三种担保方式与商业银行一般个人住房贷款业务的担保方式基本相同，而第四种方式也是国际上通行的担保方式。如美国联邦住宅管理局、退伍军人管理局，加拿大政府 CMHC 公司等，它们的主要职能就是为特定贷款者提供贷款担保（实质上是一种政府保险）。

房地产担保公司在我国还是新事物，主要服务于政策性住房贷款。建设部、中国人民银行《住房置业担保管理试行办法》出台后，我国陆续有 20 多个城市组建了房地产担保公司。下面以上海市为例叙述住房贷款担保的运行模式。

上海市公积金贷款的担保方式是住房担保公司担保。为此，上海市成立了上海市住房置业担保有限公司，该公司是从事个人住房公积金贷款的专业性担保机构，主要业务为：受上海市公积金管理中心委托，对住房公积金个人购房贷款资格、贷款额度进行审批；提供公积金贷款及房地产政策法规的咨询；为公积金新增贷款担保，即为购房人向银行贷款提供还款信用保证，购房人将所购住房作为反担保；为公积金贷款的存量通过一定方式提供担保；代办个人住房公积金贷款手续，代办住房抵押登记手续等。

个人住房公积金担保对象为具有完全民事行为能力的自然人，且须同时具备以下条件：具有本市城镇常住户口或蓝印户口；申请时连续缴存住房公积金的时间不少于 6 个月，累计缴存住房公积金的时间不少于 2 年；购房首期付款的金额不低于规定比例；具有较稳定的经济收入和偿还贷款的能力；没有尚未还清的数额较大且可能影响贷款偿还能力的债务。

担保公司为借款人提供三项社会性保障。第一，意外事故，债务免除。主借人因意外事故造成死亡或因意外事故致残完全丧失劳动能力的，由其继承人、受遗赠人提出书面申请，经担保公司查证情况属实的，由担保公司承担连带保证责任。第二，生活特困，罚息减免。在还款期间内，主借人因生活来源发生重大变更而造成生活特困，且配偶、其他参与借款人均无生活来源，由借款人向担保公司提出书面申请，并提供有关证明，经担保公司查证属实的，担保公司可以酌情减免或缓收应收取的逾期罚息。第三，抵押物灭失，债务免除。借款人由于下列情形之一造成抵押物灭失，经担保公司查证属实的，免除尚欠借款债务，由公司代为偿还：

①火灾、爆炸（借款人故意行为造成的除外）；

②暴风、暴雨、雷击、冰雹、雪灾、洪水、海啸、龙卷风、地面突然塌陷；

③空中运行物体坠落。

担保公司担保费收费标准为年度贷款本息余额的 1‰。如果被担保人一次性提前偿还贷款的，可以凭提前偿还债务的凭证，根据提前偿还的债务占整个债务的比例，计退担保费。凡由担保公司承担连带保证责任的公积金贷款，除借款人自愿向保险公司投保所购住房财产险外，借款人可不必办理财产险。

2. 担保公司担保的业务流程

(1)担保申请和受理

借款人到贷款公司查询是否符合贷款担保条件及贷款担保最高限额和最低期限。若可以，填写个人住房公积金借款申请书。借款申请人提供相关资料，经初审后符合担保借款条件的，借款申请人凭《个人住房公积金贷款担保受理单》，按借款金额和年限支付担保费，并在《个人住房公积金购房担保借款合同》上签字。

(2)办理房地产公司有关手续

如借款申请人购买期房的，需房地产公司在《个人住房公积金购房担保借款合同》上盖章。申请人还需办理委托还款协议。

(3)办理抵押登记

借款申请人持相关资料到购房所在地的区县房地产交易中心办理件房抵押登记手续。

(4)通知银行放款

借款申请人凭办妥抵押登记手续的凭证及经合同各方当事人承诺的《个人住房公积金购房担保借款合同》向担保公司递交相关资料。担保公司审批同意后，向贷款银行发出《放款通知书》通知其放款。

(5)领取个人资料

所有手续办完后，担保公司通知借款人来领取个人保管资料，进入正常还款过程。

房地产担保公司为住房贷款提供担保是一些国家成功的做法，已经有较长的历史，为住房金融业务和住房市场的发展提供了有力的保证。这种公司一般都有政府支持，实力和担保能力较强。相比之下，我国以担保公司形式为住房贷款提供担保才刚刚起步，而且都是地方性公司，其实力和市场信誉还较差，还不能为大规模住房贷款业务提供有可靠保证的担保，存在较大的业务运作风险。

6.5.5 我国住房公积金制度的发展历程

住房公积金制度是我国住房制度改革的重要内容和中心环节，其实质是一种住房保障制度，也是住房分配货币化的一种形式，同时还是在社会主义市场经济条件下改善城镇居民住房条件的有效途径。我国住房公积金制度基本建立，规模不断扩大，在推进住房制度改革、加快城镇住房建设等方面，发挥了重要作用。各地利用住房公积金解决了一部分城镇居民的住房问题，不少城镇居民用住房公积金贷款购买了住房，居住条件得到改善。

1. 我国住房公积金制度的建立(1991～1994 年)

1991 年 5 月，上海市借鉴新加坡公积金制度的成功经验，结合我国国情，率先建立了有中国特色的住房公积金制度。这是我国在福利住房制度向住房市场化、商品化改革推进的过程中，完善城镇住房制度的重大突破，标志着一个由国家支持、单位资助、依靠职工群众自己力量解决住房问题的市场化机制开始形成。经过多年的不断发展，住房公积金在推动住房制度改革，加快住房建设，帮助广大城镇居民改善住房条件，调动、扩大住房消费，促进经济增长等方面发挥了重要作用。

从 1992 年起，北京、天津、南京、武汉等城市相继建立了符合本地实际的住房公积金制度。在建立初期，职工改善住房条件的愿望强烈，各个城市普遍面临住房资金短缺的问题，住房供给严重不足。在这种情况下，住房公积金制度主要以发放住房建设贷款为主，特别是单位建房贷款、安居工程贷款、危房改造贷款、住房解困贷款等，大大缓解了住房供给短缺的矛盾，改善了职工群众的住房条件。

住房公积金制度在最初建立阶段的主要特点是：第一，全国没有统一的规定和条例；第二，条件成熟的直辖市和省会城市自主进行试点；第三，住房公积金缴交率比较机械；第四，住房公积金的使用主要集中在单位住房建设上，个人极少使用；第五，建立住房公积金制度的面不宽，一是很多城市没有推行，二是即使建立了，参加住房公积金储蓄的人也不多。

2. 我国住房公积金制度全面推行(1994～1999 年)

1994 年，国务院在总结部分城市建立住房公积金制度试点经验的基础上，颁发了《国务院关于深化城镇住房制度改革的决定》(以下简称《决定》)。《决定》充分肯定了住房公积金制度在住房分配机制的转换、住房保障体系的建立以及推动住房建设发展方面的地位和作用，在认真总结十多年来房改实践经验的基础上，明确提出建立与社会主义市场经济相适应的城镇住房新制度的基本框架和全面推行住房公积金制度，要求所有行政和企事业单位及其职工均应按照“个人存储、单位资助、统一管理、专项使用”的原则建立住房公积金制度。

《决定》发布后，住房公积金制度在我国全国范围内逐步推行，覆盖面不断扩大，住房公积金缴交率不断提高，归集额逐年增长。截至 1996 年底，上海、天津、江苏、浙江等起步较早的省市住房公积金归集率已达到 85%以上，北京、安徽、陕西、甘肃、广西、湖北、辽宁等省市的住房公积金归集率也达到 60%左右，全国住房公积金归集额已达 603 亿元。住房公积金制度促进了住宅发展，也为政策性住房金融体系的建设创造了条件，使政策性住房抵押贷款制度在全国主要大城市中推开。

1998年8月，国务院办公厅转发国务院住房制度改革领导小组《关于加强住房公积金管理的意见》，明确规定住房公积金实行“房委会决策、中心运作、银行专户、财政监督”的管理原则，住房公积金管理工作得到加强。截至1998年底，住房公积金制度已从建立初期的部分大、中城市，扩展到231个地级以上城市，437个县级市和相当一部分县(镇)。全国住房公积金归集总额已达1231亿元，发放住房公积金贷款830亿元，对促进全国住房建设，加快全国城镇住房制度改革，提高城镇居民的居住水平发挥了重要的作用。

在住房公积金制度建设过程中，作为住房新体制的核心环节，它提高了职工的购房能力，成为实现住房货币化分配的重要手段；它开辟了一个全新的、以个人住房融资为基础的住房资金来源，使住房建设有了长期、稳定的资金保证，为住房金融体系的建立特别是政策性住房消费信贷提供了基础；它采取的“低存低贷”的原则，既建立了城镇居民住房的自我保护机制，也建立了全社会的住房保障机制。

1996～1998年，住房公积金和其他房改资金为安居工程和经济适用住房建设提供了大量配套资金，为支持和推进住宅建设、解决职工的住房短缺问题发挥了重要作用。但是由于管理不规范，也存在着一些诸如住房公积金制度建立不平衡，发展快的地区覆盖面达到90%，发展慢的地区覆盖面不到30%，大部分地区缴交率不高，个别地区管理不规范，管理制度有待于进一步健全等问题。

3. 我国住房公积金制度进一步发展(1999～2002年)

在总结各地实行住房公积金制度的基础上，1999年4月3日，中华人民共和国国务院令第262号发布施行了《住房公积金管理条例》(以下简称《条例》)。《条例》是在认真总结全国住房公积金制度实践经验的基础上，针对发展过程中存在的问题，结合进一步深化城镇住房制度改革和加快住房建设的新情况、新形势制定的。《条例》的发布，是我国住房公积金制度发展史上的大事，标志着我国住房公积金制度进入了法制化、规范化发展的新时期。

《条例》发布实施以后，全国各地大多数城市根据《条例》的要求，建立了住房公积金总账、单位账和个人明细账三级账目，记账核算到职工个人，为确立住房公积金管理中心的住房公积金管理主体地位、规范住房公积金管理、保障职工合法权益提供了科学的基础。1999年下半年《住房公积金财务管理办法》和《住房公积金会计核算办法》下发，各地普遍调整了会计科目，对住房公积金和其他住房资金实行了分账管理、分账核算，初步规范了住房公积金财务管理和会计核算工作。全国各地大多数城市的管理中心定期向同级财政部门报送住房公积金归集、使用计划，年度预决算和财务报表，管理费用经统计和财政部门审核，接受财政监督；部分城市政府审计部门对住房公积金的缴存和使用情况进行了定期和专项审计；大部分城市向职工发放了住房公积金缴存凭证，按期对账，建立了住房公积金查询系统，以接受社会和职工的监督。

同时，全国各地根据《条例》的要求，开展了住房公积金缴存情况的执法检查，通过建立住房公积金归集协管员制度，加强部门之间的配合，采取行政、法律、建立信息系统等多种手段，迅速扩大了住房公积金制度的覆盖面，提高了归集量。这一阶段一些城市的住房公积金缴存比例开始突破“双 5%”，部分城市达到 8%～10%，北京、天津、上海等城市的住房公积金覆盖率在 90%以上。截至 2001 年 6 月底，全国住房公积金归集总额为 2825 亿元，归集余额为 2065 亿元，分别比 1998 年底增加了 1594 亿元和 1664 亿元，增长率为 129%和 415%。《条例》颁布实施以后，全国各地大多数城市根据《条例》的要求，停止发放单位住房建设贷款。其中，重庆、安徽、福建、海南、宁夏、贵州等六省(直辖市、自治区)在全省范围内停止了新的单位住房建设贷款的发放。多数地方采取了经济、行政、法律等手段，加大了对《条例》颁布前发放的单位住房建设贷款的清收力度。成都、杭州、宁波等城市将单位住房建设贷款全部收回。截至 2001 年 6 月底，全国单位住房建设贷款余额为 213 亿元，比 1998 年底减少 105 亿元；单位住房建设贷款余额占住房公积金贷款的比例从 1998 年的 31.5%降到 10.3%。在停止发放单位住房建设贷款的同时，各地加大了住房公积金贷款发放的力度。截至 2001 年 6 月底，全国住房公积金贷款余额为 637 亿元，大大超过了住房公积金单位住房贷款的余额，逐步实现了对住房公积金使用方向的调整。其中，上海、北京、天津、浙江四省市个人住房公积金贷款余额分别达到 232.6 亿元、73.9 亿元、51.7 亿元、51.7 亿元，分别占这些城市住房公积金归集余额的 96.6%、56.1%、59.4%、44.7%。

4. 我国住房公积金制度逐步完善(2002～2005 年)

2002 年 3 月 24 日，国务院根据全国住房公积金制度的发展情况，在总结各地经验的基础上，公布了《国务院关于修改〈住房公积金管理条例〉的决定》，对全国统一的《住房公积金管理条例》作了相应的修改。与此相适应，各地的住房公积金制度也进行了许多不同程度的调整，同时各地也在各自的住房公积金制度操作上作出了一些结合实际情况的改革，我国的住房公积金制度建设逐渐完善。

2003 年 5 月召开了全国住房公积金工作会议。根据《条例》精神，建设部会同财政部、中国人民银行等有关部门，联合下发了《关于严禁在住房公积金管理机构调整工作中发生违纪违法行为的通知》(以下简称《通知》)、《关于完善住房公积金决策制度的意见》《关于住房公积金管理机构调整工作的实施意见》等配套文件。

中国人民银行、铁道部和全国总工会召开专题会议并下发文件对贯彻落实工作提出具体要求。这一时期，各地紧紧围绕温家宝同志提出的“健全决策体制、调整管理机构、强化监督工作、规范发展业务”四个关键环节，认真贯彻落实《条例》和《通知》精神。各省(区)和设区城市政府重视并加强对住房公积金管理工作的领导；地方各级建设、财政、人民银行、审计、监察、编制管理等部门密切配合，加大指导和监督力度，协调解决《条例》贯彻执行中的有关问题。

2004年当年公积金缴存额1837亿元，为历年来最高水平。缴存累计额、当年缴存额比2002年初分别增长2.55倍和2.31倍。也就是说，3年半的时间相当于前11年总和的2.55倍和2.31倍。个人贷款发放量为2002年初的3.05倍，发放速度快于缴存速度，业务量大幅增长，业务范围扩大。在业务发展同时形成一整套完整的制度和政策体系，新制定的和正在执行的条例就达40个。

2005年建设部、财政部和中国人民银行联合出台住房公积金的新政策:《关于住房公积金管理若干具体问题的指导意见》(以下简称《意见》)。这部旨在维护缴存人利益、充分发挥住房公积金作用的新规定，表明我国住房公积金制度建设得到进一步健全，住房公积金归集使用业务进一步规范，风险防范机制进一步完善，缴存人的合法权益得到进一步维护。

思考题

1. 简述个人住房贷款的概念和特点。
2. 个人住房贷款的审查包括哪些内容?
3. 比较分析个人住房贷款的两种主要的还款方式。
4. 简述个人住房贷款的贷后管理。

案例分析

刘某购房贷款分析

刘某今年31岁，家住天津市，为某机关公务员。其未婚妻29岁，为某高校教师。两人打算今年结婚，预购一套65万元商品住宅为结婚用房。其父母只能为其支付20万元房款，房款还差45万元。如果他办理职工个人住房公积金贷款，大概只能贷款13万元左右。刘某与其未婚妻(双方已办理婚姻登记)商定申请夫妻双职工公积金贷款。刘某本人月工资收入为3000元，公积金账户余额现为3万元左右，每月缴存公积金560元。其未婚妻月工资收入为2800元，公积金账户余额现为 2.5 万元左右，每月缴存公积金 450 元。两人工作状况稳定，预申请 20 年期公积金贷款。根据天津市的有关规定，他们在办理公积金贷款时应考虑的问题如下：

1. 刘某申请双职工住房公积金贷款额度如何确定？

住房公积金贷款额度的计算，要根据还贷能力、贷款乘数、住房公积金账户内存储余额倍数和贷款最高限额 4 个条件来确定，依据 4 个条件算出的最小值就是借款人最高可贷数额。计算方法如下：

①按月工资总额计算的贷款额度

(3000＋2800＋560＋450)×40％×12×20＝653760(元)＝65.376(万元)

②按购房款计算的最高贷款额度

650000×70％＝455000(元)＝45.5(万元)

③按住房公积金余额计算的贷款额度

(30000＋25000)×20＝1100000(元)＝110(万元)

④住房公积金贷款最高限额 70 万元(2009 年天津市规定夫妻双职工贷款最高限额)

刘某最终可贷款数额为 45.5 万元，全部可申请住房公积金贷款。

2. 贷款程序如何？

程序：①贷款申请；②贷款初审；③贷款担保；④办理抵押登记；⑤办理保险手续；⑥贷款资金的申领和划拨；⑦贷款使用。

3. 刘某应提供的主要资料有哪些？

①借款人及配偶身份证及复印件 4 份。

②结婚证或同户籍户口簿或民政部门出具的婚姻证明及复印件 3 份。

③借款人及配偶住房公积金龙卡。

④借款人及配偶正楷人名章。

⑤借款人本市户口簿或蓝印户口簿或暂住证及复印件 2 份。

⑥《商品房买卖合同》4 份及复印件 1 份。

⑦《销售不动产统一发票》或《新建商品房预售资金缴款凭证》及复印件 4 份。

⑧缴纳税费证明。

⑨采用抵押担保方式的，应提供：《新建住宅商品房准许使用证》(或质量证书、开发商房地产权证)复印件 2 份。借款人有配偶或有共同购房人的借款人配偶或共同购房人及配偶应在贷款承办银行签订或提供经公证的《同意以共有财产抵押保证书》2 份。

⑩中心和贷款承办银行要求提供的其他材料。

4. 刘某选择哪种还款方式最合适？月还款额为多少？是否影响其家庭生活？

(1)借款人可以采用等额本息或等额本金两种按月分期归还方式。

等额本息还款方式是每月以相等的额度平均偿还贷款本息，其中归还的本金和利息的配给比例是逐月变化的，利息逐月递减，本金逐月递增。等额本金还款方式是每月等额偿还贷款本金，贷款利息逐月递减。

等额本息和等额本金还款方式分别适合不同的借款人，没有绝对的利弊之分。等额本息每月还款固定，适用于在整个贷款期内家庭收入有稳定来源的借款人，如国家机关、科研所、教学单位人员等。等额本金还款方式每月的偿还额逐月减少，开始还款的压力较大，后期压力较小，较适合于已经有一定的积蓄，但预期收入可能逐渐减少的借款人，如中老年职工家庭，在退休后收入可能随之递减，可以选择等额本金还款方式。

因为刘某夫妻双方分别为公务员和教师，收入稳定，因此，其适合采用等额本息的还款方式。

(2)月应还款金额本息合计为 2696.15 元。

(3)月还款额占家庭收入比例为：2696.15÷5800＝46％。

因此，不会影响其家庭生活。

5.刘某除了要考虑还款额外还要考虑其他哪些相关费用？

①律师费：一般为申请贷款额的 0.3％，由律师事务所收取。

②评估费：新建商品房个人住房贷款不需支付评估费，但利用政策性公积金住房贷款的申请人签订购房合同后，需要支付最低 100 元以上的评估费。

③保险费：房价总额×费用系数×贷款年限，申请人一次交清，由保险公司收取。

④印花税：申请贷款额的 0.05％，由税务局收取。

⑤银行开户费：人民币 10 元，由银行收取。

另外，还有抵押登记费、担保费等。

6.刘某在申请贷款时应考虑哪些问题？

①对家庭现有经济实力作综合评估；

②对家庭的未来收入及支出作出合理的预期；

③学会计算自己的还款能力；

④尽可能用足公积金贷款；

⑤贷款期限尽可能长（如 5～7 年的贷款利率是相同的）；

⑥如提前还款，要会余额的计算方法；

⑦若提前还款需到保险公司退还提前期内的保费。

第7章

房地产金融风险及防范

7.1 风险概述

7.1.1 风险的定义

关于风险，学术界可谓见仁见智，至今没有统一的定义。常见的几种关于风险的观点包括：

——风险是不幸事件发生的可能性；

——风险是危险的集合体；

——风险具有不可预测的趋势，是实际结果与预测结果的可能差异；

——风险是损失的不确定性；

——风险是对特定情况下关于未来结果的主观疑虑。

目前我国关于风险的定义大多倾向于“损失的不确定性”。该定义至少揭示了两层含义：一是风险的结果是可能的损失，对此以后章节将详细讨论；二是不确定性是风险的核心。

不确定性具有两重性。其主观性表现为它是人的主观意识的反映，即由于人们缺乏知识或能力不足而对未来产生的怀疑；其客观性表现为客观事件发生的各种可能性，正是这种客观存在性使人们有可能对风险的内在规律进行探求。概率论和统计学就是探索其内在规律的最重要的数学工具。

概率也称或然率，它是随机事件发生的可能性大小的一种数学表示尺度。例如，随机抛落匀质骰子出现特定数字的可能性、特定年龄的人群发生死亡的可能性、火灾以及意外事故发生的可能性等，都可通过概率描述。在一定条件下，概率大，则意味着某种随机事件出现的可能性大；反之，该随机事件出现的可能性就小。与不确定性概念一样，概率也有主观和客观两方面的含义。因信息不充分而只能依靠人的主观估计而获得的概率是主观概率，客观概率则表现为特定结果在充分长的时期内发生的频率(假定其他条件不变)。

以概率为尺度，从数量的角度来研究随机现象变动的关系和规律性的科学称为概率论。大数法则是概率论的主要法则之一。其含义是：通过对特定的随机事件进行大量重复试验，人们将获得随机变量取值的统计规律性。例如，前面提到的掷骰子试验，当我们随机地投掷两次、三次甚至十几次骰子，各面朝上的次数是不规则的，但当我们反复试验上万次、上亿次甚至更多时，我们发现各面朝上的概率接近于均等，即六分之一。保险原理正是建立在大数法则之上的。保险人承保的同质风险单位越多，对任一风险损失的概率就能作出越精确的估计。

7.1.2　风险的构成要素

风险是由多种要素构成的，这些要素的共同作用决定了风险的存在、发生和发展。一般认为，风险由风险因素、风险事故和损失构成。

1. 风险因素

风险因素（hazard）也称风险条件，是指引发风险事故或在风险事故发生时致使损失增加的条件，是导致损失的间接原因或内在原因。因此，风险因素是就产生或增加损失频率（loss frequency）与损失程度（loss severity）的情况而言的。例如，对于面临火灾风险的房屋，风险因素包括易燃材料、自然界中的风和雷电等；对于人的生死而言，风险因素包括健康状况和年龄等。风险因素通常可分为以下三类：

（1）实质风险因素。这是指有形的并能直接影响物体的物理功能的风险因素。例如，汽车的生产厂家、刹车系统、安全保护装置、发动机功能等，建筑物的坐落地址、建筑材料、结构、消防系统等，自然界中的风雨雷电等，均是实质风险因素。

（2）道德风险因素。这是指与人的品行修养有关的无形因素。例如，故意拖欠债务、诈骗、纵火等恶意行为或不良企图均属道德风险因素。

（3）心理风险因素。这是指与人的心理状态有关的无形因素。例如，人的疏忽、过失、投保后片面依赖保险等均属心理风险因素。

实质风险因素与人无关，故也称为物质风险因素；道德风险因素和心理风险因素均与人密切相关，前者侧重于人的恶意行为，后者侧重于人的心理素质，因此这两类因素也可合并称为人为风险因素。

2. 风险事故

风险事故（peril）也称风险事件，是指损失的直接原因或外在原因，即风险由可能变为现实以致引起损失的结果。风险要通过风险事故的发生才能导致损失，风险事故是损失的媒介物。火灾、爆炸、车祸、疾病等，都是风险事故。

风险事故和风险因素的区分有时并不是绝对的。例如暴风雨，如果是毁坏房屋、庄稼等，暴风雨就是风险事故；如果是造成路面积水、能见度差、道路泥泞，引起连环车祸，暴风雨就是风险因素，车祸才是风险事故。在这里，判定的标准就是看是否直接引起损失。

3. 损失

损失(loss)作为风险管理和保险经营中的一个重要概念,是指非故意的(unintentional)、非计划的(unplanned)和非预期的(unexpected)经济价值(economic value)的减少。这一定义包含两个重要的要素,一是“非故意的、非计划的、非预期的”,二是“经济价值减少”,两者缺一不可,否则就不构成损失。例如,恶意行为、折旧、面对正在受损的物资可以抢救而不抢救等所造成的后果,因分别属于故意的、计划的和预期的,因而不能称为损失。再如记忆力的衰退,虽然满足第一个要素,但不满足第二个要素,因而也不是损失。但是,车祸使受害者丧失一条胳膊,便是损失,因为车祸的发生满足第一个要素,而人的胳膊虽不能以经济价值来衡量,即不能以货币来度量,但丧失胳膊后所需的医疗费以及因残废而导致的收入减少却可以用金钱来衡量,所以车祸的结果也满足第二个要素。

基于风险管理的需要和保险经营的技术性要求,损失通常分为两种形态,即直接损失与间接损失。前者是指风险事故直接造成的有形损失,即实质损失(physical loss);后者是由直接损失进一步引发或带来的无形损失,包括额外费用损失(extra expense loss)、收入损失(income loss)和责任损失(liability loss)。任何风险所造成的损失都不会脱离上述形态。因此,有人将损失直接分为四类,即实质损失、费用损失、收入损失和责任损失。其中,责任损失包括两方面:一是无法履行契约责任的损失;二是因过失或故意而导致他人遭受人身伤害或财产损失的侵权行为依法应负的赔偿责任。

风险因素、风险事故与损失三者之间存在因果关系:首先,风险因素引发风险事故,即风险因素是风险事故发生之因,风险事故是果;其次,风险事故导致损失,即风险事故相对标的损失而言是因,标的损失是果。如果将这种关系连接起来,便得到对风险的直观解释。

7.1.3 风险的特征

1. 风险的客观性

自然界的地震、台风、瘟疫、洪水,社会领域的战争、冲突、意外事故等,都不以人的意志为转移,它们是独立于人的意识之外的客观存在。人们只能在一定的时间和空间条件下改变风险存在和发生的状态,降低风险发生的频率和损失程度。但是从总体上说,风险是不可能被彻底消除的,因此风险是客观存在的。

2. 风险的普遍性

自从人类出现后就面临着各种各样的风险，如自然灾害、意外事故、疾病、伤害、战争等。随着科学技术的发展、生产力的提高、社会的进步以及人类的进化，又产生了新的风险，且风险事故造成的损失也越来越大。在当今社会，个人面临着生、老、病、死、意外伤害等风险，企业则面临着自然风险、意外事故、市场风险、技术风险和政治风险等，甚至国家和政府机关也面临着各种风险。总之，风险渗入到社会、企业和个人生活的方方面面，无处不在，无时不有。

3. 风险的社会性

风险与人类的利益密切相关，即无论风险源于自然现象、社会现象，还是源于生理现象，它必须是相对于人身及其财产的危害而言的。就自然现象本身而言无所谓风险，如地震对大自然来说只是地壳自身运动的表现形式，也可能是自然界自我平衡的必要条件，只是由于地震会对人们的生命和财产造成损害或损失，所以才对人类形成一种风险。因此，风险是一个社会范畴，而不是自然范畴。没有人，没有人类社会，就没有风险可言。

4. 风险的不确定性

风险及其所造成的损失总体上说是必然的、可知的，但在个体上却是偶然的、不可知的，具有不确定性。正是风险的这种总体上的必然性与个体上的偶然性(即风险存在的确定性和发生的不确定性)的统一才构成了风险的不确定性。

其主要表现为以下三方面：

(1)空间上的不确定性

如火灾，就总体来说，所有的房屋都存在发生火灾的可能性，而且在一定时间内必然会发生火灾，并且必然造成一定数量的经济损失。这种必然性是客观存在的。但是具体到某一幢房屋来说，是否发生火灾，则是不一定的。

(2)时间上的不确定性

例如，人总是要死亡的，这是人生的必然现象，但是何时死亡，在健康的时候是不可能预知的。

(3)结果上的不确定性

结果上的不确定性即损失程度的不确定性。例如，沿海地区每年都会不同程度遭受台风的袭击，但是人们却无法预知未来年份发生的台风是否会造成财产损失或人身伤亡以及程度如何。

5. 风险的可测定性

个别风险的发生是偶然的，不可预知的，但通过对大量风险事故的观察会发现,风险往往呈现出明显的规律性。运用统计方法去处理大量相互独立的偶发风险事故,其结果可以比较准确地反映风险的规律性。根据以往的大量资料,利用概率论和数理统计方法可测算出风险事故发生的概率及其损失程度,并且可构造出损失分布的模型,成为衡量风险的基础。

6. 风险的发展性

风险会因时间、空间因素的发展变化而有所发展与变化。人类社会在自身进步和发展的同时也创造和发展了风险,尤其是当代高新科学技术的发展与应用,使风险的发展性更为突出。

7.1.4 风险反应

一个人对风险的主观反应表现为他对风险的态度,具体反映到他在不确定环境中的行为方式里。影响这种反应的一个因素是这个人的不确定性。当其他条件相同时,该人的不确定性越大,其对风险的反应(积极的或消极的)就越强烈。古典风险理论将财富作为自变量、效用作为因变量来考察人对风险的反应程度,并依此将人分为风险偏好型、风险中立型和风险厌恶型(或风险回避型)三种。根据调查发现,现实社会中这三种人都客观存在,并且随着环境等因素的变化,人们对风险的反应程度也会发生变化。例如,随着受教育程度的提高,人们对股市风险的态度逐渐趋于理性。影响这些反应的另外一些同等的或更为重要的因素是所涉及的潜在收益或损失的大小,以及这些收益或损失对人们经济状况的影响,例如,当收益和损失分别是正负＄1000 而不是正负＄10 时,一个人的反应可能很强烈,富人和穷人的反应也会不同,富人和穷人相比,对未来可能有更大的不确定性,但富人对未来的担忧可能较少,因为他们有较强的承受灾难的能力。

然而,即使所有这些条件(不确定性、潜在收益或损失以及经济状况)都一样,人们的反应也可能不同。因为由遗传和环境所决定的人们的个性不同,甚至同一个人在不同的年龄和不同的条件下对风险的好恶亦会不同。

人们在作风险决策时,应当意识到自己的风险态度对决策的影响。如果是代表一个家庭或企业作决策,他们就必须考虑应当接受他人态度的程度(如自己配偶的态度、自己家庭的态度、自己顶头上司的态度、自己部门或企业的态度等)。授权他人作决策的人,也应研究决策人的风险态度以及这种态度如何影响自己的决策。在某些情况下,最好规定决策时应采取的态度。

影响风险态度有多种因素。许多研究者调查了决定人们风险反应的人类属性、个性和环境条件，这些调查对认识风险情况下人们的行为方式有很大的贡献。他们认为，这种行为极其复杂，取决于大量因素，且随时间的推移而变化。他们还指出，人们对经济风险的反应较之于自然风险和社会风险的反应可能有所不同。

一个极为有趣的重要发现是，对于同样的风险，分散的个人在加入一个群体之后，趋于更愿意接受风险。因此，群体（如一个委员会）决策较之于该群体成员未形成群体前的平均决策更具风险。对这种风险态度转变的通俗的解释是，这些人认为自己至少和同僚们一样愿意接受风险。但最近的实验认为，群体行为并非总是如此。的确，在某些环境下，群体决策可能比个人决策更谨慎。

7.2　金融风险

在现代市场经济中，金融领域是竞争最激烈因而风险程度也最高的领域，没有风险就没有金融活动，因此，想要避免金融风险是不可能的。

7.2.1　金融风险的内涵

所谓金融风险，是指因经济原因或金融本身制度缺陷、运行紊乱等原因导致的金融领域一系列矛盾激化，对整个金融体系稳定造成的破坏性威胁，可以从宏观和微观两个层次来考察金融风险。

从宏观层面看，主要表现为：金融机构大面积支付困难；金融机构连锁破产倒闭；外资流入减少、停止和大量倒流；暴发恶性通货膨胀，货币大幅度贬值；外汇储备急剧减少，对内外债偿付能力严重不足，发生内外债偿还危机；汇率波动失控；股市过度脱离实质经济运行所形成的金融泡沫破裂，股票市值暴跌；本国银行信用危机，居民储蓄和企业存款大量向境内外国金融机构转移；在自由兑换条件下，本国法定货币被强烈排斥，进而竞相保存、持有和使用外币等，本国货币法定地位受到威胁，货币体制基础动摇等。

从微观层面看，金融企业经营不善，经营风险控制不力，如汇率波动造成巨额损失、资产质量低下，银行信用等级不断下降，导致存款人挤兑、亏损破产等；金融企业大肆进行金融投机，发生巨额亏损，导致破产倒闭；从事洗钱等非法活动被揭露查处造成停业倒闭等。

在现代金融制度下，居民、企业、银行、政府各主体之间，特别是企业与企业、银行与银行之间，存在着纵横交错的债权债务链条，这些债务链条从另外一个角度看，就是传递或扩散金融风险的通道，往往一个债务人的支付危机在特定情况下诱发连锁反应。因此，微观层面的个别和局部的金融风险控制不力，波及范围迅速扩张，则可能演进成为中观层面和宏观层面的金融风险。

7.2.2 金融风险的分类

从金融风险产生的原因看，一般可分为宏观层面的金融风险和微观层面的金融风险两种。

1. 宏观层面的金融风险

宏观层面的金融风险可以分为调控偏差型和制度缺陷型两类。调控偏差型金融风险是由于宏观调控部门，尤其是金融调控当局在进行经济、金融调控运作过程中，因调控目标、调控时机、调控力度以及调控手段等选择偏差造成的金融风险。如墨西哥金融危机就是因在不适宜的时机(政局动荡，外国投资者信心减弱，经济严重依赖进口，贸易连年逆差，外资流入，中短期投机性资金比重过高等情况下)宣布比索贬值引发的。泰国金融危机也属此类型。制度缺陷型金融风险则是由于宏观调控部门，特别是金融调控当局对经济、金融制度建设、安排的缺陷导致的金融风险。如日本金融危机的产生，一是政府任由股票、房地产等资产价格飞涨，没有安排相应的约束制度，以至于经济泡沫不断膨胀；二是金融监管当局对金融机构大量资金进入房地产领域形成的泡沫经济推波助澜，没有建立有效监管和控制制度。此外，一国外债结构币种搭配不合理或缺乏及时调整机制，造成对外偿债负担加重的风险等。又如，韩国发生的金融危机，也主要是因为制度上的缺陷，使得银企之间的不良信用膨胀，企业规模盲目扩大。在出现大批企业破产的情况下，产生连锁反应，酿成空前的“信用恐慌”，再加上长期以来的金钱与权力的勾结与交换，政府控制不力，从而引发了金融危机。

2. 微观层面的金融风险

对于一家金融机构而言，它所面临的风险是多重的，具体可以划分为以下八大类：

(1)资产风险

从某种意义来说，资产风险是金融机构的根本性风险，这是由于金融机构(如银行)运用资金，对客户进行贷款，借款人不能按期归还贷款人贷款本息，如贷款逾期，发生呆滞、呆账等所形成的风险。与资产风险相关联的还有抵押品进行处置、需要变现时其价值降低所形成的风险，后者是指对债务进行担保的第三方信用的不确定性。

(2)市场风险(利率风险)

这是一种由于市场价格变化(利率变化)引起金融机构持有资产价格变动或银行及其他金融机构协定利率跟不上市场利率变化而带来的风险。尤其是金融衍生产品交易风险,即金融机构从事期货、期权等金融衍生工具交易时对市场行情错误预计而发生损失的风险,这种风险如果不能很好地控制,对于金融机构而言往往是致命的风险。

(3)汇率风险

汇率风险也称外汇风险,这是由于汇率变动而出现的风险,主要包括:一是买卖风险,即外汇买卖后所持头寸(多头或空头)在汇率升降时出现损失的可能性。对于外汇银行来说,这是主要风险。二是交易结算风险,即以外币约定交易时所发生的风险。三是汇价风险,即会计处理中某些项目需要在本币和外币之间换算时因所用的汇率不同而承受的风险,主要是交易发生日汇率同财务决算日汇率之间的差异,会造成现金债权债务及其损益和分配利益上的不确定性。这种风险通常包含了上述两种风险,但范围更广些。

(4)信用风险

信用风险是由于借款人信用评级的下降和履约能力的降低而导致损失的可能性。更一般地说,信用风险还包括由于借款人信用评级的降低导致其债务市场价值的下降而引起的损失的可能性。如在信用衍生产品市场上,贷款人资产的价值会受借款人的还款能力和信用状况变动的影响。信用风险还包括主权风险,它是指当债务人所在国采取某种政策,如外汇管制,致使债务人不能履行债务时造成的损失。这种风险的主要特点是针对国家,而不像其他的违约风险那样针对的是企业或个人。信用风险的形式包括结算前风险和结算风险。结算前风险一般是指风险在正式结算前就已经发生。结算风险则是指在结算过程中发生的不可预料的情况,即当一方已经支付了合同资金但另一方发生违约的可能性。这种情况在外汇交易中较为常见,如交易的一方先在香港支付资金而后在伦敦进行交割,在这个时间差中,结算银行的倒闭可能导致交易对手不能履行合同约定。

(5)操作风险

操作风险是指金融机构因信息系统或内控机制失灵而造成意外损失的风险。这种风险一般是由人为的错误、系统的失灵、操作程序发生错误或控制失效而引起的。操作风险还包括由于诈骗和技术问题而导致的风险,风险定价过程中的模型风险。尽管操作风险涵盖了金融机构许多的内部风险,但是长期以来,信用风险和市场风险以及流动性风险的管理占据了金融机构风险管理的主导地位，而操作风险并没有得到足够的重视。直到最近几年，不少银行由于没有有效地管理操作风险而蒙受了很大的损失甚至破产倒闭。

(6)流动性风险

流动性风险往往是指金融机构持有的资产流动性差和对外融资能力枯竭而造成的损失或破产的可能性。如果金融机构没有足够的现金支付到期的债务，就会被迫出售资产，如果其资产的流动性差，该资产就很难以正常的价格出售，金融机构就会因此遭受损失。如果金融机构根本无法出售资产，就必须依赖对外融资来支付到期债务。如果对外融资的渠道也丧失了，该机构就会因无法履行到期债务而倒闭。

(7)犯罪风险

犯罪风险指金融机构要时刻面对来自外部和内部或内外勾结的犯罪活动而带来的风险。如暴力抢劫银行，诈骗银行资金，篡改、伪造、隐瞒交易记录，撰写虚假报告，通过电脑开立非法账户，转移资金等。

(8)国家、政府和法规风险

国家、政府和法规风险指一国政府更迭或首脑更替带来的政策变化的风险，或一个国家政策、法规的调整给金融机构带来的各种各样的风险。

7.2.3 金融风险的特点

1. 永恒性和普遍性

现实世界的变化是永恒普遍的，而人类认识世界的能力是有限的，人类永远都不可能完全认识世界。在由价格配置资源的市场经济中，经济活动参与者面临的市场瞬息万变。由于人的有限理性和信息的不完全性，任何人都不可能完全掌握市场的运动。金融风险的存在是永恒普遍的，它不可能被消除，只能被管理。

2. 隐蔽性和突发性

金融风险是收益或损失的不确定性，它不一定立即表现为现实的损失。如果金融参与者具有足够的资金实力，并且不考虑资金的时间价值，现在的账面损失可能会随着市场的变化在将来变为盈利。因此风险责任人往往存有侥幸心理，尽力掩盖风险，期待市场出现转机，让损失变为盈利。并且，金融机构一般都具有或多或少的信用创造能力，可以在较长的时间里通过不断创造新的信用来掩盖已经出现的损失和问题。但是，如果金融风险不断积累，它最终就会以突发的形式表现出来。

3. 危害性和扩散性

金融风险的危害非常严重。重大的金融风险一旦转化为现实的损失，就有可能导致金融机构破产。这方面的实例已经不胜枚举，加之金融机构是整个社会金融活动的中介，是多边信用网络上的节点，所以由于金融机构的参与，原始的一一对应的信用关系变成相互交织、相互联动的信用网络。金融机构、金融活动不再完全独立，外部效应广泛存在。任何一个环节出现风险损失，都有可能通过该网络对其他环节产生影响；任何一个节点出现断裂，都有可能产生连锁反应，或者通过违约直接引起其他节点出现波动，或者通过金融恐慌间接引起人们对市场丧失信心，导致金融体系的局部甚至整体发生动荡甚至完全崩溃。

金融风险的上述特征，使其构成了对金融秩序和经济运行的潜在威胁。尤其是 20 世纪 70 年代以来，世界范围内的经济金融局势发生了重大变化。以美元为基础的固定汇率制让位于浮动汇率制，各国竞相放松金融管制，金融创新活动空前活跃，新的金融工具、金融产品不断出现，技术日益复杂，知识越来越专门化，加之现代化通讯和信息传播手段的迅速发展，使金融活动中人的有限理性和信息的不完备性等问题更加突出，从而使金融风险具有了更大的不确定性，同时也有了更强的扩散性、隐蔽性和突发性。在这种情况下，一个人出现的问题就可能会影响到一个金融机构；一个金融机构出现的问题就可能会影响到一国经济的运行；一个国家出现的金融风暴就可能会引发一场地区性甚至全球性的金融危机。这样的例子在当今世界屡见不鲜。1982 年，以墨西哥政府宣布不能按时偿还外债为先导，拉开了长达数年之久的拉美国家债务危机的序幕；20 世纪 80 年代初，阿根廷发生的金融危机几乎摧毁了它的整个经济体系，使其国民生产总值损失高达 55%；1997 年 7 月，泰国爆发的金融危机迅速蔓延到东南亚地区，导致东南亚许多国家和地区的货币大幅度贬值，股市不断下挫。其后，韩元、日元、台币、港元也被相继卷入，并引起欧美股市的大幅震荡。

总之，由于金融风险具有普遍性、隐蔽性、突发性和扩散性等基本特征，因此，如果不注意认真加以防范，其后果危害之大，波及面之广，是远远超过其他行业风险的。它不仅可能破坏金融秩序和金融系统，而且还有可能危及国家的经济安全和社会稳定。20 多年来世界各国所发生的大小金融危机，以及 1997 年以来发生在东亚国家的金融风暴都为此提供了例证，并给人们以深刻的教训和启示。

7.3 房地产金融风险

房地产业与金融业之间存在着一种相互依存、相互支持、相互促进和共同发展的内在联系,这种联系将随着各自的发展而愈发密切。在房地产的开发经营中存在着各种各样的风险,由于房地产业已成为国民经济的支柱产业,房地产金融风险不仅影响着房地产业的稳定发展,对整个金融业和国民经济的稳定和发展也至关重要,因此有必要对房地产金融风险进行学习。

7.3.1 房地产金融风险概述

房地产金融的发展历史最早可以追溯到1769年在德国的西里西亚省诞生的世界上第一家土地开发银行。到目前为止,房地产金融在世界上已有240多年的历史。但直到20世纪30年代大萧条后,美国建立类似商业银行管理体制的住房金融体制,现代意义上的房地产金融才在世界范围内得到长足的发展。尤其是在第二次世界大战后,欧美发达国家和一些发展中国家(如新加坡)结合本国的经济发展和金融制度的实际情况创新了各具特色的房地产金融。

房地产金融风险是指经营房地产金融业务的金融机构由于决策失误、管理不善或客观环境变化等原因导致其资产、收益或信誉遭受损失的可能性。房地产金融风险不仅包括单项业务、单个金融机构面临的风险,也包括整个房地产金融体系的风险。

一方面,金融业务、金融机构之间存在着密切的相互联系、相互依存、相互影响、相互制约的关系,一旦产生风险往往相互连累。从经济学的角度出发,一项交易或一种活动给交易双方以外的其他人带来的、不由交易双方或活动主体直接承受的利益或损失就是这项交易的外部效应。积极的外部效应使利益被第二者获得,而交易当事人或活动主体未获得相应的报酬,往往导致当事人放弃该交易或活动;消极的外部效应使第二者受损失,但交易当事人或活动主体未对此支付任何费用,因而当事人可能仍然进行该交易或活动。房地产金融风险就属于一种消极的外部效应。当较多的金融业务、金融机构面临较大风险,尤其是已经受到较大损失时,人们就可能对金融体系的稳定性、可靠性、资产流动性产生怀疑,因恐慌而挤兑,这就可能波及整个金融体系而导致金融动荡乃至金融危机。

另一方面,金融部门经营的外部环境变化,也可能使整个金融部门都遭遇系统性风险，从而发生更大损失。

7.3.2　房地产金融风险分类

由于房地产金融以房地产资金融通业务为主，从服务内容上划分，房地产金融风险可以划分为以下几种：

1. 房地产资金融通业务方面的风险

(1)信用风险

它是由于借款人(房地产开发企业或住宅消费者)无力偿还或不愿偿还，导致房地产贷款本息不能按时收回，甚至无法收回的风险。房地产企业收入来源缺乏稳定性，企业偿还能力没有保障；而银行信用评级方法和贷款决策存在问题将面临信用风险。它可能是贷款前对借款人资信审查评估失误造成的，也可能是贷款发放后情况变化造成的房地产金融中的信用风险，主要是房地产开发企业商品房销售困难、资金周转不灵或经营不善、亏损严重甚至破产倒闭而无力还款，以及因借款的住宅消费者失业、收入减少、意外支出增加、死亡等原因导致无力还款。

(2)流动性风险

它是由于金融机构缺乏足够的现金和随时能转换为现金的其他资产，以致不能清偿到期债务、满足客户提取存款要求的风险。由于我国金融机构房地产贷款增速过快，贷款比例失调，又存在经营管理能力较弱、资产质量恶化的状况，因此将面临流动性风险。一种是原发性的，即资产结构中的中长期贷款比重过高，现金和国库券等不足以应付提款需要，又缺乏及时融入现金的手段和渠道，导致流动性不足；另一种是继发性的，是由信用风险带动的流动性风险，房地产金融中人们多以房地产作借款的抵押物，当借款人不能按期还款时，贷款银行要处置抵押房地产从中求偿，如果卖不掉房地产而使银行缺乏现金来应付提款等需要，也会形成流动性风险。

(3)资产负债结构风险

由于房地产资金融通中资产结构通常以中长期贷款为主，如果金融部门的负债结构中以活期存款为主，就可能形成流动性风险；如果负债结构中多一些公积金存款、住房专项储蓄存款等来源较稳定的成分，结构风险就能缩小。

(4)资产质量风险

如果贷款中质量差的贷款(逾期不还的、无力偿还的和无法追索的等)较多，贷款银行就面临效益差的风险，房地产金融中的资产质量风险与借款人信用和宏观经济形势有关，也与具体的贷款业务处理（如以什么方式作还款担保，以及房地产抵押时该房地产是否容易销售、对抵押房地产的估价是否过高等）有关。

（5）利率风险

如果存款利率上升，或者贷款利率下降，或存贷款利率同向变动但利率差缩小，都可能带来经营效益方面的风险，房地产资金融通尤其是住宅金融的期限往往较长，在长时期中利率变化越频、越大，利率风险也就越大。

（6）通货膨胀风险

由于名义利率减去通货膨胀率才是实际利率，在名义利率不变时通货膨胀会使实际利率下降甚至可能为负数，使银行面临风险。固定利率下通货膨胀风险一般比浮动利率下的大，因为后者往往随通货膨胀而上浮。如果贷款利率固定而存款利率浮动，银行的通货膨胀风险就更大，房地产金融的长期风险使其通货膨胀风险也较大。

（7）汇率风险

如果外汇升值、本币对外贬值，以外币计价的债务负担将加重；反之则以外币计价的资产将实际减少。外汇买卖、外汇收支中也有风险，当房地产金融中借有外债或引进外汇时，也会面临外汇风险。

2. 其他风险

房地产金融中还有其他风险，如经营管理不善导致经济效益下降甚至亏损的风险，业务操作中其他失误（计算错误、拼写或打印错误、票据单证审核错误、防盗防抢劫不力、泄露机密等）带来的操作风险，业务办理过程没有全面注意法律条文导致法律风险，国家政策变动的风险，房地产资金转账结算中的风险，房地产保险中的风险，房地产信托中的风险等。

7.3.3 影响我国房地产金融风险的因素

2000年以来，房地产开发进入了一个前所未有的高潮期，房地产市场也呈现出良好的发展态势。但是在房地产业高速发展的背后，其风险也日益增大。房地产投融资结构主要依赖银行贷款，即房地产开发贷款及最终转变为销售收入的住房抵押贷款构成房地产开发资金的主要来源。金融市场结构决定了依赖银行贷款具有一定的合理性，这种投融资结构并不意味着必然带来金融风险。实际上，真正影响房地产金融风险的主要因素是银行体系本身及市场信息不透明、相关制度不完善等外部环境因素。

1. 房地产企业投资风险

房地产业是投资数额大、投资回收期长的产业，在其发展过程中必须得到金融业的支持才能较好发展。金融业的任何变化，都会对房地产业产生影响。影响房地产企业投资的金融风险因素中有许多不确定因素，了解房地产企业投资的金融风险，有助于避免不必要的风险损失。房地产企业投资主要面临的金融风险包括以下几点：

(1)政策风险

房地产业是国民经济的先导产业，属于固定资产投资范畴。当经济表现较热时，即固定资产投资过热时，国家要进行宏观调控，房地产即成为国家宏观调控的重点。换言之，房地产业的发展直接受国家宏观调控政策的影响。如 20 世纪 90 年代初全国各地不断出现房地产热，社会的主要资金大量流入房地产业，导致了通货膨胀。在这种情况下，政府通过宏观调控政策，收紧银根，抑制了房地产项目的扩展，使一批房地产开发项目下马。国家宏观调控政策的实施，使大部分房地产企业受到一定影响，房地产投资相应出现回落，商业银行利益连带受损，出现房地产金融风险。

(2)利率风险

银行利率的变化取决于资金市场的供求关系和相应的金融政策，当银行贷款利率提高时，会带来房地产投资成本的增加，也就是利息支出的增大，即房地产投资的金融风险加大。同时，消费者的购买欲望随之降低。因此，整个房地产市场一方面生产成本将有所增加；另一方面市场需求降低，这无疑会给房地产企业投资带来损失。

(3)收回贷款风险

银行贷款是要收回的，为防止贷款损失，商业银行往往是“嫌贫爱富”，即在房地产企业财务状况不佳时，加紧催收贷款。这容易造成雪上加霜或者是釜底抽薪的局面，给房地产企业投资带来一定的投资风险。

此外，房地产企业投资还存在投资时机风险、投资区域风险及房产质量风险等商业风险。

2. 房地产融资结构中对银行信贷依赖的分析

2003 年实施宏观调控以来，房地产企业融资成为一个焦点问题。从金融政策看，国家出台了《关于进一步加强房地产信贷业务管理的通知》(121 号文件)以及《商业银行房地产贷款风险管理指引》，对房地产企业开发贷款作出了严格规定。这不仅提高了借款成本，使融资条件趋于严格，也加大了融资难度。

目前，房地产企业的融资结构具有明显的依赖银行贷款特征，资金来源主要是自筹资金、银行贷款、定金及预收款。在2003年以来的宏观调控下，不同规模的房地产企业受到的影响是不同的。资金充足或者土地储备比较充足的大型房地产企业受到的信贷约束较小；对规模较小的房地产企业而言，影响比较大。之所以出现房地产企业融资对银行贷款过分依赖，主要是由国内金融市场结构决定的，即现阶段我国金融市场的融资结构中银行贷款仍然占主要地位。主要表现在以下几点：

一是商业银行是最大的资金供给者。商业银行的重要地位决定了银行贷款是房地产投融资活动最重要的资金来源。

二是房地产企业贷款是银行较为优良的资产之一。房地产企业贷款能够满足银行对资产安全性的追求。相对于其他贷款，房地产企业贷款的质量更高。尽管房地产价格具有周期性波动，却呈现不断上涨趋势。房地产企业贷款质量较好。2008年末，房地产企业不良贷款率为10.3%，比上年下降1.37个百分点；个人住房贷款不良贷款率远远低于房地产企业不良贷款率。

三是房地产企业贷款成为银行利润的增长点。2006年末，存贷差已经突破10.9万亿元，同比增长了17.2%。金融机构贷款余额占存款余额的比重为69%。按照《商业银行法》规定的存款资金利用的75%上限计算，有2.2万亿资金闲置在银行体系而没有得到有效利用。面对持续增长的存贷差，银行寻找新的利润增长点。近几年房地产市场需求仍然旺盛，投资者对房地产贷款需求很大，但由于国家政策的影响，所以银行对房地产贷款供给的增加有所收紧。

四是房地产开发结构对融资结构的影响。2006年，商品住宅投资规模占总投资规模的70.2%，商业房地产(办公楼和商业营业用房)的投资比率为16.9%。购买商品住宅的多数消费者要申请个人住房贷款，即住宅投资比重越大，个人住房贷款需求越多。短期内，我国房地产开发投资中住宅投资比重不会大幅下降，因此，房地产企业对银行信贷的依赖是不可避免的。

在今后一段时间内，银行贷款仍然是房地产企业的重要资金来源，而且还有可能进一步扩大。据统计，2005年，我国房地产企业贷款和个人住房贷款合计占全国贷款比例为13.9%，发达国家的这一比例要高于我国。

7.3.4 我国房地产金融风险存在的必然性

房地产业本身是一个高投入、高利润的产业，先天就具备高风险性。另一方面，房地产业所需要的大量资金以及房地产开发运用的“财务杠杆原理”决定了房地产资金不可能单纯依赖开发商的自有资金，而必须依靠金融工具融资。金融业介入房地产业之后，在分享房地产利润的同时也承担了房地产风险。因此，房地产金融风险是必然存在的。

从国外发达国家成熟的房地产市场看，房地产开发资金来源渠道很广，除银行贷款外，还包括各种房地产投资基金、房地产信托基金等，银行贷款最多不超过房地产总投资的40%。

而我国目前的情况是，房地产开发的三个阶段（取得土地的前期阶段、施工阶段和销售阶段）中，每一阶段都离不开银行资金的支持，具体来说包括房地产开发贷款、流动资金贷款、施工企业贷款、住房抵押贷款等。事实上，除了开发企业自筹资金外，其余资金基本来源于银行。据测算，目前房地产开发资金60%左右来自银行贷款。

显然，我国目前的确存在房地产企业对银行的依赖度过高的问题，一旦房地产经济发生波动，企业的经营风险将转变为银行的金融风险。也就是说，目前我国房地产金融风险主要是由银行系统来承担的。

7.3.5　房地产金融风险与金融安全

房地产企业过度依赖银行信贷会对银行金融安全产生威胁，但其过度依赖银行信贷的融资结构并非必然造成金融风险，也不会威胁金融安全。其实，金融体系是否安全的关键在于银行体系本身及相关外部环境是否得到完善。

1. 金融体系本身脆弱是威胁金融安全的主要原因

一是商业银行的资本充足率和不良资产率决定银行风险，在一定程度上威胁金融安全，比如在商业银行的资本充足率低或不良资产率高的情况下。二是商业银行资产负债期限结构是否匹配，决定银行贷款的流动性。房地产个人住房贷款多属中长期贷款，因此在房地产贷款上，住房抵押贷款证券化是解决长期资产流动性的一个有效渠道，银行可以通过证券化的方式将住房抵押贷款债权转让给二级市场投资者，以降低房地产贷款风险。现阶段我国正在进行住房抵押贷款证券化的试点工作。

2. 房地产金融风险受到制度不完善的影响

一是抵押担保制度不健全、不完善。如抵押物处置成本高，银行无法顺利实施抵押权等。二是房地产价格波动幅度过大会带来金融风险，即借款人违约风险。如果借款人的贷款价值超过房价，借款人就存在违约风险。在这种情况下，抵押物拍卖所得将不足以清偿贷款本金。此外，房地产市场信息不对称也会对银行造成损害，比如假按揭贷款。

3. 房地产开发企业规模小、负债率高、盈利能力不足形成的金融风险

房地产企业规模小，导致抵御风险的能力差，一旦链条中的某个环节出现严重问题，房地产市场风险极易转嫁给银行，导致银行不良贷款增加。

7.4 我国房地产金融风险的防范

由于我国房地产业的资金需求者获得的大量外部资金主要依赖于银行贷款，企业进行直接融资的比例很低，房地产金融风险一旦发生将会给银行系统带来很大的损失，也将影响一国的经济，同时由于房地产行业发展而带动其他行业的发展效果明显，从而对其他行业也会产生很大的冲击，因此，及早采取措施，防范房地产金融风险的发生是很有必要的。

7.4.1 宏观层面

从根本上看，房地产金融体系的风险，是土地制度、房地产业、商业银行管理等因素综合影响的结果，避免风险扩大也需要深化相关领域的改革。根据国际经验和中国国情，可以主要通过抓住以下几方面，来努力防范相关的风险。

(1)加快我国金融体制改革，建立健全与房地产金融业务相关的法律法规体系，引导房地产金融机构的有序竞争。国家应该完善房地产金融的法规和制度，规范其行为，确定房地产金融的法律地位，如在《商业银行法》《合同法》《建筑法》《公司法》《民法》《反不正当竞争法》等法律法规条文中增加有关开办房地产金融业务的条件的法律条例，用法规的方式约束规范房地产开发商及个人的金融行为。同时，要建立健全有关房地产金融的法律法规，如制定《房地产开发企业贷款管理法》《个人购房贷款管理法》《违反房地产信贷管理办法处罚条例》等一系列配套法规，明确规定开发商及个人的权利与义务，使企业和个人严格按照法规规范房地产贷款行为，认真履行还款职责，建立良好的银企及银行与个人客户的合作关系，共同促进国民经济的健康发展。对于提供假资料、假资信骗取贷款的开发商或个人，应立即停止贷款，并追回已贷款项。同时通过法律手段，尽量挽回损失，并追究当事人的法律责任。

推动有序竞争商业性房地产金融业务，可以多家竞争，凡是经中央银行审查具备资格的金融机构都允许经营，并由中央银行严格监督，制止非法垄断和不正当竞争行为，不够资格和严重违规的金融机构不得从事房地产金融业务，以免带来消极外部效应。被批准在我国经营人民币业务的外资银行和中外合资银行，建议允许它们在指定范围内开展房地产金融业务，但规模要控制住。因为房地产业主要是内向型产业，创汇能力弱，外资方面要把以人民币形态收回的贷款本息，从我国换成外汇拿回去，如果它们发放贷款过多，就会影响我国外汇平衡。房地产业对外汇的需要量不大，不宜为房地产开发多借外债。政策性房地产金融业务，应该由各城市政府分别选择适宜的银行独家办理，这样便于政府监督管理，保持政策统一性。由于住房公积金是政府强制征收的，必须由独家银行办理这方面业务，向政府承担按规定使用和确保交全收回的责任，接受政府的必要补贴等帮助，有助于实现预定政策目标。

(2)尽快推进以抵押贷款证券化为核心的贷款二级市场建设，提高房地产贷款的流动性。一个完整的住房抵押贷款市场体系包括一级市场和二级市场：一级市场即按揭贷款市场，是指购房者以房产作抵押向银行申请贷款，银行对其进行严格审查后发放贷款的市场；二级市场即住房抵押债权转让市场，是指银行以住房抵押贷款为担保，发行抵押贷款证券的市场。目前我国只有住房抵押贷款一级市场，住房抵押贷款市场体系中的“另一级缺席”，势必造成银行资产“流动链”中断。我国商业银行的资金来源主要是短期储蓄存款，期限绝大部分在 5 年期以下，而银行发放的住房抵押贷款期限一般为 10～30 年，在银行资产“流动链”中断的情况下，这种“短存长贷”使楼市产生“战略失衡”。目前我国存在大量低收入群体，购房者向银行申请住房抵押贷款的需求量迅速增长，出现银行资金来源的短期性与住房抵押贷款资金需求增长的长期性矛盾。同时，“长贷”存在利率风险和信用风险。

为了解决当前房地产企业过于依赖银行资金的问题，在收紧银行对房地产企业信贷规模的同时，还必须为房地产企业创造新的融资渠道，通过房地产融资渠道多元化来实现有效的风险分散。拓宽房地产企业融资渠道的关键在于发展市场化的直接融资，也就是说，最好的途径是让投资者直接承担产业风险的市场化融资。

从国际经验看，拓宽房地产企业的融资渠道、发展直接融资可有多种形式。一方面，除房地产企业通过股票市场上市融资外，还包括发行企业债券，即允许有实力、有信誉的大开发商直接到公开资本市场上发行短、中期项目债券，债券投资者根据不同的收益预期承担不同的风险；具有股票性质的购房者与开发商“合伙建房”，即允许购房者直接通过“入股”方式和开发商“合伙”建房；发展房地产投资基金以及房地产信托投资等。

另一方面，可以利用资本市场，创新金融品种。例如，允许银行把资金贷给开发商以后，把若干项目的债权“打包”在债市上卖掉；允许银行房贷在债市上“打包”转让流通。此外，随着今后房地产贷款的投向由开发贷款转向个人按揭消费贷款，个人抵押贷款的证券化将成为化解金融风险的有效途径。

(3)妥善利用商业保险和社会保障机构的力量。与房地产和房地产金融有关的保险业务有很大的拓展空间，它们的拓展可以减少或转移房地产金融活动的风险。在申请住房抵押贷款时，通常只需要求借款人投保房屋财产险和人身意外伤害险就够了，贷款银行的利益可以获得基本保障。其他保险如信用保证保险、失业保险、死亡(意外伤害以外)保险等，可由借款人自愿选择是否投保，以免保险费负担过重；也可以规定当住房抵押贷款发放率大于某个限度(即首付款率过低)时才必须投保这些保险。

全国性住房抵押债券体系建立起来后，可向保险公司和社会保障基金机构推销一部分，但不宜过多，以免因债券价格下跌影响它们的稳定经营。

(4)加强化解房地产金融机构的不良资产。由于在发放个人住房抵押贷款时银行对借款人偿还能力要求较高，又有保险等配套，迄今为止我国个人住房抵押贷款的偿还情况是良好的，逾期率在不少城市为零，全国平均在2%以下。房地产金融机构的不良资产绝大部分是在房地产业金融领域形成的，表现为房地产开发贷款中的逾期贷款、呆滞贷款和呆账贷款(包括不得不处分抵押房地产却卖不掉从而收不回来的贷款)。开发商还不起贷款的主要原因是商品房卖不掉造成积压，有的则是经营不善、企业亏损所致，因此要设法帮助开发商盘活积压商品房，说服他们修正过高的盈利预期和价格定位，以适当的、损失尽可能小的价格把房子卖出去；必要时可适当发放补充性贷款来改进房屋结构和功能，以适应市场需要，变积压为畅销；还可以与开发商重订还款协议，开发商把准备出售的商品房改为出租，相应地推迟还款，加收逾期利息。

我国金融机构的不良资产不仅在房地产金融领域有，在其他领域也有。要减轻它们的消极外部效应，就需要综合治理，各金融机构都要搞好资产负债管理，遵守金融法规、制度和纪律，加强自律；要增强风险意识，提高预测、分析和决策的科学水平。

7.4.2 微观层面

2000年以来，在国内房地产开发企业资金来源中，自筹资金和国内贷款的数额不断上升，2006年分别占到全部资金来源总额的31.9%和19.6%。如果考虑到最终转变成为房地产销售收入的住房抵押贷款，那么银行贷款是房地产企业主要的融资渠道，达到全部资金来源的 60%左右。因此，目前银行系统应着重进行房地产金融风险的防范。

1. 银行应严格信贷准入，加强信贷审查，强化贷后管理

银行机构要谨慎对待经营房地产贷款，科学合理地分析贷款项目的可行性、风险性，加强对房地产开发企业和房地产项目的贷前调查，选择基本成熟的房地产开发项目予以信贷支持，优先选择开发资质高、信用等级较高的房地产开发企业和地理位置较好、市场销售前景看好的房地产项目；严格审查住房开发贷款的发放条件，企业自有资金应不低于开发项目总投资的 30%，开发项目必须具备"四证"（《国有土地使用证》《建设用地规划许可证》《建设工程规划许可证》和《建设工程施工许可证》）；要尽量提高抵（质）押贷款的比例，选择优质资产抵（质）押，确定合理的抵（质）押率，尽量避免由施工企业作为贷款保证人；对住房开发贷款实行统一的会计和统计科目管理，防止房地产开发企业将流动资金贷款用于住房开发项目；要加强贷后检查，严格跟踪和控制贷款用途，按照开发项目工程进度合理掌握贷款的发放，确保资金专款专用，发现企业挪用资金等问题要及时采取措施收回贷款；要通过账户管理等多种手段严格控制住房开发企业销售回笼款项，及时收回住房开发贷款本息；要加大住房按揭贷款的营销力度，把住房按揭贷款作为发放住宅开发项目贷款的条件之一，确保个人住房按揭业务的后续跟进，实现资金的体内循环；要严格审查住房开发企业售房合同及有关业务凭证，有效防范骗取信贷资金的行为。

2. 有效控制总量，合理调整结构，实行差别政策

银行机构要综合考虑自身房地产贷款的现状、资金状况、中长期贷款比例指标、经营管理水平、风险承受能力和房地产市场发展前景等，相应确定房地产贷款总量和比例，适度控制房地产贷款的规模，在积极优化存量贷款的基础上，严格控制和用好增量贷款；要根据各地区发展水平、房地产市场的发展现状和潜力、房地产的价格水平和供求状况、居民居住水平和购买能力、分支机构现有的房地产贷款存量和结构等情况，实行差别授权授信政策，分别采取重点倾斜、支持发展、限制发展等措施。在客户结构上，要优先支持实力雄厚、运作规范、在当地综合实力排名靠前、拥有一定开发业绩、知名度较高、开发资质在 2 级以上、信用等级在 A 级以上的房地产开发企业；在贷款投向上，要优先支持适销对路的城镇普通住宅建设项目，谨慎介入写字楼项目，除特别优秀的以外，对商住楼项目一般不宜介入；在有关信贷政策未明朗之前，适度介入土地储备机构的信用贷款，且要重点支持经营性用地，从中择优选地，封闭运行，全程跟踪，加强监控，缜密操作，参与土地储备机构的土地规划、收购、拆迁、整理、开发及拍卖的全过程，确保拍卖回笼资金优先用于偿还银行贷款。

3. 加强个人住房贷款管理

银行要规范个人贷款审查的程序和标准，推行个人住房贷款业务的标准化，逐步建立并完善个人诚信系统。商业银行发放个人住房抵押贷款时，要严格评估抵押物的实际价值，落实抵押登记手续，贷款额与抵押物的实际价值的比例（抵借比）最高不得超过 80%；严禁对借款人发放"零首付"个人住房贷款；严禁违反规定降低首付款比例。借款人申请个人住房贷款购买期房时，所购期房必须是多层住宅主体结构封顶、高层住宅完成总投资的三分之二，其中借款人申请个人商业用房抵押贷款的抵借比不得超过 60%，贷款期限最长不得超过 10 年，所购商业用房应为现房；严格执行个人住房贷款利率政策，严禁擅自提高或降低个人住房贷款利率水平的行为。

4. 加强政策研究，关注市场变化，提高预警能力

银行要密切注意房地产市场的发展动态，加强市场分析与调研，把握房地产市场发展规律，适时调整房地产金融业务的经营方向与策略，促进住房金融业务的健康有序发展。要严格把握房地产贷款的市场准入条件，对缺少良好物业配套的单体楼盘、写字楼、商用房或非商品住宅占比高的楼盘，销售前景差的高层楼盘要限制介入；对已有不良记录、抗风险能力差的小型开发企业，自有资金明显不足的项目不得介入，做到既要支持好的有前景的房地产项目和个人购房，又要严防房地产泡沫积聚的潜在风险。要逐步建立以房地产金融为目标的经营管理模式，从规范操作、降低风险、保障运行出发，扩展住房金融业务范畴，有步骤地推进住房金融业务向多元化、标准化、优质化方向发展。对目前出现的房地产热要适当降温，要认真贯彻执行房地产金融的有关政策和规定，从加强房地产信贷管理入手，切实改进服务，让房地产信贷业务步入良性运行的轨道。

7.5 房地产金融政策

房地产业和金融业同属于国民经济的第三产业，两者之间存在相互促进、相互依赖、共同发展的密切关系。同时，房地产经济也是国家经济中一个很重要的部分，房地产问题与人民生活密切相关。各级政府（包括地方政府）的政策都会对房地产市场产生影响，这种影响对中央政府来说其目的包括国民经济健康增长、物价的稳定、就业率的提高、人民生活水平的提高和目前提倡的促进和谐社会的发展等。从我国最近十多年来房地产市场发展来看，我国政府出台的政策很多与房地产业、金融业有着直接密切的联系，对房地产金融健康发展有着重要的作用。

7.5.1　金融政策与房地产金融政策

对金融政策的理解存在广义和狭义的区分。从广义的角度讲，金融政策泛指指导金融市场主体的一系列法规，它是一个有关资金融通的体系或系统，具体包括构成这一系统的各个重要组成部分(包括个人及机构)；各类金融机构在这一系统中的地位、作用、职能以及它们彼此间的关系；整个社会资金在这一系统中如何进行流通、各资金融通机构的运行机制以及在这一系统中的金融监管等。从狭义的角度理解，金融政策主要是指社会资金的融通方式和金融机构的运行及金融监管方面的法规，是与金融机构和金融市场并行的概念。

房地产金融政策，是指从资金盈余者手中吸收资金，通过各种融资渠道转让给资金短缺者的金融运行机制，其实质是房地产资金融通模式。房地产金融政策是为房地产业的运行、资金筹集与资金分配所作的指导性规定。因此，房地产金融政策的发展与一国的房地产业和金融业的发展相适应。迄今为止，与金融体系的发展相对应，房地产金融政策的发展或者说房地产融资模式的发展也经历了三个阶段：

第一阶段是银行本位时期，在此阶段，银行占据房地产金融体系的主要位置，由于通过银行等中介机构进行间接融资的效率高于直接融资，房地产业的资金需求者获得的大量外部资金依赖于银行贷款；

第二阶段是市场本位时期，此时，资本市场成为资金融通的主渠道，通过发行房地产股票、债券、基金等有价证券的房地产直接融资比例大幅上升；

第三阶段是强市场本位时期，在此阶段，房地产金融市场出现大量化解金融风险的金融产品，新的融资技术实现了直接融资和间接融资的有效结合，其突出特点是房地产金融机构通过信贷资产证券化进行筹资和分散风险。

7.5.2　我国的房地产金融政策

进入 20 世纪 90 年代以来，中央政府、中央银行出台了一系列房地产金融政策，包括开发信贷、消费信贷、住房公积金、土地储备、市场规范和监管、抵押证券、住房置业担保、金融深化等方面的政策，这些政策促进了房地产业和房地产金融业务的快速发展。政策实施有效改善了居民居住条件，同时，在推动居民住房投资、扩大内需、拉动经济增长、扩大就业等方面也发挥了重要作用。由于房地产业发展具有更明显的行业特征，再加上它与国民经济发展的强相关性，这就使得房地产金融政策的“双刃性”格外明显。

房地产(或不动产)领域所涉及的法律关系广泛，而且也复杂。自1994年7月5日第八届全国人民代表大会常务委员会第八次会议通过了《城市房地产管理法》，我国房地产法制建设及房地产法律体系的构建才具有了里程碑的意义。《城市房地产管理法》与《土地管理法》《民法通则》《继承法》等共同构成了我国房地产法律体系中最高层次的法律。除了法律之外，还有一系列法规、规章、规定、条例等，如《城市私有房屋管理规定》《城市预售商品房管理办法》等。

这些法律法规是制定房地产金融法律法规的基础。房地产金融法律法规主要包括在《人民银行法》《商业银行法》《保险法》《证券法》《票据法》《合同法》《破产法》《担保法》以及相关的司法解释中。总的看来，我国房地产金融法制建设在立足中国国情，并借鉴国外立法经验的基础上取得了长足进步，也基本上构建起房地产金融法所应规范的经济领域，对房地产金融业务和房地产金融活动进行了比较有效的调整、约束和监督，促进了房地产业和金融业的快速发展。

1994年末以来，有关部门出台了多项房地产信贷政策和规则，不断规范房地产金融业务。同年12月，中国人民银行、国务院房改办和财政部联合颁布《政策性住房信贷业务管理暂行规定》，规定政策性住房金融业务，除烟台和蚌埠由住房储蓄银行办理外，其他城市(包括县级市)由建设银行和工商银行办理，县级由农业银行办理，并对政策性住房金融的业务范围等问题作出了规定。

1995年，中国人民银行颁布《商业银行自营性住房贷款管理暂行规定》(银发[1995]220号)，对商业银行自主发放住房贷款作出了规定，它标志着以商业银行自营性住房信贷业务和委托性住房存贷款业务并存的住房信贷体系基本确立。

1995年《中华人民共和国商业银行法》和《担保法》先后颁布与实施，商业银行在中华人民共和国境内不得从事信托投资和股票业务，不得投资于非自用不动产，不得向非银行金融机构和企业投资。中国人民银行加大了规范商业银行经营的力度，正式出台了《贷款通则》，商业银行的经营活动进一步走向规范。

1998年人民银行根据宏观经济的变化，及时调整了房地产信贷政策。1998年4月7日，为扩大国内需求，中国人民银行发布《关于加大住房信贷投入，支持住房建设与消费的通知》，要求1998年新增住房贷款按各行当年新增贷款15%掌握。允许所有商业银行在所有城镇对所有普通商品住房办理个人住房贷款业务，支持普通住房建设。对新开工的普通住房项目，只要开发商自有资金达到 30%，商业银行均可发放住房建设贷款，符合安居工程条件且销售率(含预售)达到 75%，银行可按自筹资金与贷款 6∶4 的比例发放安居工程贷款。这些措施对拉动国内投资和消费需求，起到了积极的促进作用。

1998 年，当时贷款基准利率超过 10%，个人购房意愿不强，住房制度改革没有根本性进展，中国人民银行决定对居民住房贷款实行优惠利率。1999 年为刺激国内消费需求，又进一步扩大优惠幅度，对拉动国内消费需求发挥了重要作用。

为整顿住房金融市场秩序，规范住房金融业务，防范住房贷款风险，2001 年 6 月 19 日，中国人民银行印发了《关于规范住房金融业务的通知》(银发[2001]195 号)，2002 年 8 月 15 日，中国人民银行印发《关于加强住房公积金信贷业务管理的通知》(银发[2002]247 号)，要求商业银行严格执行《住房公积金管理条例》，严格执行《国务院关于进一步加强住房公积金管理的通知》的规定。2003 年 6 月 13 日发布了《关于进一步加强房地产信贷业务管理的通知》(银发[2003]121 号)。这些政策的出台及时、有效地调控了房地产业的发展，防范了金融风险，实现了中央银行预调经济的目标，主要体现在：

1. 提高对房地产开发商自有资金和资质的要求

195 号文件和 121 号文件规定，对开发商贷款，企业自有资金不应低于开发项目总投资的 30%，开发项目要求有土地使用证、建设用地规划许可证、建设工程规划许可证、建设工程施工许可证等“四证”。对自有资金低、应收账款多的承建房地产建设项目的建筑施工企业，建议商业银行限制对其发放贷款。

2. 规范个人住房贷款业务

严禁“零首付”个人住房贷款，提出贷款额与抵押物实际价值的比例(抵借比)最高不得超过 80%；对购买期房的个人住房贷款，所购期房必须是多层住宅主体结构封顶、高层住宅完成总投资的三分之二；对购买第二套或第二套以上住房的，适当提高首付款比例。

3. 限制对开发商的流动资金贷款

121 号文件规定，只能用开发贷款这一个科目给开发商发放贷款，严禁以房地产开发流动资金贷款及其他形式贷款科目发放。对房地产开发企业已发放的非房地产开发贷款，各商业银行只收不放。

4. 强化对土地储备贷款的管理，防止出现地价泡沫

对土地储备机构发放的土地储备贷款必须以其收购的土地做抵押，抵押贷款额度不得超过所收购土地评估价值的70%,贷款期限最长不超过2年。规定不得向房地产开发企业发放用于缴交土地出让金的贷款。

随着房地产信贷规模的迅速扩大,商业银行迫切需要提高房地产抵押贷款的流动性,2004年底,中国人民银行向国务院提交了进行信贷资产证券化试点的申请,并于2005年2月获得批准,中国建设银行成为首家获准推出个人住房抵押贷款支持证券的银行。中国人民银行已联合10个相关部委建立了跨部门协调小组工作机制,并与银监会联合发布了《信贷资产证券化试点管理办法》(公告[2005]第7号)。

2005年3月17日,中国人民银行调整了商业银行自营性个人住房贷款政策,将住房贷款优惠利率回归到同期贷款利率水平。商业银行自营性个人住房贷款基准利率1年到3年期(含3年)为5.76%,5年以上为6.12%。同时中国人民银行实行下限管理,下限利率水平为相应期限档次贷款基准利率的0.9倍,商业银行可根据具体情况自主确定利率水平和内部定价规则。以5年期以上个人住房贷款为例,其利率下限为贷款基准利率6.12%的0.9倍(即5.51%),仅比原优惠利率5.31%高0.20个百分点。新规定实行后,对首次购买住房的消费者,四家国有商业银行均执行下限利率。

另外,对房地产价格上涨过快城市或地区,个人住房贷款最低首付款比例可由20%提高到30%。具体调整的城市或地区,可由商业银行法人根据国家有关部门公布的各地房地产价格涨幅自行确定,不搞一刀切。

为控制固定资产投资增速,防止经济过热,2006年4月28日和8月19日,央行分别上调人民币贷款基准利率各0.27个百分点。虽然加息不是专门针对房地产业,但作为固定资产投资重头,房地产市场所受影响首当其冲。两次加息之后,五年期以上贷款利率已达6.84%,虽然个人住房贷款可享受0.85倍最低利率,但个人住房贷款最优惠利率已经比上一年提高了0.3个百分点。在持续加息预期之下,与加息相伴的是大规模提前还款在各商业银行普遍出现。

2001～2006年房地产金融相关政策见表7-1。

表7-1　　2001～2006年房地产金融相关政策

序号	文件名称	发文日期
1	国家发展计划委员会等关于下达2001年经济适用住房建设投资计划和信贷指导计划的通知	2001年5月29日
2	中国人民银行关于规范住房金融业务的通知	2001年6月19日
3	中国人民银行、中国保险监督管理委员会关于加强个人住房贷款和贷款房屋保险管理的通知	2002年1月22日

（续表）

序号	文件名称	发文日期
4	中国人民银行关于降低个人住房公积金贷款利率的通知	2002 年 3 月 1 日
5	建设部关于降低住房公积金存、贷款利率的通知	2002 年 3 月 6 日
6	中国人民银行关于加强住房公积金信贷业务管理的通知	2002 年 8 月 15 日
7	中国人民银行关于进一步加强房地产信贷业务管理的通知	2003 年 6 月 5 日
8	中国人民银行关于居民个人住房公积金存款账户日常销户结清时的利率适用和结息方式的通知	2003 年 6 月 9 日
9	中国银行业监督管理委员会办公厅关于防范国有划拨土地使用权抵押贷款风险的通知	2004 年 3 月 31 日
10	中国银行业监督管理委员会关于加强土地储备贷款和城市基础设施建设贷款风险提示的通知	2004 年 6 月 23 日
11	中国银行业监督管理委员会办公厅关于国有划拨土地使用权抵押登记有关问题的通知	2004 年 6 月 30 日
12	中国银行业监督管理委员会关于印发《商业银行房地产贷款风险管理指引》的通知	2004 年 8 月 30 日
13	中国人民银行关于调整商业银行住房信贷政策和超额准备金存款利率的通知	2005 年 3 月 16 日
14	建设部办公厅关于住房公积金有关利率政策调整的通知	2005 年 3 月 18 日
15	中国银行业监督管理委员会办公厅关于规范信托投资公司办理业务与房地产抵押估价管理有关问题的通知	2006 年 3 月 28 日
16	建设部办公厅关于调整个人住房公积金贷款利率的通知	2006 年 4 月 28 日
17	中国人民银行关于调整住房信贷政策有关事宜的通知	2006 年 5 月 31 日
18	中国银行业监督管理委员会关于进一步加强房地产信贷管理的通知	2006 年 7 月 22 日
19	建设部、中国人民银行关于调整个人住房公积金存款利率的通知	2006 年 8 月 19 日
20	国家外汇管理局、建设部关于规范房地产市场外汇管理有关问题的通知	2006 年 9 月 1 日

1998～2002 年房地产金融政策的重点在于对房地产市场的支持，要求加大对住房特别是经济适用房投资的信贷支持，鼓励开展个人住房公积金贷款，降低个人住房公积金贷款利率等。2003 年支持型的房地产金融政策出现转折，该年 6 月中国人民银行发出《关于进一步加强房地产信贷业务管理的通知》(银发[2003]121 号)，要求对房地产投资贷款和个人住房信贷实行严格限制。2005～2006 年房地产投资增速问题提上日程，中国人民银行、建设部分别对住房信贷和住房公积金信贷的条件进行调整，银监会加强了对房地产信贷的监管，外汇管理局和建设部也同时对外资进入房地产市场进行了政策规范。综合各部委政策文件数量和内容分析，可以看出 2001～2006 年国家房地产金融政策经历了一个由松到紧的调控过程。

7.5.3 我国房地产金融政策急需完善

法规是政策的基础，政策是法规的正式应用和体现。房地产金融领域的一般问题和表层问题，可以通过完善房地产金融政策解决，但是一些核心层问题，则需要对房地产金融法规进行完善。

1. 完善房地产金融法规

(1)完善房地产金融立法，增强房地产金融法规与世贸规则相关条款的衔接；

(2)重视房地产金融法规与其他相关法规的协调；

(3)提高房地产法规(包括房地产金融法规)的法律层次地位；

(4)积极实施《商业银行集团客户授信业务风险管理指引》(银监发[2003]第5号)；

(5)加快《消费信贷法》《物权法》等法律法规出台。《消费信贷法》《物权法》等法律的出台，有利于从根本上规范消费信贷行为和住宅市场，对于建立健康的房地产宏观调控的微观基础具有重要意义；

(6)强化房地产金融法规的实施和监督。导致房地产市场局部过热，与房地产金融政策法规本身有关，也与房地产金融政策法规实施和监管不力有关。当政策法规不当或严重偏离实际时，政策法规"失效"不可避免；当政策法规适当、合理，但是由于实施和监管不力，则同样会产生"过热"结果。

2. 完善房地产金融政策

(1)中央在大力规范和调控房地产金融业务发展的同时，要重视"地区差异"和"政策效果"。央行出台121号文件的本意不在于限制商业银行的房地产信贷业务，而是针对某些区域出现的房地产市场过热现象(这一现象的出现与商业银行的金融支持有一定的联系)、商业银行追逐利益最大化而出现的违规操作、房地产信贷资产占商业银行总贷款规模的比例较高等而进行规范与调整。就121号文件的积极意义，规范了商业银行房地产信贷业务的发展方向，同时，正是由于121号文件的出台，银监会加大了对各商业银行房地产信贷业务的检查力度，使得各商业银行房地产信贷业务发展开始"小心翼翼"起来。根据央行2006年上半年货币政策报告显示，全国货币供应量增长过快，贷款发放速度增长过快(各商业银行存贷比平均已接近70%)，而房地产信贷成为"罪魁祸首"。同时全国生产品价格指数与消费品价格指数都有不同程度的上涨。为了避免诱发新一轮的通货膨胀，央行再次提高商业银行法定准备金率，收缩信贷规模(全国信贷规模紧缩1500亿元)，控制货币供应量的上升。这一政策直接导致了各商业银行的各种资产业务可贷资金规模有所下降。由于各地区房地产市场差异程度很大，央行可以将细则制定工作交给各商业银行独立完成。这样一来，既能保证央行政策的权威性、统一性，又能考虑到房地产市场的地区差异性，政策实施收到良好的效果。从金融业角度看，在严格银行业管理的同时，我们也应看到问题的另一方面，即储蓄存款资源利用效率低。对于高储蓄利弊的认识也要与时俱进，银行既要放贷，又要防范和规避风险。

(2)央行的房地产金融政策要与国家的住房保障政策、技术政策、产业政策配套协调，从根本上解决住房供求的结构问题，从而有效抑制"局部过热"。江苏省常熟市的经济发展早在十年前就闻名全国，其个体私营经济发展模式是著名的"苏南四模式"之一，经济综合实力排名一直都位居全国百强县级市前十位，2003 年上升到第二位。最近几年由于其地理位置的优越性(位于长三角地区)，面临着又一轮加速发展的契机。对于与常熟市类似的城市高档商品房、别墅、商业用房发展快，甚至空置面积大，出现商品房供求结构问题，也容易理解，原因在于这类项目土地出让金较其他用途类型土地出让收益高，政府部门从中可以获得更高的财政收入，并可在短期内实现经济的快速增长，是政府的一种短期行为。从长远来看，房地产金融政策只有与住房保障政策、技术政策、产业政策相结合，住房的供求结构问题或者说住房结构性过热问题才会得到有效解决。

(3)加快制定房地产金融在体制、机制、产品和服务方面的创新(包括保险)政策，提高金融资产运行的质量和效率，更好地为住房投资者和消费者服务。我国现行房地产金融制度、机制、产品品种、服务方面都落后于房地产发展的要求。资金来源的单一化和过高的集中、过大的投放，是房地产金融的明显特点。因此，应通过金融产品的创新，开拓更多的房地产融资渠道，最大限度地吸纳社会资金，解决房地产开发企业资金短缺问题。

(4)采取有效措施完善住房公积金制度，提高公积金政策的实施效果。由于当前对住房公积金的管理主要运用的行政手段主观随意性大，许多地区政府干预的问题相当突出。要从根本上解决这些问题，必须通过立法对住房公积金的来源、性质、使用方向、使用原则、使用程序、使用效果、基金核定、划转、结算以及管理机构、管理体制、管理措施、监督机制等作出明确规定，使之具有规范性、强制性。此外，还必须赋予住房公积金管理机构行政处罚职能。

(5)规范和发展个人住房贷款担保制度和体系。要加强对住房置业担保机构的监管，规范担保行为，建立健全风险准备金制度，鼓励其为中低收入家庭住房贷款提供担保。对无担保能力和担保行为不规范的担保机构，要加快清理，限期整改。应加快完善住房置业担保管理办法，研究建立全国个人住房贷款担保体系。

针对上述问题,《国务院关于进一步深化城镇住房制度改革 加快住房建设的通知》(以下简称《通知》)要求完善个人住房贷款担保机制。一是加强对担保机构的监管,建立健全风险准备金制度;二是清理无担保能力和担保行为不规范的现有机构;三是完善住房置业担保管理办法,研究建立全国个人住房贷款担保体系,从制度上防范和化解区域性信贷风险。按照《通知》要求,建设部会同有关部门抓紧完善相关制度,及时向国务院上报建立全国个人住房贷款担保体系的实施办法。当前,各地的工作重点是要对照《住房置业担保管理试行办法》,尽快对现有的住房置业担保机构进行一次全面清理,对无担保能力和担保行为不规范的,要限期整改,防范和化解现实的和潜在的担保风险。

(6)完善房地产金融风险的预警和防范政策。商业银行不仅要防范来自开发信贷方面的风险,同时要重视消费信贷方面的风险。从国际经验看,个人住房贷款的风险一般是在发放贷款后3～8年中逐步显现的,未来几年个人住房不良贷款很可能陆续显现,要防范住房按揭贷款的风险以及与此有关的贷款风险。同时,高档商品房、商用房的过度开发不但使商业银行信贷资金的巨大投入形成潜在风险,也会使中低收入阶层的住房消费能力受到限制。必须引起注意的是:由于现在很多企业都存在关联方交易,如开发企业本身资金实力有限,不具备申请项目贷款的条件,但可以将开户行对其总公司或母公司授信额度内的合理信用用于项目开发,相当于银行被动、变相地向房地产开发企业发放流动资金贷款,这也形成贷款发放风险。

7.6 美国次贷危机

7.6.1 美国次贷危机概况

1. 次贷危机的概念

所谓次贷危机,也译为次级债危机,简单来说,就是源于美国次级抵押贷款市场的信贷危机,是一场社会性的信用危机。

不断上升的基准利率,一方面,将房地产市场由繁荣引向衰退中,房价开始下跌;另一方面,借款人尤其是申请次级抵押贷款的借款人,由于对高额贷款利息不堪重负而开始违约,使提供这类贷款的金融机构受损,随后以这些次级贷款为标的的证券化产品及其衍生产品(即次级债券)的价格开始下跌,受损者扩大到各类基金公司、保险公司、投资银行，以及美国国外的投资者，全球金融市场出现剧烈动荡，流动性危机开始显现。资金链源头出现断裂，引发了这场次贷危机，致使全球主要金融市场隐约出现流动性不足危机。美国次贷危机是从2006年春季开始逐步显现的，2007年8月席卷美国、欧盟和日本等世界主要金融市场。

2.次贷危机的发展进程

(1)次贷危机的孕育

2000年，网络科技股的泡沫破灭之后，美国经济陷入衰退，纳斯达克指数从2000年3月的最高5132.52点下跌至2002年10月的最低1108.49点，最大跌幅达78.40%。当时的美联储主席格林斯潘为了刺激经济，采取了宽松的货币政策，2001年美国进入降息周期，2003年6月联邦基金利率(即美国同业拆借市场利率)降低至1%，为46年来的最低点。相应地，在住房抵押市场上，30年固定抵押贷款利率从2000年底的8.1%下降到2003年的5.8%；一年可调整利息抵押贷款利率从2001年底的7.0%下降到2003年的3.8%。2006年，次级抵押贷款资产规模达到6400亿美元，相当于2001年规模的5.3倍。低利率政策带动了美国房地产市场的持续繁荣，也促进了住房抵押市场的发展，金融创新产品层出不穷。然而从2004年起，美国经济开始步入加息周期，至2006年8月，基准利率已经上升到5.25%，房地产市场形式发生逆转，住房抵押市场的风险开始逐渐显现出来。

事实上，美国的次贷危机于2006年第四季度已经开始有所显现。美国住房抵押贷款银行家协会2006年的房贷市场报告显示，2006年第四季度美国次级抵押贷款不良率显著恶化至13%以上，达到2003年以来的最高水平；抵押贷款违约率(逾期30天或30天以上偿付贷款的比率)上升至4.95%，创下2003年第二季度以来的新高。而雷曼兄弟公司在2007年第四季度发布的报告称，2006年获得次级抵押贷款的美国人中，约有30%无法及时还贷，美国全国约有220万人可能因为最终无力还贷而失去住房。

(2)次贷危机的爆发

2007年初，次贷问题还处于担忧层面，尚未引起美国及全球的广泛关注。2007年2月7日，英国汇丰控股突发盈利预警，表示该行在次级抵押贷款业务方面存在的问题超过预期，并宣布将为美国抵押贷款坏账拨备106亿美元，较市场预期高出20%。这一行为导致汇丰控股股价次日下跌2.7%。次贷危机开始浮出水面。

2007年3月13日，美国第二大次级抵押贷款公司——新世纪金融(New Century Financial)宣布无力偿还所有债务，濒临破产。新世纪金融是致力于为那些被综合性大银行拒之门外的信用水平较低(所谓次级信用)的申请人提供高利率的次级房地产抵押贷款。

当日,纽约股市遭遇“黑色星期二”,道琼斯30种工业股票平均价格指数暴跌242.66点,全球股市随之下挫。2007年4月2日,新世纪金融申请破产保护,美国次贷危机彻底爆发。

(3)次贷危机的蔓延

次贷危机的蔓延是典型的多米诺效应,无力还贷的次级抵押贷款申请人是第一块倒下的多米诺骨牌,随后紧跟着的是提供抵押贷款的金融机构,除新世纪金融外,总部位于亚特兰大的抵押贷款机构Home Banc Corp于2007年8月申请破产,与此同时,美国最大的抵押贷款机构Countrywide Financial也被传出可能已无从融资,业务停顿。

2007年7月,标准普尔降低次级抵押贷款债券的评级,全球金融市场出现大震荡,投资于次级抵押贷款证券化产品及其衍生产品的机构开始爆出巨额亏损。华尔街五大投资银行之一的贝尔斯登(Bear Stearns)旗下两只对冲基金由于投资担保债务证券(CDO)而于2007年7月净值清零,贝尔斯登总裁沃伦·斯佩克特于次月辞职。2007年8月,法国最大银行巴黎银行宣布卷入次贷风波中,而沃尔玛、家得宝等数十家全球性企业宣布因次贷危机蒙受巨额损失,花旗与美林两家金融机构2007年第四季度亏损额均达98亿美元,而瑞银第四季度亏损额高达114亿美元。危机蔓延到亚洲,瑞穗金融集团2007年因次贷危机造成的损失达1700亿日元,野村控股则宣布2007年前第三季度次级债的相关损失为1456亿日元。

2008年3月14日,美国五大投资银行之一的贝尔斯登由于资金流动性严重恶化,而不得不向纽约联邦储备银行和摩根大通银行寻求应急资金,当日贝尔斯登股价重挫45.88%,而贝尔斯登除了普通投资银行业务外,还在美国债券市场上扮演重要角色,从事大量抵押担保证券和交易业务,为了避免大批中小交易商由于无法清算而不能正常运行,美国联邦储备委员会在当日的紧急会议上决定对贝尔斯登提供应急资金,这是自1929年美国经济大萧条以来,美联储第一次向非商业银行提供应急资金。

同时,伴随着次贷危机的是全球股市的剧烈震荡下行。虽然紧急降息和中央银行联手注资行动给股市带来了短期反弹,但整体上股市处于向下通道中。2007年全年道琼斯600指数比2006年下跌0.17%,是自2002年大跌32%后首度收阴。日经225指数则全年下跌了11.14%。

7.6.2　次贷危机产生的影响

与以前的拉美危机、东南亚金融危机不同，这次次贷危机爆发在全球最发达的国家——美国。房地产价格的下降和消费支出的减少表明美国经济正在放缓，对此，美国采取了连续降息的政策。降息和由此引起的美元贬值可能缓解美国国内的经济压力，但同时也推动了以美元标价的国际商品价格的持续走高，导致全球性通货膨胀压力明显上升。目前，次贷危机已经演变为金融危机，国际金融市场的动荡，影响银行信贷的收缩，对实体经济产生很强的反作用，并可能按照“实体经济收缩→市场信心进一步丧失→金融市场流动性危机加剧→最后贷款人救助→道德风险放大”的路径，进一步引发系统性危机甚至国家风险。此次次贷危机对美国和世界的金融及实体经济产生了广泛的不利影响。

1. 对金融及资本市场的影响

美国次贷危机首先引发美国金融体系巨大损失，重创美国银行体系，美国有大量的州立银行和中小银行，在过去几年里他们大量投资次级抵押贷款，次贷危机爆发后资产大量减损，导致亏损破产。美国次贷危机还造成全球资本市场严重受挫。截至 2007 年底，次贷危机已经造成全球金融机构损失 1000 亿美元。截至 2008 年 2 月底，道琼斯指数下跌 7%左右。英国北岩银行资金链断裂，出现了英国百年一见的银行挤兑风波，成为被美国次贷危机第一个拖垮的外国银行。同时，英国股市一直呈下降趋势，最大跌幅频现，银行股首当其冲。澳大利亚股市狂跌，一日内蒸发数百上千亿元已不鲜见。澳元兑美元汇率暴跌 30%多。2008 年 10 月，日本东京证券市场日经指数创 2008 年以来最低点，10 月 8 日，东京股市再次出现大崩盘，指数一度下跌 1000 点，为日本历史上股市第三次大跌幅。德国复兴信贷银行在美国雷曼兄弟公司申请破产当天，还向其转账 3.5 亿欧元，加上其他与雷曼兄弟公司的业务，总计损失可能高达 5 亿多欧元。德国各金融机构与雷曼兄弟公司的业务造成的可能损失高达 10 亿欧元。雷曼兄弟公司申请破产后，也引起了俄罗斯金融市场恐慌，俄罗斯各大证券交易所指数急剧下跌，创下自 1988 年以来最大跌幅。2008 年 10 月，全球 52 个股票市场总计蒸发 5.79 万亿美元，2008 年前 10 个月全球股市共蒸发市值 16.22 万亿美元，再创历史新高，全球股市平均跌幅 20.7%。

2. 对实体经济的影响

次贷危机首先波及房地产业，住房市场降温、房屋价格下降、信贷紧缩，导致房地产投资急剧缩减。美国加利福尼亚州的默赛德市曾是美国房价涨幅最大的城市，不少美国人投资此地，梦想一夜致富。次贷危机爆发后，该市房价下跌最快，房屋平均销售价格跌落50%，无力偿还贷款而失去住房的人数比例跃居全美最高。美国各地房屋销售量每况愈下，大量房屋空置，拖垮了不少房地产开发商，使投资者信心锐减。2007年第四季度以来，美国房地产投资减少了25%。英国自2008年以来，房地产价格也大幅下滑，9月份住房销售价格同比下降了12.5%，许多英国人迫于经济压力不得不低价抛售住房。法国2008年房地产建筑许可证发放量比上年同期锐减23.3%，房地产投建数量减少8.1%。

次贷危机对汽车等制造业也产生了严重影响。德国是汽车生产大国，汽车行业首当其冲受到次贷危机影响。德国戴姆勒汽车公司宣布，其在德国境内厂家工作的15万名员工圣诞节放假延长至5周，欧宝公司有两家工厂开始停产。汽车行业订单减少。汽车业是德国的支柱产业，汽车业的衰退将沉重打击德国实体经济的增长。法国雷诺和标致雪铁龙公司均已决定减产20%。与汽车业相关的诸多行业也将受到拖累和影响。

次贷危机对消费的影响也是明显的。目前，美国内需下降，由最低信用级别的次级房贷出现的危机正逐步向较高信用等级的次级房贷市场蔓延，整个次级房贷市场风险的提高使房贷客户还贷压力增加。与此同时，房地产价格下跌也使业主的房屋资产缩水，购房积极性大大降低。投资者的个人消费欲望和购买能力双双下降，美国内需受到冲击。2007年8月14日，美国股市暴跌就是受沃尔玛等零售业股票大幅下挫影响。

汽车市场分析机构CSM发表报告预测指出，2008年，美国市场的汽车销量下降35万辆，跌至近9年来的最低水平，次贷危机对消费信心和购买力的打击可见一斑。在美国，大多数人资产的2/3是房产，1/3是股票或债券，相当一部分美国人在银行的储蓄为零，次贷危机使美国人的住房市值和股票市值大大缩水，占美国经济总量约2/3的个人消费开支出现下滑。

经济低迷使欧美人开始过上了紧日子。美国人感到了次贷危机和生活的压力。消费下降直接影响了市场需求的增长。各类商品销售开始受到经济衰退的困扰，零售业出现疲软，2008年11月美国第二大消费类电子零售商宣布，将关闭其在全美的155家连锁零售店，原因是已经连续6个月销售下滑。像沃尔玛这样的零售巨头也面临资金不足的困境。

次贷危机对欧美国家的房地产、汽车、外贸、旅游、餐饮、零售业等许多行业都产生了严重的影响，经济增长明显减速。2007年美国经济增长率只有2.2%，比2006年下降一个百分点，2008年第一季度GDP增长率为0.4%。经济减速导致失业率上升。2008 年 1 月份美国非农就业人数减少 2.2 万人,2 月份减少 6.3 万人。2007 年 2 月以来失业率超过 5%,达到历史高位。法国失业率再次超过 7%,失业人口达 200 万之多。德国 1/7 的就业岗位与汽车业相关,造成 20%的汽车配件厂家破产,导致 5 万人失业。

7.6.3 次贷危机形成的原因分析

1. 利率是危机爆发的外因和导火索

1997 年以来美国住宅市场出现自第二次世界大战以来历时最长的一次繁荣,尤其是在 2000～2005 年,住宅市场的房价年平均实际涨幅达 6.4%(实际涨幅由名义涨幅经 CPI 调整后得到)。

促成美国房价在 2000～2005 年大幅上扬的最重要原因,是联邦基金利率的大幅下调,从而带动抵押贷款市场利率的走低。美联储之所以在 2001～2004 年大幅降息,将联邦基金利率降到 46 年来的最低点 1%,是为了刺激互联网泡沫破裂后的美国经济。于是,大量流动性资产涌入房地产市场和金融市场。

(1)信用风险释放

随着美国经济的全面复苏,通货膨胀的压力重新显现,为了抑制国内通货膨胀,美联储从 2004 年 6 月～2006 年 6 月的两年时间内连续 17 次上调联邦基金利率,从 2004 年的 1%上升到 2006 年的 5.25%。利率的上升直接导致浮息贷款利率上调,购房者月供金额不断上升,还款压力增大。然而,次贷申请者大多没有稳定的收入来源,信用记录也良莠不齐,当他们发现无力还贷的时候,拖欠和违约也就不可避免。信用风险随着利率的上升逐渐暴露。即使一部分购房者继续维持还款付息,利率的上升也会削弱其提前偿付的意愿,现金流支付时间较先前的偿付假设呈现一定的滞后性,SPV 内部资金链日趋紧张。

(2)房地产泡沫破灭

利率的上升加重了购房者的债务负担,提高了投资房地产的资金成本,在一定程度上抑制了投资和投机需求。在供给方面,利率上调使房地产开发企业的财务成本上升,迫使房地产开发企业加快资金周转速度,缓解资金链的紧张局面,销售压力日渐增大。由于一部分购房者无力偿还贷款,房屋被住房抵押贷款公司没收后拍卖,重新回流二级市场,增加了房屋的供给。供需的天平逐渐向买方倾斜,房屋价格出现松动。当购房者对房价的预期发生变化后，持币观望的情绪进一步扩散，购房需求进一步萎缩，2001～2005 年积累起来的房地产泡沫终于破灭。美国房地产价格的上升势头在 2005 年夏天突然中止，2006 年市场进入了修正期。数据显示，2006 年 8 月，美国新屋开工指数(home construction index，HCI)同比下降 40%，该指数用于衡量美国建筑业活跃程度，有预示未来经济变化的作用。2007 年，美国住房市场的销售量和销售价格继续下跌，第二季度的整体房价跌幅创下 20 年来的最大值。

(3)资本市场流动性紧缩

利率的上升对冲了资本市场中充裕的流动性，提高了证券必要收益率水平，降低了固定收益债券的价值，使债券持有者遭受损失。同时利率的大幅上升必然会使低厌恶风险的投资者储蓄意愿上升，降低对高风险债券及股票的投资积极性，导致场内资金逐步撤离。2006 年发行的次级抵押贷款的拖欠率和违约率不断上升，导致了 2006～2007 年数家抵押贷款发行商倒闭，其中影响最大的是美国第二大次级抵押贷款公司——新世纪金融的破产。

2. 市场环境过热是次贷危机的内因

利率只是房地产市场泡沫破裂的外部因素、次贷危机的触发因素，而不是根本原因，利率的大幅上升并不必然导致抵押贷款市场资金链的断裂，甚至引发信贷危机，只有市场内部本身存在的问题才是酿成危机的根本原因。

(1)住房抵押贷款市场非理性繁荣

①住房抵押贷款一级市场——制造风险

美国的抵押贷款规模无论从绝对水平还是相对水平来说，规模都非常大，截至 2007 年 6 月底，全美国抵押贷款余额达 98540 亿美元，占 GDP 比例为 71.6%。与此同时，美国抵押贷款市场中的次级抵押贷款规模及其所占比例也在不断上升，截至 2006 年底，次级贷款总额已达 1.67 亿美元。低端抵押贷款规模迅速扩大，将市场进一步推向非理性繁荣。房地产市场表面上的繁荣景象加剧了放贷机构之间的竞争，也促使放贷机构推出了各种高风险的次级贷款产品吸引更多低收入家庭购房。

但是，在房价持续攀升的背景之下，风险并没有暴露，即便借款人无法偿付贷款，仍然可以利用房价上涨带来的房产权益增值进行再融资，或者出售房屋以偿付贷款。然而，当美联储连续 17 次加息，住房市场出现拐点，房价大幅降低后，风险开始显现。一方面，利率大幅上升导致 80%的次级抵押贷款借款人的每月抵押还款在不到半年时间里猛增了 30%～50%，还款压力剧增；另一方面，房价下跌使得即便出售房屋也无法偿还全部贷款，最终，次级贷款的违约率急速上升。

②次级抵押贷款二级市场——传播和扩大风险

二级市场的出现为一级市场的繁荣提供了必要条件，资产证券化使放贷机构可以迅速将流动性低的长期贷款换回流动资金，发放更多贷款，贷款打包出售，也减小了放贷机构对借款人信用资历、还款能力进行监督的动力。并且，房地产市场正处于繁荣时期，预期的高风险并没有出现，使抵押贷款证券化产品的投资者获得了颇高的收益，二级市场上对此类产品的需求扩大，加大了一级市场中放贷机构制造贷款的动力，于是形成了相互促进、共同繁荣的景象。

(2)市场过热使投资银行改变证券化流程

传统的资产证券化流程是发起人将已发行的贷款“真实出售”给 SPV，形成与该资产组合的“破产隔离”，投资银行根据该发起人剥离资产的情况对现金流进行重组，设计出与资产池的特征相匹配且能够满足更多投资者需求的 MBS 和 CDO 产品。在此过程中，住房抵押贷款公司可以根据市场需求和自身资金周转情况，有效地进行现金管理和风险控制，在扩大市场业务和规避经营风险中寻求一种均衡。过热资本市场充裕的流动性使高收益债券的需求急剧增加，对市场感觉灵敏的投资银行自然不会放弃潜力如此巨大的业务，他们针对投资者需求设计出不同的 MBS 产品，根据不同的信贷标准制定不同的债券条款和利率。在确保债券可以销售给下游的机构投资者之后，投资银行才会向住房抵押贷款公司“订货”，根据证券化的需要购买房贷资产。

(3)机构投资者低估了次贷风险投资

次级抵押贷款证券面临 4 种主要风险，即信用风险、流动性风险、利率风险和提前偿付风险。机构投资者运用复杂的模型和定价工具来评估上述风险，经过计算将次级抵押贷款证券定义为低风险、高收益的债券而大量增持。但复杂的定价模型也不可能涵盖市场上所有的信息，一旦模型的假设条件不复存在，则由该模型推导出的理论价值便没有任何意义。次贷危机是房价改变上涨的趋势引发的信用风险，但遗憾的是，大多数机构投资者对这样的风险估计不足。信用风险直接引致流动性风险，MBS 和 CDO 没有活跃的二级市场，危机爆发后该类证券无人接盘，持有大量中间档和权益档次贷的对冲基金甚至连止损平仓的机会都没有，当面临巨额的赎回压力和银行的催款通知时，只能选择破产清盘。流动性风险放大了次贷危机的损失。

(4)住房抵押贷款公司贷款限制过于宽松

急剧增长的房贷需求使住房抵押贷款公司之间竞争加剧，证券化市场由卖方市场变为买方市场，其发行规模也由过去的由住房抵押贷款公司控制变为由资产市场决定——只要有购买需求，投资银行就会向抵押贷款公司订购更多的产品，迫使公司发放更多的贷款。当优质客户不能完全满足需求的时候，住房抵押贷款公司就会向低收入人群开拓市场，次贷业务也就越做越大。只要市场有人愿意向投资银行购买 MBS 和 CDO，就等于将资金借给了低收入的购房者，资本市场上的资金被源源不断地导入房地产市场，使房地产热度不断攀升，次贷业务不断扩大，流动性更加充裕，从而引发物价上涨，最终美联储被迫提高联邦基金利率，形成刺破泡沫的压力。

(5)信息不对称与信用评级机构失职

信息不对称是次贷危机扩散的重要原因。次贷危机的全球化与次贷衍生品有很大关系。次贷衍生品设计者从自身利益出发，低估产品的风险或片面强调其高收益，而次贷衍生品的购买者并不确实了解美国次贷市场的实际运行情况，也难以了解复杂的次贷衍生品设计过程，于是在设计者和购买者之间存在严重的信息不对称。而评级机构未能识别次贷衍生品蕴藏的较大风险，给予这些产品较高评级，进一步加剧了这种信息的不对称。

次级抵押贷款在经过一系列复杂的过程，从被打包资产化成 MBS，根据各自风险划分成各类 CDO，再到被创新成合成 CDO 等眼花缭乱、极端复杂的金融产品后，信息变得相当不透明，很多机构投资者已经无法确切了解其中包含的风险，更不知道次级贷款借款人的真正支付能力，他们唯一可以依赖的就是信用评级机构对金融产品的信用评级。信用评级的诞生就是为了减少投资风险，增加市场透明度。因此，信用评级机构是否能够独立、公正、客观地提供科学的信用评级，会在很大程度上影响资本市场的运作。

然而，目前评级机构的核心业务存在着利益的冲突，被其评定的客户付钱购买自己的信用等级，而使用这些评级结果的却是投资者。另外，信用评级机构的收入是基于所评级证券金额的大小，而不是信用评级能否真实地反映相关信用风险。因此，在市场繁荣时期，信用评级机构为了承揽更多的业务，有时候通过提高信用评级的方式来讨好客户，这就严重影响了信用评级机构的公正、客观程度。在次贷危机爆发前，无论是穆迪还是标准普尔，都对 MBS、CDO、合成 CDO 等产品给出了非常高的信用评级，甚至对一些高风险的合成 CDO 产品也给出了 AAA 级的评级。高评级吸引了大批政府托管基金、养老基金、教育基金、保险基金，以及各种国外机构投资者踊跃加入到这个高风险的市场中，如果没有如此高的信用评级，这些国内外的机构投资者是不可能大量投资于此类债券的。信用评级机构对次贷危机的形成有不可推卸的责任，正是信用评级机构对次级贷款支持的债券给出了严重高估的评级，助长了次级抵押贷款市场的非理性繁荣。

3. 政府监管不力

在理念上，美联储长期信奉“最少的监管就是最好的监管”这一信条，过分强调和依赖金融机构的内部控制和市场纪律，过分注重和培养本国金融机构及市场的竞争力与创新力。在实践中，多头多层的分业监管体制虽有利于相互制衡，但在对混业经营的金融体系（机构、市场、产品）的监管上，未能形成“无缝对接”和“全面覆盖”，监管重叠与监管真空并存。

美联储受制于不干涉企业经营活动的惯例，没有与相关监管部门合作，及时抑制住房抵押贷款公司过度放贷和投资银行过度投机的行为，监管部门的失职为次贷危机埋下了隐患。

美国金融监管层除了对房贷市场风险监管不严之外，还将对次级抵押贷款支持的债券和相关的衍生产品的评估与监督责任完全交付给私人评级公司，并且缺乏对这些评级公司的监管，留给私人评级公司太多的操作空间。同时，美国也被认为是利用评级公司作为一种新的“强权”手段而为美国的利益服务。美联储未能及时干预已经露出危险苗头的次贷业务，终于酿成危机。

4. 美国负债式经济增长模式是次贷危机宏观层面的成因

对于美国长期坚持高负债、高赤字、高消费的负债经济增长模式，可以用双缺口模型加以解释。“双缺口”是指储蓄缺口和外汇缺口。双缺口模型认为，一国可以在不增加国内储蓄的同时，借助于国外储蓄的流入来增加投资，借以摆脱投资水平受制于较低的国内储蓄的被动局面。美国经济长期存在双赤字，且财政赤字和贸易赤字不断扩大。美国的居民和政府都是负储蓄，只有企业的储蓄是正值，储蓄不足产生贸易缺口，引发贸易逆差。美国双赤字不断扩大，补充贸易逆差的资金来源主要是资本项目顺差。国外投资者购买美元资产，将其他货币转化为美元，维持美国国际收支的平衡，保证了美国经济的持续增长。以上的循环得以维系的前提是美国经济要长期处在景气周期，并可以为国外资金创造良好的投资环境，使海外资本在美国可以获得更高的收益，而一旦美国国内出现经济动荡，这一均衡局面就会被打破。长期以来，美国就是以巨大的财政和贸易赤字为基础，通过借贷维持本国消费和投资的增长，尽管其技术创新能力全球领先，但其财富消耗的能力远远超过财富创造能力所能支持的范围，房地产泡沫一旦破灭，受影响的就不只是美国的政府和居民，还包括数以亿计来自全球各国的投资者。各国金融机构在过去的 5 年将资金间接地借给了美国中低收入的居民，为他们购买数百万套住房提供间接融资。次贷及相关金融创新把负债增长的美国繁荣模式发挥到了极点。

次贷危机表明，从里根时代开始的以美元信用的外部扩张和美国资本市场的内部扩张为基础，通过巨大的财政贸易赤字和国际资本流入推动美国经济发展的模式将难以为继了。

7.6.4 对我国房屋抵押贷款发展的启示

住房价格的持续上涨与住房抵押贷款的迅速扩张是美国次贷危机爆发的原因之一，也是我国房地产市场和住房抵押贷款市场与美国危机爆发前的相似之处。如今，次贷危机导致全美80多家次级抵押贷款机构相继停业，还导致英国第五大抵押贷款机构北岩银行遭遇挤兑风波。在我国，2007年住房抵押贷款市场依然热火朝天，即使法定准备金率连续上调至历史高位，银行资金贷无可贷，依然出现排队等候办理房贷现象。因此，次贷危机为我国房地产市场的繁荣敲响了警钟，人们必须重视房地产及其抵押贷款市场中存在的风险。

1. 住房抵押贷款是一种风险资产

2006年下半年开始，我国各家商业银行开始积极开办个人住房抵押贷款业务，陆续推出了个人住房同名转按揭贷款、个人住房自助循环贷款、住房按揭＋最高额度抵押贷款、同名转按揭＋最高额度抵押贷款等信贷产品，个人住房抵押贷款市场出现了飞跃性发展。市场上个人住房抵押贷款总量翻倍增长，信贷产品创新层出不穷，个人贷款需求持续高涨，各家金融机构积极抢占市场份额。银行之所以如此青睐个人住房抵押贷款，其主要原因之一是国际研究表明，住房抵押贷款的违约率一般低于万分之二，被公认为安全性较高的信贷业务，个人住房抵押贷款被理所当然地认为是“优质资产”。然而，住房抵押贷款市场是一个具有明显周期性的行业，当房地产市场繁荣时，银行普遍倾向大量发放贷款，这同时也对房地产市场起到推波助澜的作用，在这个房价快速上涨的时期，房贷恶性违约一般较少，房价的上涨会掩盖大量的信用风险。次贷危机爆发前，美国房地产市场欣欣向荣时，次级抵押贷款的质量并没有令人担忧。然而，一旦房地产市场出现周期性变化，暴露出的风险往往大于预期，造成放贷机构严重损失。在我国，还没有像美国一样对借款人进行信用等级细分管理，申请个人住房抵押贷款的门槛更低，与此同时，出示假收入证明、假工资证明也是屡见不鲜，因此，个人信用风险并不低于美国。次级抵押贷款所引发的问题给我国的住房抵押贷款敲响了警钟，不能盲目地将个人住房抵押贷款认定为优质资产。尤其在房地产市场繁荣时期，更需要提高风险意识，不能一味追求规模的扩张。

2. 完善个人信用评估体系，严格贷前审查

对风险产生的源头加以严格控制才是抵御危机发生的最有效方法。美国次贷危机的爆发，根源就是对次级抵押贷款市场风险的控制不当，人为制造了大量风险，而这些风险被掩盖、被低估，最终演变成为整个危机中第一块倒下的多米诺骨牌。在我国，还没有一个完善的个人信用评估体系，对个人抵押贷款风险的评估还没有一个统一的标准，这容易导致银行在发放贷款时面临信息不对称的问题，而在房地产市场繁荣时期更有人为低估风险、人为制造风险的倾向。因此，更加需要商业银行在放贷前对贷款申请人进行严格的审查，以防止在房价持续上涨和房贷资产是优质资产的观念驱动下，盲目扩大住房抵押贷款的规模，而放松对贷款者资质的审查。同时，建立、健全个人信用评估体系刻不容缓。美国发达的个人信用评估系统是值得借鉴的。在美国，不仅有专业的信用局专门管理个人资信档案，对消费者各个方面的历史信用信息进行加工、整理，并为消费信贷机构提供消费者信用报告和信用数据，并根据贷款机构的要求提供不同类型的信用评分结果，而且各家商业银行几乎都有自主开发的评分模型系统，可以在信用局提供的资料和客户申请表中显示的资料基础上进行评分。利用科学的评估手段，同时注重贷前风险的核实，从而更多地消除贷款审批过程中经办人员和审批人员的主观判断，增加审批的科学性和客观性。

3. 内部控制与外部监管并重

银行内部控制是抵御风险的第一道防线。美国咨询机构的调查结果显示，90%以上的贷款人高报个人收入，其中60%的人高报收入超过实际收入的一半以上。因此，控制银行的贷款和投资决策就显得尤为重要，应加强信贷及投资审批流程的监管，使银行业务建立在谨慎判断、客观论证、正确决策的基础上。

银行需要在风险和收益的对比中作出理性选择，提高识别和抵御市场风险的能力。加强银行内部控制，应建立高效的金融管理信息系统，实现金融机构间信息采集、处理和传输的自动化，实现信息资源共享；建立数据库、模型库、方法库，以利于相对准确的行情预测和分析，为银行内部控制提供信息支持；健全同业自律机制，加强同业工会在行业保护、行业协调与行业监管、行业合作与交流中的作用，维护同业竞争秩序，保护同业成员利益；加强银行信贷审查和贷后管理，保证审慎经营原则。同时，银行外部监管也同样十分重要。

正是美国政府对贷款机构滥发抵押贷款等行为监管不力，才为次贷危机埋下了隐患。金融监管部门应当密切监控机构风险，及时向市场提示风险。

4. 发展完善资产证券化市场，分散银行风险

我国对资产证券化的实际运作起步于20世纪90年代初。1992年，海南首推地产投资券，是我国住房抵押贷款证券化的首次尝试。截至2008年3月，我国已试点发行的资产支持证券总额已超过400亿元，发起机构包括政策性银行、国有商业银行、股份制商业银行、资产管理公司和汽车金融公司等金融机构，证券化的资产已由最初的信贷资产和住房抵押贷款扩大到不良贷款与其他资产。通过将资产

“真实出售”给信托公司实现了与相关资产的“破产隔离”，已将银行内部无法分散的风险转移到资本市场，使市场风险和信用风险在金融市场参与者中充分分散，从而为银行提供了极为有效的风险管理手段。目前，各种抵押贷款支持证券（MBS）和资产支持证券（ABS）运行良好，证券化市场近期出现信用危机的可能性极小，其主要原因是：①基础资产质量良好，已产生了稳定的现金流；②证券化过程按照正常的流程规范运作；③证券分层清晰，不存在过度结构化，投资收益和风险易于评判；④政府部门对资产证券化实施了有效监管，市场发展健康良好。因此，不能因为美国次贷危机而全盘否定资产证券化，特别是住房抵押贷款证券化的作用，因噎废食的做法是不可取的。但是对于将来证券化市场规模扩大后带来的风险不可不防，未雨绸缪，事先采取预防措施势所必然。

5. 规范资本市场运作，防范中介机构道德风险

次贷危机使人们深切地感到单凭市场的力量很难消除一切道德风险，因为每一个市场参与者都以实现个人利益最大化为目标，在特定的条件下，难免会产生一些参与者以牺牲他人的利益换取自身利益的行为，影响市场的公平和公正。这就要求监管部门能够及时更新市场规则，积极对市场加以引导，严厉打击违规行为。在次贷危机的酝酿过程中，投资银行为了追求利润，明知次贷业务风险很大，依然不断地向市场输送高风险资产，他们用复杂的包装和较高的信用评级蒙蔽了投资者，使次贷危机的风险在市场中不断酝酿。住房抵押贷款公司、评级机构、对冲基金等都对危机的爆发起到了推波助澜的作用。当所有人都深知其中有风险而又不得不去参与的时候，市场就进入了“搏傻”状态，危机的爆发只是时间的问题。华尔街一手制造了这场危机，但承担损失的却是全球投资者，次贷危机的背后是华尔街金融机构制造的历史上最严重的“道德危机”。美国的资本市场已经经历了一百多年的历史，市场和法规都已趋于成熟，但依然无法解决道德风险的问题。新兴加转轨的中国资本市场不可避免地会出现类似的道德风险，上投摩根基金经理的“老鼠仓”事件、杭萧钢构案件都说明国内证券市场道德风险依然存在且十分严重。监管机构应加大打击力度，尽快完善法律、法规，执法必严才能维护资本市场的公平与效率。

思考题

1. 简述风险的构成要素及其特征。
2. 简述金融风险的内涵及其分类。
3. 如何防范我国的房地产金融风险？
4. 如何完善我国的房地产金融政策？

第8章

房地产保险与保险合同

8.1 房地产保险概述

8.1.1 保险的含义和特征

“保险”一词是从英语 assurance 或 insurance 翻译而来的。据考证，最初由日本人意译为“保险”，后来我国借用了这个译名。1805 年英国人在广东开设了第一家保险公司后，当地人习惯称保险为“燕梳”（音译）。在日常生活中，保险是指稳妥、可靠或有把握的意思，但在保险学中有其特定的含义。assurance 或 insurance 起初在英语中的含义是 Safe guard against loss in return for regular payment，即以缴付保费为代价来取得损失补偿。由此可见，这里的保险是具有经济意义的保险。随着经济的发展，保险的性质、种类和在人们生活中的作用也在不断地发生变化，因此，关于保险的含义，各国学者历来众说纷纭，至今仍有争议。在我国，保险的含义一般采用《中华人民共和国保险法》第 2 条的定义，即保险是指投保人根据合同约定，向保险人支付保险费，保险人对于合同约定的可能发生的事故因其发生所造成的财产损失承担赔偿保险金责任，或者当被保险人死亡、伤残、疾病或者达到约定的年龄期限时承担给付保险金责任的商业保险行为。在理解“保险”这一概念的内涵时，通常从两个方面入手：

(1)从经济角度来说，保险主要是对意外事故损失进行分摊的一种经济保障制度和手段。投保人参加保险，实质上是将其不确定的大额损失变成确定的小额支出，即保险费。而保险人集中了大量同类风险，能借助大数法则来正确预见损失的发生额，并根据保险标的损失概率制定保险费率，通过向所有被保险人收取保险费建立保险基金，用于补偿少数被保险人遭受的意外事故损失。

(2)从法律角度来说，保险是一种合同行为，体现的是一种民事法律关系。根据合同约定，一方承担支付保险费的义务，换取另一方为其提供的经济补偿或给付的权利，正体现了民事法律关系的内容——主体间的权利和义务的关系。

在社会经济活动中，保险与保证、救济、储蓄、赌博等经济活动有类似之处，但保险与这些经济活动相比又有不同的特征。

1. 保险与保证

保险与保证都是当事人应付未来偶然事件的防范措施。但是两者具有下列不同：首先，两者签署的合同性质不同，保险合同是独立的合同，而保证合同则是以其他合同的存在为前提的附属合同；其次，两者主体之间的关系不同，保证是个体之间的合同关系，而保险则是多数单位之间的互助合作关系；最后，保险费的确定建立在精确计算的基础之上，而保证费用的确定则主要受当事人的心理因素影响。

2. 保险与救济

保险与救济都是补偿灾害事故损失的经济制度，都具有互助合作性质，它们的目的都是使社会生活恢复正常、保持稳定，但两者存在明显的区别。

(1)组织主体不同

从事保险活动的组织机构通常是经济实体；而救济的组织机构通常是政府有关部门或捐资者建立的慈善团体。

(2)前提不同

保险是以被保险人缴付保险费为前提，双方是等价交易，保险人承诺赔偿责任，被保险人要遵守合同条件；而救济是单方的无偿行为，双方没有等价基础。

(3)约束条件不同

保险是一种合同行为，受合同约束；而救济是施舍行为，任何一方不受约束。

(4)给付对象的范围不同

保险的给付对象范围是事先确定的；而救济的给付对象范围不能事先确定。

3. 保险与储蓄

保险与储蓄都是用现在的资金节余为将来的需要做准备，体现了有备无患的思想，是处理未来经济中不确定因素的善后措施。但两者却属不同的经济范畴。保险尽管从全体被保险人的角度可以看成是储蓄，总保费收入及其利息扣除管理费用外，基本上等于总的赔偿金，但从单个被保险人来看，被保险人缴付的保险费与其享受的赔款或支付并不对等，甚至只缴保费而无赔款或给付；而储蓄无论从总体还是个人方面来看，只要存款，就可以提款，提款金额总是等于本金加利息，两者保持对等关系。保险事故发生后，不管投保人缴付了多少保险费和缴费时间长短，只要符合保险赔偿和给付条件，被保险人或受益人都可以及时领取赔款和保险金；而储蓄不同，储户提款不以灾害事故的发生为前提。保险是多数经济单位或个人之间的互助共济行为，其目的在于共同分担保险风险所造成的损失，分担金的计算有特殊的数理依据；而储蓄是一种自助行为，其目的是为应付自己未来所需增加的支出，一般无需特殊的数理计算。另外，由保险费所形成的保险基金的所有权归被保险人所有并由保险人代为支配使用，只有发生保险事故造成损失的被保险人才能获得赔偿和给付；而储蓄的所有者和使用者都是储蓄者，他可以自由支配。最后，储蓄的经营不需要特殊的计算技术，储蓄的给付均等原则是个别均等原则；而保险经营则需要特殊的精算技术，保险的给付均等原则是综合均等原则。

4. 保险与赌博

保险与赌博都是建立在综合均等原则基础之上，并由偶然因素决定的。但是两者具有本质区别。

(1)目的不同

保险以发扬社会互助精神，谋求社会经济生活的安定，利己利人为目的；而赌博则是以欺诈贪婪之心凭侥幸图谋暴利。

(2)风险不同

保险面对的一般是纯粹风险；而赌博面对的仅仅是投机风险。

(3)手段不同

保险的概率论和大数法则作为风险损失计算的数理基础，使风险得以分散；而赌博纯属冒险得利，输赢全凭偶然和运气。

(4)结果不同

保险是变不确定(保险事故发生的偶然性)为确定(获得赔偿或给付)，转嫁了风险；而赌博正相反，是变确定(原有赌本)为不确定(输或赢)，一旦赔了就制造和增加了风险。对保险来说，所获损失赔偿不会超过实际损失，但在赌博中却可能获得额外利益。

总之，保险与赌博的区别在于保险以保险利益原则为前提，即投保人或被保险人对保险标的必须具有保险利益，否则合同无效。

8.1.2 保险的性质和职能

1. 保险的性质

从上述定义和特征中可知，保险的性质是在参与平均分担经济损失补偿的单位之间或个人之间形成的互助共济的分配关系。具体来讲有以下几个方面：

(1)经济性

保险是一种经济保障活动，体现了一种经济关系，即被保险人与保险人之间的等价交换关系。

(2)互助性

保险的基本职能之一就是分摊损失，即在一定条件下分担少数单位或个人所不能承担的风险，从而形成一种经济互助关系。

(3)法律性

保险的经济保障活动是根据合同来进行的。所以从法律角度来看,保险又是一种合同法律行为。

(4)科学性

保险是以数理计算为依据来收取保险费的,其科学性是现代保险存在和发展的基础。

2. 保险的职能

保险的职能是保险性质及其规律的客观要求和具体反映,一般分为基本职能和派生职能,具体来说主要有经济补偿职能、防灾防损职能和融资职能。

(1)经济补偿职能

经济补偿职能是保险本质特征的反映,以分散风险为前提。其内涵体现在:补偿由于自然灾害和意外事故所致保险财产的损失;对被保险人在保险期内发生人身伤亡或生存到保险期满给付保险金;承担被保险人因其行为失当依法对受害人(第三者)所负的经济赔偿的民事责任;保证商业信用和银行信用的履约责任。

(2)防灾防损职能

保险通过其业务经营活动可以发挥防灾防损的社会职能。对于保险人来说,减少灾害事故损失可以降低赔款支出,提高经济效益;而对于被保险人来说,也希望有一个安定的生产、生活环境,因为如果发生保险事故,虽然可以得到保险公司的赔偿,但间接损失、精神损失却得不到赔偿,甚至会因赔付记录较多今后再投保时面临较高的保险费率。所以对于保险双方来说,都希望减少损失发生的频率和程度,尤其是保险公司可以发挥其资料全面、信息详细、数据准确的优势,对风险进行分析、预测、评估,并提出处理的方法。

(3)融资职能

保险人收取的保险费一般不会马上用于赔付或给付,因为两者之间存在时间差。在保险事故发生前,保险基金是一种未到期责任准备金,处于闲置状态,这为保险人进行投资活动提供可能。同时,保险人为了保证经营的稳定性,必须使保险基金保值增值,于是就派生了保险投资的职能。

8.1.3　保险的基本原则

保险的基本原则是保险的行为准则,是维护保险双方当事人合法权益的准则。遵守保险的基本原则,有利于发挥保险的职能,保障社会生活的安定。

1.保险利益原则

保险利益是指投保方对保险标的所具有的法律上的经济利益，即要求投保人和保险标的之间存在利害关系。保险利益原则的核心就是投保人或被保险人对保险标的在订立保险合同或合同履行的过程中必须具有保险利益。保险利益的存在是保险合同成立的前提，但保险利益的存在必须具备三个条件：

(1)合法的保险利益

保险利益必须是被法律认可并受到法律保护的利益，不得危害社会公共利益。它产生于国家制定的相关法律或法规，以及法律所认可的有效合同，如违章建筑、走私品就没有保险利益。

(2)客观存在的利益

保险利益必须是客观上或事实上存在的利益，即现有利益和预期利益。但这种预期利益只有在可以确定和实现时，才作为保险利益。

(3)经济上可确定的利益

保险利益必须是在经济上可确定的利益，名誉、精神财富等非经济利益是不能作为保险利益的。值得注意的是，一些表面上没有价值或没有固定价值的标的，如人的生命或身体、名人字画、古董等，可以约定一个金额来确定其保险利益。

另外，保险利益的存在形式也会因保险种类的不同而有所区别。

2.最大诚信原则

由于保险信息的不对称性和保险合同的保障性，保险必须遵守最大诚信原则，即保险双方当事人在实施保险行为过程中必须诚实守信，不得隐瞒有关活动的任何重要事实，否则合同无效。最大诚信原则的内容包括告知、保证、弃权与禁止反言。其中告知约束保险双方当事人，保证约束被保险人，弃权与禁止反言则约束保险人。

(1)告知

告知，即保险合同的一方当事人在签订或履约保险合同时向另一方当事人所作的口头或书面陈述。告知通常有两种立法形式：一是无限告知，即客观告知；二是询问告知，即主观告知。我国实行的是询问告知立法。

(2)保证

保证，指保险双方在合同中约定投保人或被保险人担保在保险期限内对某一事项的作为或不作为，或者担保某一事项的真实性。它是保险人接受承保或承担保险责任的条件。也就是说，保险合同的成立以不存在某种促使危险增加的事实为先决条件，保险人所收取的保险费也以保证事项的存在为前提，或不能存在其他危险标的为前提。

(3)弃权与禁止反言

弃权是合同的一方当事人放弃按保险合同的规定可以享受的权利，保险人的弃权可以采用明示或默认方式。禁止反言是合同一方当事人在已经弃权的情况下不得再要求行使这项权利。例如，当投保人未按时缴付保险费时，保险人按规定可以取消保险合同，但保险人并没有取消合同而默许投保人未交费的行为，如果此后在保险期内发生保险事故，保险人就不能借口投保人曾经未交保费而拒绝履行保险责任。

3. 损失补偿原则

损失补偿原则是指在财产保险合同中，当保险事故发生并导致被保险人的经济损失时，保险人给予被保险人的经济损失赔偿以恢复被保险人在遭受保险事故前的经济状况为准。由此可见，这一原则包含两层含义：一是有损失有赔偿；二是损失多少赔偿多少。但损失补偿原则在实施过程中必须以实际损失、保险金额和保险利益为限。

4. 近因原则

保险中的近因是造成保险标的损失最直接、最有效、起决定性作用或支配性作用的原因。近因原则指保险赔偿与保险金给付的先决条件是造成保险标的损失后果的近因属于保险责任；若近因属于除外责任，则保险人不负赔偿责任，不能进行保险赔偿与保险金给付。

5. 代位原则

代位，即取代他人的某种地位，在这里指的是保险人取代被保险人对第三者的求偿权或对保险标的的所有权地位。因此，代位原则是指在财产保险合同中，保险人根据法律或保险合同约定对被保险人因为保险事故发生而遭受的损失进行赔偿以后，依法取得向对保险标的损失负有责任的第三方进行追偿的权利，或取代被保险人对保险标的的所有权，包括权利代位和物上代位两种。

6. 分摊原则

分摊原则是指在重复保险情况下，被保险人所能得到的赔偿金由各保险人采用适当的方法进行分摊。《保险法》规定："重复保险的保险金额总和超过保险价值的，各保险人的赔偿金额总和不得超过保险价值。除合同另有约定外，各保险人按照其保险金额总和的比例承担赔偿责任。"重复保险的分摊方式包括比例责任分摊方式、限额责任分摊方式和顺序责任分摊方式。

8.1.4 房地产保险的概念

房地产保险就是以房屋及其相关利益和责任为保险标的的保险。这里要说明的是，房地产是房产与地产两种财产的总称，包括房与地两方面。土地是一种天然形成的自然产物，一般不存在灭失、毁损等风险，因此房地产保险的标的只能是房屋及其相关利益与责任。

房地产保险承保的都是具有潜在损失的房地产风险，但不是所有具有潜在损失的房地产风险都由保险人来承保。保险人承保的是纯粹风险，并且要符合如下条件：风险必须具有偶然性；风险必须具有意外性；风险的发生不会使所有的保险标的都发生损失；风险必须具有可测定性；风险必须是可能导致较大的经济损失以及承保该风险符合社会公共利益。房地产保险只承保符合条件的可保风险。

8.1.5 房地产保险的作用

保险不但通过分担损失和经济补偿的基本职能起到社会稳定器的作用，而且还能通过筹集大量资金发挥金融中介的作用。房地产保险作为整个保险业的一个重要组成部分，也正是通过这一作用来推动房地产业、保险业以及国民经济的发展。

1. 抵御意外不幸，实现经济补偿

在房地产业中，始终面临着“天灾人祸”的威胁。房地产保险可以使人们在房屋及其相关利益遭受损失后获得经济补偿。

2. 推动住房制度改革，促进房地产业的发展

从 1998 年下半年起，我国对住房分配制度实施全面改革，实行货币化分房制度，鼓励个人买房。由于房子是一项高价值的资产，重置不易，住房安全与否对一个家庭来说极其重要，对住房的质量要求也更为迫切和苛刻，开办住房的相关保险，能够解除人们的后顾之忧。

3. 推动我国保险业的全面发展

我国保险业起步较晚，还存在着广大人民群众保险意识不强、保险技术落后、保险险种开办不全、保险人才匮乏、保险市场尚未发育规范等问题。而且我国保险险种发展极不平衡，拿财产保险来说，机动车辆险占了业务的绝大比重，而有关房地产领域的保险险种发展却相对薄弱。加强房地产保险的发展，有利于保险业的全面发展。

4. 保驾护航，推动国民经济的发展

房地产业涉及几十个工业部门，上万个产品品种，对国民经济起着很大的带动作用。通过发展相关的房地产保险，既可为房地产及其相关产业的发展保驾护航，促进住房消费信贷，还可以使保险公司的保费收入增加，形成新的投资基金，推动整个社会经济增长。

5. 搞活房地产市场，促进房地产业的发展

在生产、流通与消费这三个经济运行环节中，流通环节作为纽带，联结着生产与消费两个环节。在市场经济条件下，房地产市场是房地产生产和消费的纽带，对房地产业的发展具有举足轻重的作用，搞活房地产市场是加速我国房地产业发展的重要手段。要搞活房地产市场，必须促进符合资格的企业和个人积极参与市场竞争。但由于房地产一般经济价值较大，物质体积较大，投资也相应较大，资金周转较慢，参加市场竞争的企业和个人所冒的风险就相对大一些。而通过开展房地产保险业务，如提供房地产工程保险、房地产开发经营企业团体人身意外伤害保险等就可以使房地产开发经营企业和有关个人最大限度地降低参与房地产市场的风险，同时增强其承受市场竞争风险的能力，而这都是有利于促进房地产业发展的。

6. 促进对外开放，改善投资环境

随着中国正式加入世界贸易组织，中国的对外开放程度不断提高，外商在华投资房地产开发、从事置业投资将会进一步增加，是否有适当的房地产保险等配套服务是涉及外商投资环境的重要方面。如果没有良好的房地产保险等保险配套服务，许多外国大公司在进入中国市场从事房地产等投资时就会却步。同时，中国的保险业如果不能适应日益国际化的市场，将不能应对外资保险公司的挑战，而办好了房地产保险等险种，就可以促进对外开放的进一步发展、投资环境的进一步改善。

8.1.6　房地产保险的种类

根据保险标的的不同，一般保险可分为财产保险、人身保险和综合保险三大类。其中，财产保险包括财产损失保险、信用保险、责任保险。人身保险有多种分类方式，按保险责任不同分为人寿保险、人身意外伤害保险和健康保险；按承保方式不同可分为团体保险和个人保险等。

1. 财产保险

(1)财产损失保险

财产损失保险是指以各种有形资产及其相关利益为保险标的,在约定条件下造成财产损失时由保险人提供风险保障的财产保险。房地产保险中针对所购房屋安全的财产险,是指贷款所购房屋遭受火灾、爆炸、暴风、暴雨等侵袭并发生事故时,所造成的损失由保险公司负责赔偿的险种。其责任是承担因自然灾害而造成的保险财产毁损以及为防止灾害蔓延或因抢救、保护等必要措施而造成的保险财产损失。

(2)信用保险

信用保险是以信用交易中债务人的信用为保险标的,在债务人未能如约履行债务清偿责任而使债权人遭受经济损失时,由保险人向债权人提供风险保障的一种保险。房地产贷款信用保险就是贷款银行以购房者的信用为保险标的,以自己为受益人向保险人承保,在购房者不能如期付款而造成损失时,由保险人赔付该损失。房地产抵押贷款保险的主要目的是保护放款机构的利益。

(3)责任保险

一般称为房地产公众责任保险,主要承保在房屋使用过程中产生的赔偿责任,如出租人和承租人的责任保险。

2. 人身保险

人身保险与房地产领域的从业人员有一定的关系,符合人身保险合同规定条件的房地产从业人员都可以成为被保险人。房地产行为尤其是具有开发营建职能的房地产企业的某些工种有一定的危险性,房地产人身保险在一定程度上能解除员工的后顾之忧。与住房抵押贷款相关的人寿保险就是以贷款期限为保险期限,以贷款额为保险金额(该保险金额随贷款余额的降低而降低),以借款人的死亡、残疾等为保险事故,为防范借款人由于上述事故而不能还贷的风险而设立的保险险种。

3. 综合保险

该险种是将财产和责任组合在一张保险单上,具有上述保险的综合职能。如欧洲一些国家采取人寿保险和保证保险结合的房地产保险模式。我国消费信贷住房综合保险综合了信贷保证保险和住房财产保险的保险责任。

8.1.7　房地产保险费和保险费率

房地产保险的保险费是投保人按一定的保险条件，取得保险人的保障，向保险人缴付的价金。投保人向保险人缴付费用，在保险事故发生后，保险人就有义务赔偿房地产损失。这种费用就是保险费。保险费是保险合同生效的重要因素。

进行房屋保险时，先要确定保险金额，原则上要求保险金额与房屋实际价值相等。房地产保险费率是向投保人收取保险费的标准，一般以千分率(‰)来表示。保险费数额取决于保险金额和保险费率。

制定房地产保险费率应遵循以下原则：

1. 公平合理的原则

指被保险人的保险负担应该依据投保房地产的危险大小来分担，做到公平、合理地划分档次。

2. 保证偿付能力的原则

保险费是赔偿投保房地产经济损失的经济来源。因此，所定费率要能保证保险人的偿付能力。

3. 费率相对稳定的原则

房地产属于不动产，使用期限长，空间位置固定。因此，房地产保险费率不宜变动频繁，要保持相对稳定，提高保险的信誉。

4. 促进防灾防损的原则

对增加防灾设备、改进防灾措施、有效控制灾害事故发生的被保险人，要相应降低保险费率。

房地产保险的保险费即保险价格，由保险成本、利润和税金等几部分决定。

房地产保险的保险成本是由保险赔偿数额和支付的各项经营费用构成。保险赔偿数额是指在保险人所承保的房地产中，对因招致保险风险而损毁、灭失的标的给予的经济赔偿。

保险公司收取保险费主要是为了履行支付经济损失义务。然而，保险公司作为自负盈亏、自主经营的经济实体，也要获得利润。

保险公司作为企业应当向国家缴纳税金。房地产保险费率中的税金因素，是指保险企业向国家缴纳的营业税，该税应含在价格之内。

决定房屋保险费的三大因素是保险金额、保险费率和保险期限。投保人在办理投保手续时，应一次缴清保险费。保险金额为房屋每平方米售价乘以购房总面积或按合理的评估价格或双方约定价格确定。

8.2 保险合同

8.2.1 保险合同的含义和特征

合同也称契约，指当事人之间确定、变更、终止民事法律的协议。契约一经订立，双方当事人必须受其约束，任何一方不得擅自变更或解除。保险合同也称保险契约，是经济合同的一种，根据《保险法》规定："保险合同是投保人与保险人约定保险权利义务的协议。"保险合同除了具有一般合同的双方当事人都具有的民事行为能力、地位平等、合同合法等特征以外，还具有一些自己的特征。

1. 保险合同是要式合同

所谓要式合同，即合同的成立必须履行特定的程序或采取特定的形式。保险合同是一种重要的合同，大多数国家都规定必须采取书面形式，我国也规定投保人投保和保险人承保必须采用书面形式。

2. 保险合同是双务有偿合同

所谓双务合同，即指合同当事人双方相互承担义务；有偿合同，是指合同当事人双方权利的取得是有偿的。保险合同中，保险人有向投保人收取保险费的权利，但是要承担约定保险事故所致损失的经济补偿，或给付保险金的义务；投保人则是以缴纳保险费为代价，有取得经济补偿或保险金的权利。也就是说，保险双方当事人的权利、义务是对等的，而且是有偿的。

3. 保险合同是附和合同

附和合同是指未经当事人充分协商，而由一方提出合同的主要内容，另一方只能在已提出的合同内容基础上进行选择接受或拒绝而成立合同。由于保险业的特殊性及保险合同的数量、种类繁多，不可能由保险双方当事人一一协商，只能由保险人事先定好，投保人或被保险人选择接受或拒绝保险人已出具的合同内容，且一般不能变更或修改。因此，保险合同属于附和合同。

4. 保险合同是保障合同

保障合同是指合同的履行取决于约定事件发生的不确定性。保险合同中，投保人要履行支付保险费的义务。而保险人承担约定保险事故所致损失的经济补偿，或给付保险金的义务，则取决于约定保险事故的发生与否。如果不发生，保险人将只收取保险费，而不承担赔偿或给付的义务。由于偶然性和不确定性因素的存在，使得保险合同具有保障特征。

5. 保险合同是最大诚信合同

任何合同都需要诚实信用，而保险法律关系对当事人的诚实和信用有更高的要求，即最大诚信原则。因为保险合同是约定保险人对未来可能发生的保险事故进行损失补偿或保险金给付的合同，而在实际中，由于投保人与保险人之间确实存在着信息不对称，一旦保险事故发生，容易造成保险责任确定的纠纷。因此要求当事人双方在更高的诚信度下签订保险合同，所以保险合同是一种诚信合同。

8.2.2　保险合同的成立和生效

1. 保险合同成立的条件

保险合同的成立要具备三个条件：保险合同主体合法、保险合同内容合法、保险当事人双方合意，即意思表示一致。

2. 保险合同订立的程序

保险合同的订立与其他合同的订立过程一样，也要经过要约和承诺两个阶段。要约一般由投保人发出，即投保；保险人做出承诺，即承保。

3. 保险合同成立的时间

《保险法》第 12 条规定："投保人提出保险要求，经保险人同意承保，并就合同条款达成协议，保险合同成立。"

4. 保险合同的生效

保险合同的生效与保险合同的成立是两个不同的概念。生效是指合同产生法律效力。合同的生效时间有两种确定方式：一是合同成立就生效；二是约定期限生效。《保险法》第 13 条规定："保险合同成立后，投保人按照约定缴付保险费；保险人按照约定的时间开始承担保险责任。"

8.2.3 保险合同的调整

在保险合同履行过程中,由于各种条件的变化,保险合同也会发生相应的调整或变化,主要包括保险合同的变更、解除、终止。

1.保险合同的变更

保险合同的变更是指在保险合同的有效期内,如果保险合同所载明的内容情况变化而影响保险合同的效力,需要变更有关保险事项,这时应由要求变更的一方向对方提出书面申请,经对方同意后方可变更合同的内容。保险合同的变更包括保险合同的主体变更、客体变更和内容变更。

(1)主体变更

保险合同主体变更是指合同当事人与关系人的变更,即投保人或被保险人或人身保险合同中的受益人的变更。一般来说,保险合同的保险人不会变更。只有当保险企业由于破产、解散、合并、分立等原因导致保险人所承担的全部保险合同责任转移给其他保险人或政府有关基金时才会发生。在保险合同中,较为常见的是投保人、被保险人、受益人的变更。

在一般财产保险合同中,被保险人和投保人通常是一个人。被保险人的变更一般是由保险利益,即保险标的的所有权、经营权、收益权等的转让而引起的。保险利益变化后,新的权益所有人的品质、责任心也会发生变化。而这些正是保险人判断保险标的风险的重要因素。因此,由保险利益的转让而导致被保险人的变更必须征得保险人的同意并办理变更手续,保险合同才能继续有效。在货物运输合同中,被保险人可随保险标的的转让而自动变更,无需征得保险人的同意。在人身保险中,被保险人与保险标的合为一体,被保险人的变更意味着原来保险合同的终止,新合同的成立,所以被保险人不得变更。受益人是人身保险的专有项目,由被保险人或投保人随时变更,经被保险人同意后,书面通知保险人并在保险单上批注。

(2)客体变更

保险合同客体变更就是标的所具有的保险利益的变更。在财产合同中,标的物价值的增减导致保额变更或被保险人对保险标的的所有权、债权或其他权利的变化,都可以引起保险合同的客体变更。

(3)内容变更

保险合同内容变更是指保险合同所规定的双方当事人之间的权利义务发生变

更。具体表现为保险合同条款事项的变更，如保险标的、保险价值、风险程度、保险期限、保险费、保险金额等约定事项的变更。一般由一方当事人提出要求，经与另一方协商达成一致后，由保险人在保险合同中加以变更批注，其法律效力对双方均有约束力。

保险合同的变更一般采用书面形式，按照国际惯例保险条款的有效性依次变化：手写批注优于打字批注、加贴的附加条款优于基本条款、旁注优于正文。

2. 保险合同的解除

保险合同的解除是指根据法律规定，在保险合同有效期内，当事人行使解除权而使保险合同效力终止。根据《保险法》对解除保险合同的规定，除货物运输保险合同和运输工具航程保险合同在保险责任开始后，合同当事人不得解除合同以外，保险合同的当事人可以按照合同约定，享有解除保险合同的权利。

(1)投保人解除合同

对于投保人来说，除非《保险法》明确规定或保险合同另有约定，投保人有权随时解除合同。当投保人解除合同时，保险人应当在扣除手续费或相应的保险费后，退还其余的保险费给投保人。

(2)保险人解除合同

对于保险人来说，除非《保险法》明确规定或保险合同另有约定，不能任意解除合同。因为保险合同是附和合同，是保护被保险人利益的要求。

3. 保险合同的终止

保险合同的终止是指保险合同成立后，由于某些原因，合同的权利义务关系不再具有法律效力。引起保险合同终止的原因主要有以下几种：

(1)正常终止

正常终止是指由于正常原因导致保险合同丧失法律效力。具体包括：自然终止(保险合同期满或保险标的因非保险事故的灭失造成的合同终止)、履约终止(指保险合同期满前，因保险人完全履行赔偿或给付义务而终止)、协议终止(指保险合同的双方当事人在保险合同订立时约定，在合同有效期间，当某种情况出现时，合同一方当事人可行使终止权)。

(2)特殊终止

特殊终止是指由于非正常原因导致保险合同终止。具体包括：自始无效(指保险合同自成立开始就无法律效力)和违约终止(指保险双方当事人中的一方违约时，另一方可终止合同)。

8.3 房地产保险合同

房地产保险业务主要是由商业保险公司来经营运作的。房地产保险既是一种商业行为,也是一种合同行为,受到有关商法和经济合同的约束和保障。

8.3.1 房地产保险合同的特征

房地产保险合同除具有一般合同的共性外,还有自己的特点。

房地产保险合同是附和合同,即保险合同不是由保险人和投保人充分商议之后才达成的。通常情况下,保险合同的内容,即主要条款是由保险人事先制定的,投保人只要表示愿意接受,就是双方意思表示一致,保险合同即告成立。只有在对特殊标的投保时,双方才对保险合同的主要条款进行商议。房地产保险合同是要式合同,即保险合同的成立必须履行法定的方式,采取法定的保险合同。

房地产保险合同是射幸合同。射幸也叫利益机会,对于投保人来说,缴纳保险费后,在保险合同有效期间发生保险事故,可以从保险人处得到数倍于保险费的保险赔偿或保险金;对于保险人而言,如果没有发生保险事故,则只接受保险费,不用承担赔偿或支付保险金。由于保险事故或者给付保险金的发生具有不确定性,因此投保人和保险人的利益的取得或者丧失就是一种机会。因此,保险合同是射幸合同,也叫机会性合同。

8.3.2 房地产保险合同的当事人、关系人

1. 房地产保险合同的当事人

房地产保险合同的当事人是指享有合同权利并承担合同义务的人,即保险人与投保人。保险人也叫承保人,是指与房地产投保人订立保险合同,收取保险费,并承担保险合同约定的赔偿责任或者给付保险金责任的保险公司。投保人也叫要保人,是指以自己或者他人的财产或者人身利益为标的,与保险人订立保险合同,并支付保险费用的人。《保险法》第五条规定:“经营商业保险业务,必须是依照本法设立的保险公司。其他单位和个人不得经营商业保险业务。”在实行保险业务分业经营的经营体制下,同一保险人不得同时兼营财产保险和人身保险业务,所以承担上述房地产保险业务的保险公司就分为财产保险公司(含房屋保险公司)和人身

(寿)保险公司。我国目前实行的就是这种体制。房地产保险人的主要权利和义务如下：

(1)向房地产投保人收取保险费。

(2)订立保险合同时,应当向房地产投保人说明保险合同条款的内容,对于保险合同中规定有房地产保险人责任免除条款的,房地产保险人在订立保险合同时应当向房地产投保人明确说明。按保险合同条款达成协议的,应当及时向房地产投保人签发保险单或者其他保险凭证。

(3)根据保险合同的约定,对房屋等保险标的的安全状况进行检查,及时向房地产投保人提出消除不安全因素和隐患的书面建议,经被保险人同意,可以对保险标的采取安全措施。

(4)收到被保险人或受益人的赔偿或者给付保险金的请求后,应当及时作出核定。对属于保险责任的,应与被保险人或受益人达成赔偿或者给付保险金的协议,并按法律或合同约定的期限,履行赔偿或者给付保险金的义务。

2. 保险合同的关系人

(1)被保险人

房地产被保险人是指其房屋等财产或者人身受保险合同保障,享有保险金请求权的人,房地产投保人可以为被保险人,其特征如下：

①被保险人是受保险合同保障的人。在财产保险合同中,被保险人是对保险财产具有保险利益的人,如所有权人、经营管理人、使用人、抵押权人等;在责任保险合同中,被保险人是对他人遭受的财产损失或者身体伤害负有赔偿责任的人;在人身保险合同中,被保险人是对自身的生命和健康安全获得保险保障的人。

②被保险人享有保险金请求权。既然被保险人是受保险合同保障的人,那么当合同约定的保险事故发生时,被保险人就享有赔偿和支付保险金的请求权。

如果被保险人在约定的保险事故中死亡,则由其指定的受益人或者继承人享有保险金请求权。但是,如果投保人与被保险人不是同一人时,投保人则不享有请求权。

被保险人除具备上述特征外,《保险法》规定,投保人不得为无民事行为能力的人投保以死亡为给付保险金条件的人身保险,保险人也不得承保。也就是说,无民事行为能力的人不能作为上述人身保险的被保险人,但父母为未成年子女投保的除外。

(2)受益人

受益人也称保险金受领人,是指房地产人身保险合同中由被保险人或者投保人指定的享有保险金请求权的人。房地产投保人、房地产被保险人可以为受益人。受益人的特征如下：

①受益人必须由被保险人或者投保人在投保时指定，并在保险合同中予以载明。投保人与被保险人不是同一个人时，指定受益人须经被保险人同意。受益人如未指定，被保险人自己或其继承人即为受益人。

②受益人独立享有保险金领取资格。

③受益人权利的行使时间必须在被保险人死亡之后。

④受益人领取的保险金归其独立享有，不能作为被保险人的遗产处理。

(3)房地产投保人、被保险人和受益人

房地产投保人、被保险人和受益人的主要权利和义务如下：

①房地产投保人要按期如数缴纳保险费。

②在房地产保险人对保险标的或者被保险人的有关情况提出询问时，房地产投保人应当如实告知。

③房地产投保人、被保险人或者受益人知道保险事故发生后，应当及时通知房地产保险人，并向房地产保险人提供其所能提供的与确认保险事故的性质、原因、损失程度等有关的证明资料。

④房地产投保人应按保险合同约定履行其对房屋等保险标的的安全应尽的责任。

⑤重复保险的投保人应当将重复保险的有关情况通知各保险人。

⑥房地产被保险人或者受益人有获得保险合同规定的赔偿或所给付的保险金的权利。

8.3.3 房地产保险合同的辅助人

房地产保险合同的辅助人，是指与保险合同的订立或履行有一定辅助关系的人，即保险代理人和保险经纪人，在国外还有保险公证人和体检医师等。

1.保险代理人

保险代理人是根据保险人的委托，向保险人收取代理手续费，并在保险人授权的范围内代为办理保险业务的单位或者个人。保险代理人根据保险人的授权代为办理保险业务，由保险人承担责任。同时，保险代理人所获得的有关订立保险合同的重要事项，视为保险人已获知。保险代理必须采用书面形式。保险人对保险代理人权限的限制，可以通过保险合同有关条款或者以口头形式或书面形式向投保人明确。

2. 保险经纪人

保险经纪人是指基于投保人的利益，为投保人与保险人订立保险合同提供中介服务，并依法收取佣金的单位。保险经纪人的特点如下：

(1)保险经纪人的活动内容以提供订立保险合同的中介服务为限，保险经纪人既非保险人的代理人，也非投保人的代理人，而是为保险人和投保人之间订立保险合同牵线搭桥，但其出发点是为保障投保人利益。

(2)保险经纪人依法有权向保险人收取佣金。

保险经纪人在办理保险业务中因为过错，给投保人、被保险人造成损失的，由保险经纪人承担赔偿责任。

保险代理人、保险经纪人应当具备金融监督管理部门规定的资格条件，并取得金融监督管理部门颁发的经营保险代理业务的许可证或者经纪业务的许可证，向工商行政管理机关办理登记，领取营业执照，并缴存保证金或者投保职业责任保险。

8.3.4　房地产保险合同订立的原则

为了确保合同双方权益的实现，双方都必须遵循以下基本原则：

1. 最大诚信原则

保险是一种合同行为，保险人取得保险金完全是依靠自身对未来事故理赔责任的信用，保险金是建立在信用的基础上的，而被保险人缴纳了保险金就是购买了预期信用，因而保险双方当事人的诚实和恪守信用是保险建立和实施的基础。

诚信是相互的，对保险人来讲主要是遵守合同、履行义务，而对投保人来讲则更需要其遵守诚信原则。这主要是因为投保人对保险标的——房地产的风险情况最了解，风险的发生是随机的，其投保的目的就是要将风险转嫁分散出去，特别是一般房产在投保后仍由投保人支配或控制(居住或使用)，所以投保人申请投保时陈述内容是否完全、准确，是否诚意合作，都与保险人所承担的义务关系极大。因而要求投保人在投保时必须如实陈述保险房地产的实际情况，不得有意隐瞒，以便为保险人正确确定是否承保，如何承保，以及计算保险费率等工作提供依据，同时还要求投保人在参加保险后遵守保险合同中的保证条款，否则保险人有权解除合同或不负赔偿责任。

在房地产保险中，最大诚信原则要求如下：

(1)投保人必须陈报实质性的重要事实

投保人在申请投保时,必须向保险人陈述与危险情况有关的实质性重要事实,即:

①房屋权属、结构等超出正常的情况和存在的危险因素;

②说明保险人所负责任较大的事实;

③有关申请人的事实,并确实具有可保利益。

一般陈报事实应在订立保险合同之前,但在保单转期时,或在保单有效期内,如所投保房地产危险情况有所改变也须如实及时通告保险人。

(2)保证条款的使用

保险人为慎重起见,常在保险单上列有保证条款,要求被保险人遵守。如在为一般房屋投保时,要求房屋内不准堆放危险品,以及投保后仍须加强安全管理,防灾减灾等。

(3)违反诚信原则将使合同失效

如果投保人在投保单上填写的有关事项违反事实,有意隐瞒重要危险因素和事实,例如所投保房产是储藏易燃品的仓库,而填写为一般仓库,或者是在索赔时提供假证明,作虚假陈述,以及在保险期内危险因素改变,或被保险标的不具有可保利益,而未及时通知保险人等情况,都属于违反最大诚信原则,从而破坏了保险合同的基础,致使合同失效。若中途发现时可以中止合同,但更多情况是在索赔时才发现,这时可由保险人以拒付不保的形式不予履行合同。

2. 可保利益原则

可保利益原则又称可保权益原则,要求被保险人对所投保的保险标的拥有可保权益。这项原则是财产保险特有的原则。

拥有权益是指客观存在的,对于一项财产具有某种法律承认的权利或利害关系,即假如财产安全,保险方就能得益;反之,如果财产遭受损毁,保险方便会蒙受损失。只有对财产具有这种利害关系,被保险人才能将财产投保,也唯有如此,保险人才会接受投保,这种可以进行保险的权益叫做可保权益。

例如,某人自己有一所房屋,如果房屋安全,他就可以居住,还可以出租、变卖房屋以获得利益;如果房屋被损毁,他便无法居住,还要另行花钱买房,经济上就受到损失。正是因为他和他的房屋存在利害关系,他才考虑房屋的安全,将房屋投保财产保险,而保险人也正因为他对这一房屋存在利害关系,具备了可保利益才给他以保障,允许他进行保险。凡是某人对某财产具有被法律承认的利害关系,那么,他对该项财产就具有可保权益。

可保权益还包括预期的、非物质的利益。可保权益的产生和存在，概括起来有三方面的来源：所有权、据有权和按合同规定而产生的权益。

(1)因所有权而产生的可保权益

①财产所有人对其所有的财产具有可保权益，不论其财产是个人所有还是与他人共有。

②受托人、受益人对财产具有可保权益。当财产委托给他人保管时，受托人就是法定所有人；享有别人利益的人叫受益人，他是有效的所有人。这两种人都对财产具有可保权益。

(2)因据有权而产生的可保权益

①房产虽非归其所有，但对该房产拥有使用权、对房产安全负有责任的人，如该房产的居住者对该房产具有可保权益。

②对房产享有留置权的人，也对该房产具有可保权益。

(3)由合同规定而产生的可保权益

①在抵押贷款中，抵押人(债务人)要把房产转让给受押人(债权人)，作为还款保证。抵押人对抵押的房产有可保利益，但他负有还款的责任；抵押权人对抵押房产也有可保利益，但只限于他所借出款项那一部分。由于抵押贷款的合同关系产生了抵押权人对抵押房产的可保利益，这时一般由抵押人和抵押权人联名投保，或由抵押人投保全部房产，并附"赔款支付"条款，说明债权利益范围内应优先赔款给债权人。

②依据租约享有权益的承租人，对承租房屋具有一定的可保权益。一般情况下，承租人对于房屋没有可保权益，但如果租约中规定，承租人归还房主财产的状况应与接收时的状况一样完好时，那么承租人对因意外事故或自己疏忽造成的损失就负赔偿责任，即他对承租房屋具有可保权益。

在房地产保险中所承保的是某一幢(套)房屋或与之相关联的利益；被保险人要求保险人保障的是他对投保标的所具有的利益。若所投保房产与本人无关，而投保人在订立合同后故意使保险事故发生，从而获得保险赔偿，就要受到法律制裁。

3. 赔偿原则

房地产保险合同是赔偿性质的合同。当保险事故发生，投保的房地产或有关利益遭受损失时，保险人应按合同规定的条款履行赔偿责任。赔偿的原则如下：

(1)保险人对赔偿金额有一定限度

①以实际损失为限。保险人对被保险人损失的赔偿以实际损失为限，被保险

人不能得到超过其实际损失的赔偿。在房地产价格不断波动的情况下，应以当时市场价格计算损失金额。如果所投保房地产保险是定值保险时，则可不论市场价格变动如何，均按合同中约定的价值计算赔偿金额。

②以保险金额为限。保险金额是保险合同当事人双方共同约定的保险赔偿金额的最高限度，赔偿金额只能小于或等于保险金额，不能大于保险金额。当以市场价格计算的实际损失金额与保险金额不等时，二者取其较低者。

③以可保权益为限。实际上可保权益的价值与最高实际损失价值以及保险金额是一致的，如房产受押人在发生房产保险范围内损失时，他的可保权益价值、最高实际损失价值、保险金额的最高限度都是他放出的抵押贷款的数额，因而他所能获得的保险金赔偿最高限额，也只能是相当于他所借出的款项。同理，对于承租房产的被保险人，他所能获得的保险金赔偿最高限额只能等于他的可保权益价值——租金的数额。

(2)保险人对赔偿方式可以选择

当被保险人的房地产遭受保险责任损失时，保险人应对其所蒙受的实际损失(最高不超过保险金额)给予补偿，使被保险人在经济上恰好能恢复到保险事故刚发生以前的状态。保险人可以选择货币支付或修复原状或换置的方法予以赔偿。

(3)被保险人不能通过保险赔偿而获得额外的利益

房地产保险的原则是只对其损失进行补偿。理赔时保险人要实地勘察，核算损失，合理补偿，不能使被保险人从保险中得到原来所没有的额外利益，为此还特别规定了：

①在由第三者责任引起的保险事故中，保险赔偿要遵循权益转让原则；

②在重复保险中，保险赔偿要遵守重复保险分摊的原则，使得投保人对同一保险标的的损失从各方面(如多个保险人以及侵权行为人)所获得的补偿总额不致超过其实际损失。

坚持以赔偿原则确定赔偿金额，既可避免不合理地扩大保险人责任，破坏保险基金的平衡性，又可防止诱发投保人利用保险赔偿投机谋利的人为风险，以保证保险业务的正常经营。

4. 权益转让原则

权益转让原则又称代位求偿原则。当保险事故由第三方责任引起时，第三方对此应负有赔偿责任。如果被保险人从第三方那里获得了补偿，就相当于没有损失，因而不能再向保险人提出索赔要求；如果保险人应投保方申请并同意赔付其损失后，就可以取代被保险人地位拥有向第三方索赔的法定权利，即代位求偿权。

被保险人将追偿权益转让给保险人，就等于他从任何方得到的赔偿和收益都得到转让(慈善性赠款除外)，同时还有义务协助保险人向第三方追偿。保险人获得追偿权益后，就享有被保险人享有的权益，但仅限于此。即从第三方追偿到的赔偿金额小于或等于保险赔偿金额时，则全归保险人；若追回金额大于保险赔偿金额时，则超出部分应偿还给被保险人。如果保险人接受了被保险人的委付，则保险人可以接受大于其保险赔偿金额的收益。

权益转让原则可以避免被保险人在同一次损失中从保险方和事故责任方同时取得赔偿而获得额外利益。同时，也可以防止事故责任方逃避本应承担的赔偿责任。

5. 重复保险分摊原则

投保人以一个保险标的同时向两家或两家以上保险公司投保同一危险，即构成重复保险，其保险金额往往超过保险标的的可保价值，因此在发生保险损失时，应根据赔偿原则，采取各保险人之间分摊保险赔偿金的办法，以防止被保险人从各方获得的总保险赔偿金超过可保价值。例如，某间房屋价值 50 万元，房主向甲保险人投保该房屋的火灾保险，保险金额是 40 万元，同时向乙保险人投保该房屋的火灾保险，保险金额是 20 万元。该房主的行为就构成了重复保险。重复保险后，发生了灾害事故而遭受损失，被保险人从多个保险人那里获得的赔偿总值不能超过该保险标的的实际价值。具体分摊方法如下：

(1)按保险金额比例分摊

即按各家保险公司所投保险金额的比例计算分摊赔付损失金额。如上例中的房屋被一场大火烧毁，损失 30 万元，则各保险人分摊赔偿为

甲保险人：30×40/(40＋20)＝20(万元)

乙保险人：30×20/(40＋20)＝10(万元)

两个保险人赔偿合计：20＋10＝30(万元)

(2)按限额责任分摊

按各保险公司在没有其他重复保险人的情况下单独应负责任的限额比例计算分摊赔付损失金额。如上例中的房屋因火灾损失 30 万元，则各保险人分摊赔偿为

甲保险人：30×30/(30＋20)＝18(万元)

乙保险人：30×20/(30＋20)＝12(万元)

两个保险人赔偿合计：18＋12＝30(万元)

(3)按顺序负责分摊

由其中先出单的保险公司首先负责赔偿，第二家保险公司只有在承保的房产

损失额超出第一家保险公司保额时，才依次承担超出部分的赔偿。如上例中的房屋因火灾损失45万元，而房主投保房屋火灾险时，甲保险人先出单，乙保险人后出单，则各保险人分摊赔款为

甲保险人：40万元

乙保险人：5万元

两个保险人赔款合计：40＋5＝45(万元)

除保险合同另有约定外，各保险人应采取第一种方式。同权益转让原则一样，房地产人身保险也不存在重复保险的问题。

6.近因原则

一起事故发生造成财产损失的原因往往不止一个，有时原因错综复杂。这些原因中必有一个是造成损失的直接原因，即近因。只有承保的风险是损失发生的近因时，保险人才会对损失进行赔偿。若不是近因，保险人不负赔偿责任。

以上这些原则的规定是非常重要的，它可以明确保险责任，防止将保险变为赌博，并可以减少道德风险的发生。

8.3.5 房地产保险合同的主要形式

房地产保险合同是房地产投保人与房地产保险人约定保险权利义务关系的协议。它是保险当事人的法律行为，是建立、变更和解除保险关系的协议。房地产保险合同的体现形式主要有保险单、保险凭证、暂保单、投保单和批单等，但以保险单为主。

1.保险单

保险单是房地产保险人与投保人之间签订的正式的保险合同，是最完整的保险合同形式。由于保险具有专业性，保险单由房地产保险人制定，一般还须由保险主管部门核准或备案，由房地产保险人签发给房地产投保人。

保险单的内容主要涉及保险标的、保险价值、保险金额、保险责任、保险期间、保险费、违约责任等。

(1)保险标的

保险标的是指作为保险对象的房屋财产及其有关利益或者人的寿命和身体，它是确定保险关系和保险责任的依据。

(2)保险价值和保险金额

房地产在投保当时的实际价值，就是保险价值，保险人和投保人在保险价值内，根据投保人对该标的物存在的利益程度和保障愿望，确定保险金额，作为保险

保障的最高限额。保险金额即保险标的金额，是指当事人约定的在保险事故发生后，保险人负责赔偿或给付保险金的最高限额。房地产保险的保险金额一般根据被保险房地产的评估价值确定。

(3)保险责任

保险责任就是当保险事故或事件发生时，根据保险房地产的损害程度，保险人在保险金额限度内应负的经济赔偿或给付保险金的责任。保险责任是房地产保险合同的主要内容。

(4)保险期间

保险合同从生效到终止日的期间，叫保险期间。在这一期间内发生的保险事故，保险人负经济责任。

(5)保险费

保险费是房地产投保人为请求保险人对其保险的房地产及利益承担保险风险，而支付的与保险责任大小相适应的价金。房地产保险费一般根据具体的保险范围、保险责任以及险种来确定。保险费是保险合同生效的重要条件。

(6)违约责任

在房地产保险合同中明确规定违约责任是相当重要的。因为双方当事人任何一方不履行义务的行为，都会造成种种不利后果。违约责任是房地产保险合同的重要内容。

在保险合同有效期内，投保人和保险人经协商同意，可以变更保险合同的有关内容，并办妥有关手续。

2. 保险凭证

保险凭证又称小保单，是保险人签发给投保人的证明保险人已经承保的书面证明。保险凭证是一种简化的保险单，它一般不记载房地产保险合同的全部内容和条款，但就房地产保险合同的重要事项予以列示，并声明以某种保险单所载明的条款为准。保险凭证与保险单有冲突或保险凭证另有特约条款时，应该以保险凭证的记载为准，也即保险凭证的法律效力优于保险单的法律效力。

3. 暂保单

暂保单又称临时保险单，它是在保险单或保险凭证未出具之前，房地产保险人或保险代理人向房地产投保人签发的证明房地产保险人已经承保的书面证明。

4. 投保单

投保单又称要保单，它是房地产投保人向房地产保险人申请订立房地产保险合同的书面要约。

5. 批单

批单是房地产保险人应房地产投保人或被保险人的要求出具的修订、补充或增减房地产保险合同内容的书面凭证。

8.3.6 房地产保险合同的订立、变更及终止

1. 房地产保险合同的订立

房地产保险合同的订立是房地产保险投保人和保险人在意思表示一致基础上的法律行为。房地产保险合同当事人就房地产保险合同的内容协商达成一致意思表示的过程,就是房地产保险合同订立的过程。订立房地产保险合同,先由投保人到保险公司提出申请,填写投保单,缴清保险费,然后由保险公司发给保险单或保险凭证,这时保险合同即告成立。

2. 房地产保险合同的变更

房地产保险合同的变更是指对已经生效但尚未履行或正在履行的房地产保险合同的某些条款进行修订或补充,是基于一定的法律事实而改变房地产保险合同内容或主体的法律行为。

3. 房地产保险合同的终止

房地产保险合同的终止即保险关系的绝对灭失。房地产保险合同终止是指保险合同成立后因法定的或约定的事由出现,而使房地产保险合同当事人的权利和义务消灭的法律事实。它主要包括自然终止、履约终止、合同无效和合同解除四种情况。

8.4 房地产保险的投保与承保

保险是一种特殊的商品,其经营具有负债性、保障性和广泛性的特点。为了保护被保险人的利益,保险经营者的经营行为受到国家的严格监管,房地产保险的运作必须在法律的规范下进行。房地产保险的运作通常经过投保与承保、防灾防损、索赔与理赔等环节。

8.4.1 房地产保险的投保

1. 投保程序

个人或企业参加房地产保险时,首先应与有关保险公司联系。与保险公司联系的渠道主要有两种:一是直接与保险公司联系;二是通过中间人(代理人)与保险公司联系。

无论采用哪种方式,投保的程序主要分以下步骤:

(1)投保人填写投保单

投保人在投保时,必须向保险公司提供自身完整的、真实的材料。提供材料的方法就是填写保险公司提供的保险单。填写的主要内容有:投保人的姓名或单位名称、投保的财产项目、投保金额或最高赔偿限额、保险开始生效日期和保险期限、特别约定、财产占有性质、投保人地址和财产坐落地址等。

投保单是投保人要约的凭证,是构成保险合同的基础,投保人必须保证其填写的真实性。

(2)保险公司受理投保单

投保人将填写好的投保单交保险人或保险代理人,由其进行审核以决定接受或驳回投保单。

保险人在审核投保单时,如发现填写内容不符合规定或不清楚时,应及时与投保人联系,予以补充或更正。通过审核,要求做到:明确保险财产名称及项目;列清特约承保的财产;注意剔除不保的财产;明确保险金额或最高赔偿限额;保险财产地址清楚;保险费率原定正确,保险费计算准确;保险起讫期限清楚等。

当保险人经审核对投保人填具的投保单没有疑义决定承保后,将签发保险单;否则驳回投保单。

(3)保险人签发保险单

保险单是投保人与保险人双方确立保险合同的书面凭证,是保险人接受投保人(被保险人)的申请,经过签署交投保人收执的凭证。房地产保险单载明的事项主要有:被保险人的姓名(单位名称)和住所(地址);保险标的;保险责任,即指保险合同中规定保险人在约定保险事故发生时所应承担的赔偿责任(包括损害赔偿,责任赔偿,施救、救助费用,诉讼费用等);保险金额或最高赔偿限额;保险费和保险费率;保险期限;保险公司或代理人的签名。

在保险有效期间内，被保险人或保险标的物可能因客观原因而发生一些变化，如保险财产的转让、保险金额的变更、使用性质变化等，这时双方就要对此进行协商，如需变更保险合同，应由被保险人提出书面申请，经保险人同意后出列批单并把批单贴在保险单上或在保险单上背书。保险单内容与批单有抵触时，以批单为准。

(4)保险费的交付

保险费是保险业务的价格。保险合同规定，投保方有在规定的期限内缴纳保险费的义务，家庭财产保险一般是起保的当天一次缴清保险费；企业财产险可在签订合同之日起15日内按保险费率规定一次缴清保险费。除非双方有特别约定，否则保险人有权终止保险合同。保险人如终止合同，对终止前投保人欠缴的保险费及利息，仍有权要求如数缴足。

经过填具投保单，保险人处理投保单和同意承保并签发保险单后，保险合同即告成立。

2. 保险公司的投保服务

保险公司的经营管理是从投保人的投保管理开始的。投保，也称购买保险，投保人通过购买保险与保险公司建立保险合同关系。保险公司通过提供保险服务使投保人的保障需求得到满足。保险公司提供的服务有以下几种：

(1)分析风险和确定保险需求

不同的风险需要有不同的保险计划。保险人要指导投保人分析自身所面临的风险，帮助投保人确定自己的保险需求，明确应购买哪些合适的险种来应对这些风险。对生产经营和个人健康将会产生严重威胁的风险，属于必保风险。一般来说，投保人确定保险需求的首要原则是“高额损失原则”，即对发生频率虽然不高，但造成损失严重的风险，应优先投保。

(2)估算投保费用

对于投保人来说，确定保险需求后，还需要考虑自己究竟能拿出多少资金来投保。资金充裕的投保人，可以投保保额较高、保障较全的险种；资金不足的投保人，可以先为必须保险的风险投保；资金紧张的投保人，可购买保险金额可以修订的险种。

(3)制定具体的保险计划

保险人替投保人安排保险计划时，确定的内容应包括保险标的情况、投保风险责任范围、保险金额的多寡、保险费率的高低、保险期限的长短等。在制定保险计划时，应处理好以下几个问题：

①综合投保与单项投保。综合保单的费率比各个单项保单费率的总和要优惠很多，有利于投保人用较少的资金获得最佳的保障。同时，综合保单可以避免各个单项保单之间可能出现的遗漏，使保障更全面。如果投保人需要保障的项目较多，且资金也充裕，保险人应当尽量为其安排综合保险。

②保障与收益。对于偏重收益的投保人，保险人要提醒他，买保险不是为了赚钱，而是为了获得保障。如果投保人一味追求高收益，就会削弱保险的保障功能，使自己在一些关键方面失去必要的保障。

③保额与免赔额。在财产保险中，为了加强投保人对所投保财产的管理，保险人通常都规定有免赔额。保险人与投保人协商确定保险金额时，应提醒投保人在尽可能的范围内，根据财产的实际价值选择保险金额的额度。如果保险金额过低，投保人在出险时就得不到充分的赔偿；如果保险金额过高，投保人要承担过多的保险费。投保人可以通过接受免赔额的规定来减少保险费的支出。

3. 投保人的投保选择

(1)选择保险中介人

保险中介人包括保险代理人和保险经纪人。投保人在选择保险中介人时，必须了解他们的工作种类、工作性质以及资格限定等信息。一个好的保险中介人应该具有丰富的专业知识和较高的道德标准；把委托人的利益放在首位；能够清楚准确地传递信息，从而帮助投保人理解自己所需要的保险合同的含义。

(2)选择保险公司

投保人在投保之后，在整个保险期间都与该保险公司有着密切的关系。因此，投保人在选择保险公司时，应注意以下标准：

①保险公司提供的险种与价格。投保人选择保险价格时要注意选择公正的价格而不是最低的价格。选择公正价格的方法之一，就是对各家公司相同险种的费率进行比较，在比较费率时应注意两种情况：一是费率较高的保险公司，其保单具有特殊优点，或有着不同于其他公司的优越之处；二是费率较低的保险公司，可能免责规定过多，或在续保时加上一些限制性保险条款，等等。

②保险公司的偿付能力和经营状况。考察保险公司偿付能力的方法有两种：一是保险监管部门或评级机构对保险公司的评定结果；二是保险公司的年终报表。

保险公司的经营状况与公司的利润率有着密切的联系。保险公司的利润来源于两个部分：一是承保利润，二是投资利润。一般来说，利润高的保险公司，其经营的稳定性较好。对于投保人来说，向利润高的保险公司投保，可能获得更优惠或更宽松的保险条件。

③保险公司提供的服务。各家保险公司所推出的保险单是极其相似的，但提供的服务却不尽相同。保险公司服务最重要的方面，就是发生保险事故时，能否对保险索赔尽快地做出处理或赔偿。因此，投保人在选择保险公司时要充分考虑这一因素。

8.4.2　房地产保险的承保

承保是指投保人与保险人签订保险合同的过程。它是保险经营的重要环节，不仅反映保险经营管理的水平，也影响保险企业的经济利益和社会稳定。

1. 承保工作的基本程序

承保是保险人接受投保人的申请并与之签订保险合同的全过程，严格意义上讲，一项保险业务的接洽、协商、投保、审核、制证、收费、建卡都属于承保工作。保险公司的承保程序包括制订承保方案、审核验险、做出承保决策、缮制单证等步骤。

(1)制订承保方案

保险公司设有专职的承保部门，制订与公司目标相一致的承保方案和编制承保手册。承保手册具体规定承保的险种，展业的地区，所使用的保单和费率厘定计划，以及可以接受的、难以确定的和拒保的业务，保险金额，需要上一级承保人批准的业务等。承保手册能帮助承保人做出最优承保决策。

(2)审核验险

①审核。审核是指保险人收到投保单后，对其进行的审定和核实。审核投保单的内容包括保险标的、存放地址、运输工具行驶区域、保险期限、投保明细表、对特殊要求的申请等。

②验险。验险是对保险标的风险进行查验，以达到对风险进行分类的目的。财产保险的验险内容包括：

第一，查验投保财产的性能或构造。例如，保险财产对温度、湿度的灵敏度如何，建筑物的结构状况等。火灾保险通常将建筑物按其构造分为三类：木结构、钢筋水泥结构和防火建筑，对于这三类建筑保险人均可承保。在具体承保某一建筑物时，必须考虑其位置、用途等因素，而且采用不同的费率承保。

第二，查验投保财产的用途。例如，木结构房屋用做办公或民用住宅，保险公司可以承保；如果用做加工场所，保险人会拒绝承保或加收附加保费承保。

第三，查验投保财产所处的环境。例如，房屋投保火灾保险，保险人要考虑投保房屋所处的是工业区、商业区还是居民区；附近有无易燃易爆的危险源，一旦发生火灾，有无蔓延的可能；附近救火水源如何，消防设施或消防条件如何等。

第四，查验有无处在危险状态中的财产。如果保险人承保必然或确定发生的风险，就会造成不合理的损失分摊，这对其他被保险人不公平。

第五，查验各种安全管理制度的制定和执行情况。若发现问题，保险人应督促投保人及时改正。对投保人屡不整改或整改无效的，保险人可以增加特别条款，调高费率或拒绝承保。

(3)做出承保决策

保险人按照规定的业务范围和承保权限，在审核验险之后，有权做出承保的决定。

①正常承保。保险公司按标准费率承保保险标的的风险，出具保险单。

②条件承保。保险公司通过增加限制性条件或加收附加保费的方式予以承保，出具保险单。例如，在财产保险中，保险人要求投保人安装自动报警系统等安全设施才予以承保；如果保险标的低于承保标准，保险人采用减低保险金额，或者使用较高的免赔额或较高的保险费率的方法承保。保险金削减法适用于递减型风险的人，承保时按正常费率承保，但是在一定期间内按比例减少保险金给付。附加费率法适用于固定型额外风险的人，在承保时保险人征收一定金额的额外保费。

③拒绝承保。如果投保人的投保条件明显低于保险人的承保标准，保险人就会拒绝承保。

(4)缮制单证

缮制单证是在接受投保业务后填制保险单或保险凭证等手续的过程。填制保险单的要求有以下几点：

①单证相符。投保单、保险单、批单、财产清单、人身保险的体检报告及其他单证都要符合制单要求，其重要内容(如保险标的名称、数量、地址等)都应相符。

②保险合同要素明确。保险合同要素是指保险合同的主体、客体和内容。保险合同的主体包括当事人和关系人，即保险人、投保人、被保险人和受益人等。保险合同的客体是保险合同中权利义务所指向的对象，即保险利益。保险合同的内容包括保险责任、保险金额、保险期限、保险费以及其他特约事项等。明确保险合同要素是保证保险单质量的依据，否则将影响保险合同的法律效力。

③复核签章，手续齐备。保险单证是保险合同的重要组成部分。每一种单证都要求复核签章，如投保单上必须有投保人的签章；验险报告上必须有具体承保业

务员的签章；保险单上必须有承保人、保险公司及负责人的签章；保险费收据上必须有财务部门及负责人的签章；批单上必须有制单人与复核人的签章等。

2. 承保管理的内容

(1)审核投保申请

审核投保申请包括投保人资格的审核、保险标的的审核、保险费率的审核等内容。

①审核投保人的资格。根据《保险法》的规定，投保人必须具备两个条件：一是具有相应的民事权利能力和民事行为能力；二是投保人对保险标的应具有保险利益。一般来说，财产保险合同中，投保人对保险标的的保险利益来源于所有权、管理权、使用权、抵押权、保管权等合法权益。

②审核保险标的。一方面对照投保单或其他资料核查保险标的的使用性质、结构性能、所处环境、安全管理等情况；另一方面，保险人通过选择保险标的，承保不同类型和地区的保险标的将风险分散。

③审核保险费率。一般可以按照不同标准对风险进行分类，制定不同的费率等级，在一定范围内使用。保险人承保时只需按风险程度将保险标的划分为不同的等级，套用不同的费率即可。

(2)控制保险责任

控制保险责任就是保险人在承保时，依据自身的承保能力进行承保控制，并尽量防止和避免逆选择。控制保险责任包括：

①控制承保能力。保险人的承保能力通常用承保保险费除以偿付能力额度来衡量。保险人的承保能力限制了保险公司签发新保险单的能力。因为卖出的新保险单会增加保险人的费用，从短期来看，会降低保险公司的偿付能力；但从长期来看，如果新保险单所产生的保费超过了损失和费用的支付，新保险单会增加保险公司的偿付能力。因此，有计划地增长新保险单的销售，能够保障保险公司承保能力的稳定和有序增长。

保险人保证承保能力的有效途径有：一是保持风险分散。通过风险分析与评估，确定承保责任范围，明确对所承保的风险应负的赔偿责任。二是用特殊的承保技术和经验满足某些险种的承保要求。一般来说，对于常规风险，保险人按基本条款予以承保；对于具有特殊风险的保险标的，保险人需要与投保人充分协商保险条件、免赔额、责任免除和附加条款等内容后特约承保。即根据保险合同当事人的特殊要求，在保险合同中增加一些特别约定，满足被保险人的特殊需要，并以加收保险费为条件适当扩展保险责任，或者在基本条款上附加限制条款，限制保险责任。三是安排再保险。通过再保险，保险公司可以将风险转移给再保险人来增加承保新保险单的数量。

②控制逆选择。逆选择指那些有较大风险的投保人试图以平均的保险费率购买保险。或者说，最容易遭受损失的风险就是最可能投保的风险，从保险人的角度来看就是逆选择。保险人控制逆选择的方法是对不符合承保条件者不予承保，或者有条件承保。例如，投保人对自己易遭受火灾的房屋投保财产保险时，保险人就会提高保险费率承保；对患有超出正常危险的疾病，不允许投保定期死亡保险，改投两全保险。

(3)分析风险因素

①实质风险。在评估保险单时，保险人要考虑保险标的存在的各种实质风险。如建筑物的结构、使用性质、防火措施、外部环境等。

②道德风险。道德风险指投保人或被保险人在参加保险后产生的松懈心理，不再小心防范所面临的自然风险和社会风险，或保险事故发生时，不积极采取施救措施，任凭损失扩大。

从承保的观点来看，保险人控制道德风险发生的有效方法有：

第一，将保险金额控制在适当额度内，尽量避免超额承保。财产保险的保险金额按定值保险和不定值保险分别确定。不定值保险的保险金额由投保人自行选定，但原则上应客观地反映保险标的投保时的实际价值。定值保险的保险金额由投保人和保险人双方通过协商，充分考虑市场因素和特约财产的品质特别约定，并在保险单中载明。

第二，控制赔偿程度。根据保险赔偿原则，当保险事故发生时，被保险人可以获得充分全面的赔偿，但所获得的赔偿仅限于其实际损失，或将保险标的恢复到原有的状态，被保险人不能因保险额外获利。因此，损失赔偿时通常有三个限额：一是以保险金额为限；二是在保险金额的限度内以实际损失为限；三是以可保权益为限。财产保险和人身保险中的医疗费用保险必须严格遵守保险的赔偿原则。对于不定值保险，保险公司在保险条款中明确规定，按财产发生的实际损失赔付，不得超过保险金额。对于定值保险，发生全损时，不论受损标的市价如何，均按双方约定的保额赔付。发生部分损失，按损失程度赔付。对不足额保险，按保险金额与保险标的物的保险价值之间的比例赔付。对于超额保险，超过部分无效。对因被保险人的故意行为导致保险标的损失的，保险人可免除赔付责任。对被保险人失职，保险人赔付后，应追究其个人责任。对被保险人破坏公共财物，性质严重的可移交司法机关给予刑事处分。

③法律风险。法律风险是指影响保险人收取与损失风险相称的保险费的法律或监管环境。如主管当局强制保险人使用一种过低的保险费承保;要求保险人提供责任范围广的保险;法院可能做出有利于被保险人的判决等。

(4)续保

续保是在原有的保险合同即将期满时,投保人在原有保险合同的基础上向保险人提出续保申请,保险人根据投保人的实际情况,对原合同条件稍加修改而继续签约承保的行为。续保是以特定合同和特定的被保险人为对象的。保险合同签发后,并不意味着保险双方的关系已经结束,保险人应该认真做好保险单的售后服务工作,与被保险人经常保持联系,使被保险人真正体会到保险人的关心,这既能提高保险单的续保率,又能保持保险业务的稳定增长。

对于投保人来说,通过及时续保,不仅可以得到连续不断的、可靠的保险保障和服务,而且作为公司的老顾客,也可以在体检、服务项目及保险费率等方面得到通融和优惠。对于保险人来说,续保不仅可以稳定公司的业务量,而且还能减少许多展业工作量与费用。因此,续保对保险双方均有利。保险人在续保时应注意以下几个问题:

①及时对保险标的进行再次审核,以避免保险期间中断。

②如果保险标的的危险程度有增加或减少时,应对保险费率做出相应调整。

③保险人应根据实际情况对承保条件进行适当调整。

④保险人应考虑通货膨胀因素的影响,随着生活费用指数的变化而调整保险金额。

8.5 保险理赔

被保险人在向保险人申请赔偿时,应当提供保险单、赔偿申请书、损失清单以及必要的单证和公安等有关部门的证明,保险人接到上述申请后,根据保险责任范围,迅速核定损失金额,并按“暂行办法”予以赔付。

8.5.1 保险理赔的含义与意义

1. 保险理赔的含义

保险理赔是指保险人在保险标的发生风险事故后,对被保险人提出的索赔请求进行处理的行为。被保险人发生的经济损失有的属于保险风险引起的，有的则属于非保险风险引起的，即使被保险人的损失是由于保险风险引起的，因多种因素和条件的制约，保险人也不可能给予全部偿付。因此，保险理赔涉及保险合同双方的权利与义务的实现，是保险经营中的一项重要内容。

2. 保险理赔的意义

投保人投保的主要目的就是为了在发生保险事故的时候得到保险保障，所以保险事故发生后，保险人应及时履行赔偿和给付保险金的责任。因此，保险理赔的意义在于：

(1)保险理赔是保险发挥其经济补偿职能最具体和最明显的表现

保险的主要职能，是通过其业务的开展建立庞大的保险基金，用以补偿被保险人因特定灾害或意外事故所致的经济损失。它的实际效果对于个人来讲，可以使其家庭经济生活获得安定；对于经济组织来讲，可使其经营活动获得经济保障；对于整个社会来讲，可以使国民经济不致因个别地区或部门遭受灾害损失而受影响。

(2)理赔工作是加强防灾、减少社会财富损失的重要依据

保险与防灾防损相结合，是社会主义保险的重要标志。保险不仅能在灾害发生之后发挥它的经济补偿职能，而且可以在灾害发生之前进行防灾防损的检查工作，从而减少社会财富的损失，使社会经济生活安定。在保险理赔工作中，通过对大量的灾害事故的实地查勘、案件调查、情况分析、资料积累等一系列活动，能从中吸取教训，发现被保险人在财产管理上的缺点，提出改进的建议，促使被保险人防止日后类似事故的发生。同时，保险理赔工作还能通过对大量同类企业、同类案件的归集分析，从中找出并掌握某地区或某行业同一险种发生灾害的规律，为日后防灾工作提供重点，并对一些影响面大、带有共性的灾害进行重点攻关。

(3)理赔工作是加强保险经营管理的重要内容

承保、防灾防损和理赔是整个保险业务经营管理的三个基本内容。理赔工作与承保业务工作和防灾防损工作有着极其密切的联系，共同对保险经营管理起着制约作用和直接的影响。通过理赔工作，可以对承保业务和防灾防损的好坏起到检验的作用；可以发现展业工作对条款的宣传解释是否详尽深入、承保手续是否齐全、保险费率是否合理、保险金额是否恰当、保险标的是否合法等方面的问题。平时不易发现和觉察的问题，在理赔工作中也可能被调查出来。当理赔时发现在保险经营管理上存在问题以后，反馈到各有关业务部门(展业、承保、防灾等)，可促进这些部门经营管理工作的改善。保险经营管理的改善，促使保险赔付率降低，最终又为调低保险费率创造了条件。

保险理赔工作主要靠理赔人员来做。保险理赔人员可以分为两种类型：一是保险公司的专职核赔人员；二是理赔代理人。前者直接根据被保险人的索赔要求处理保险公司的理赔事务；后者则接受保险公司的委托从事理赔工作。在国际保险市场上就有专门从事代为处理赔案和检验工作的代理人，他们在某些险种（如海洋货物运输保险、远洋船舶保险等）的理赔工作中对于提高理赔工作质量和节省查勘费用起到了一定的作用。

8.5.2 保险理赔的原则

保险理赔是一项政策性极强的工作，涉及面广，情况复杂，为了更好地贯彻保险经营方针，提高理赔工作质量，杜绝错赔、乱赔、滥赔的现象，保险理赔必须遵循以下原则：

1. 重合同、守信用

保险理赔是保险人对保险合同履行义务的具体体现。

在保险合同中明确规定了保险人与被保险人的权利和义务，保险合同双方当事人都应恪守合同约定，保证合同顺利实施。对于保险人来说，在处理各种赔案时，应严格按照保险合同的条款规定，受理赔案，确定损失；理算赔偿金额时应提供充足的证据，拒赔时更应如此。

2. 实事求是

被保险人提出的索赔案件形形色色，案发原因也错综复杂，因此，对于一些损失原因极为复杂的索赔，保险人除了按照条款规定处理赔案外，还必须实事求是、合情合理地处理。在评估事故损失时，既不夸大，也不缩小；在补偿事故损失时，既不惜赔，也不滥赔。此外，实事求是的原则还体现在保险人的通融赔付方面。所谓通融赔付，是指按照保险合同条款的规定本不应由保险人赔付的经济损失，由于一些其他原因的影响，保险人给予全部或部分补偿或给付。当然，通融赔付不是无原则地随意赔付，而是对保险损失补偿原则的灵活运用。具体来说，保险人在通融赔付时应掌握的原则有：第一，有利于保险业务的稳定与发展；第二，有利于维护保险公司的信誉和在市场竞争中的地位；第三，有利于社会的安定团结。

3. 主动、迅速、准确、合理

主动、迅速是指保险公司在处理赔案时积极主动、不拖延，应及时深入现场进行查勘，及时审理损失金额，对属于保险责任范围内的灾害损失要迅速估算损失金额，及时赔付。准确、合理就是指保险人应找出致损的正确原因，合理估计损失，科学确定赔付与否及赔付额度。任何拖延赔案处理的行为都会影响保险公司在被保险人心目中的形象，给被保险人带来精神损伤，从而影响、抑制其今后的投保行为，甚至造成不良的社会影响和后果。因此，保险人在理赔时应主动了解受灾损失情况，及时赶赴现场查勘，分清责任，准确定损，迅速而合情合理地赔偿损失。

为了保护被保险人的利益，贯彻主动、迅速、准确、合理的原则，《保险法》第二十四条明确规定："保险人收到被保险人或者受益人的赔偿或者给付保险金的请求后，应当及时作出核定，并将核定结果通知被保险人或者受益人；对属于保险责任的，在与被保险人或者受益人达成有关赔偿或者给付保险金额的协议后十日内，履行赔偿或者给付保险金义务。"《保险法》第二十六条还规定："保险人自收到赔偿或者给付保险金的请求和有关证明、资料之日起六十日内，对其赔偿或者给付保险金的数额不能确定的，应当根据已有证明和资料可以确定的最低数额先予支付；保险人最终确定赔偿或者给付保险金的数额后，应当支付相应的差额。"

8.5.3　保险理赔的时效

1. 保险理赔时效的含义

时效，在《民法》上是指一定的事实状态经过一定的时间导致一定民事法律后果的制度。根据时效的前提条件和发生的后果，可将它分为两种：取得时效和消灭时效。因占有财产经过一定的时间发生取得财产权的法律后果的，称为取得时效；因不行使权利的事实状态经过一定时间发生权利消灭或权利不受法律保护的法律后果的，称为消灭时效。在我国，消灭时效就是诉讼时效。《保险法》规定的时效专指请求权的消灭时效，即诉讼时效，是指超过法律规定的行使请求权的期限时，请求权即因逾越时效而消灭。很多国家均有关于保险理赔时效的规定，《保险法》也明确规定了保险理赔时效。

诉讼时效是指权利人于法定期间内不行使请求法院保护其民事权利的请求权即丧失该请求权的法律制度。保险合同当事人的权利受法律保护，但是人民法院保护当事人的权利是有一定时间限制的，这一期限也就是诉讼时效期限。权利人必须在诉讼时效期内行使请求权，才受法律保护，如超过诉讼时效期间，权利人也就失去了该权利。

2. 保险理赔时效的期间

在我国《保险法》公布以前，保险理赔的时效通常规定在各个险种的保险条款中，有的规定为一年，有的规定为两年。针对这种情况，《保险法》对保险理赔时效做了统一规定。《保险法》第二十七条规定:“人寿保险以外的其他保险的被保险人或者受益人,对保险人请求赔偿或者给付保险金的权利,自其知道保险事故发生之日起二年不行使而消灭。”

8.5.4 保险理赔的程序

保险理赔的程序包括接受损失通知书、审核保险责任、进行损失调查、赔偿给付保险金、损余处理及代位追偿等步骤。

1. 接受损失通知书

保险事故发生后,被保险人或受益人应将事故发生的时间、地点、原因及其他有关情况以最快的方式通知保险人,并提出索赔请求。发出损失通知书是被保险人必须履行的义务。发出损失通知书通常有时限要求,根据险种不同,被保险人在保险财产遭受保险责任范围内的盗窃损失后,应当在24小时内通知保险人,否则保险人有权不予赔偿。此外,有的险种没有明确的时限规定,只要求被保险人在其可能做到的情况下尽快将事故损失通知保险人,如果被保险人在法律规定或合同约定的索赔时效内未通知保险人,可视为放弃索赔权利。

被保险人发出损失通知的方式可以是口头的,也可用函电等其他形式,但随后应及时补发正式书面通知,并提供各种必需的索赔单证,如保险单、账册、发票、出险证明书、损失鉴定书、损失清单、检验报告等。如果损失涉及第三者责任时,被保险人还需出具权益转让书给保险人,由保险人代为行使向第三者责任方追偿的权利。

接受损失通知书意味着保险人受理案件,保险人应立即将保险单与索赔内容详细核对,安排现场查勘等事项,然后将受理案件登记编号,正式立案。

2. 审核保险责任

保险人收到损失通知书后,应立即审核该索赔案件责任是否属于保险人,审核的内容包括以下几方面:

(1)保险单是否仍有效力

例如,我国财产保险基本险条款规定,被保险人应当履行如实告知义务,否则,保险人有权拒绝赔偿,或从解约通知书送达七日后终止保险合同。又如,人身保险合同中,投保人在规定的时期(包括宽限期)内未缴纳保险费,保险合同的效力将中止,除非投保人在两年内补缴保险费及其利息,否则,保险合同将永久失去效力。因此,保险人在处理赔偿问题时不可忽视这些条款的规定。

(2)损失是否由所承保的风险引起的

被保险人提出的损失索赔不一定都是保险风险所引起的。因此,保险人在收到损失通知书后,应查明损失是不是保险风险所引起的。如果是,保险人才承担赔偿责任。

(3)损失的财产是否为保险财产

保险合同所承保的财产并非被保险人的一切财产,即使是综合险种,也会有某些财产为不予承保之列。例如,我国财产保险综合险条款规定,土地、矿藏、水产资源、货币、有价证券等就不属于保险标的范围;金银、珠宝、堤堰、铁路等要通过特别约定,并在保险单上载明,否则也不属于保险标的范围。可见,保险人对于被保险人的索赔财产应依据保险单仔细审核。

(4)损失是否发生在保单所载明的地点

保险人承保的损失通常有地点的限制。例如,我国的家庭财产保险条款规定,保险人只对在保险单载明地点以内的保险财产所遭受的损失负责赔偿。

(5)损失是否发生在保险单的有效期内

保险单上均载明了保险有效的起讫时间,损失必须在保险有效期内发生,保险人才能予以赔偿。例如,我国海洋货物保险的保险期限通常是以仓至仓条款来限制的,即保险人承担责任的起讫时间,是从保险单载明的起运地发货人的仓库运输时开始,直到保险单载明的目的地收货人仓库为止,并以货物卸离海轮后 60 天为最后期限。

(6)请求赔偿的人是否有权提出索赔

请求赔偿的人一般都应是保险单载明的被保险人,保险人在赔偿时要查明被保险人或受益人的身份,以决定其有无领取保险金的资格。在财产保险合同下,要查明被保险人在损失发生时是否对于保险标的具有可保权益。对保险标的无可保权益的人,其索赔无效。

(7)索赔是否有欺诈行为

保险索赔的欺诈行为往往较难察觉,保险人在理赔时应注意的问题有:索赔单证的真实与否、投保人是否有重复保险的行为、受益人是否故意谋害被保险人、投保时间是否先于保险事故发生的日期等。

3. 进行损失调查

保险人审核保险责任后,应派人到出险现场进行实际勘查,了解事故情况,以便分析损失原因,确定损失程度。

(1)分析损失原因

在保险事故中,造成损失的原因通常是错综复杂的。例如,房屋发生损失的原因有外部原因和自身原因，如设计、建筑材料质量、施工等原因造成的损坏以及由于外部冲击、地质灾害等的影响。只有对损失的原因进行具体分析，才能确定其是否属于保险人承保的责任范围。可见，分析损失原因的目的在于保障被保险人的利益，明确保险人的赔偿范围。

(2)确定损失程度

保险人要根据被保险人提出的损失清单逐项加以查证，如对于货物短少的情况，要根据原始单据的到货数量确定短少的数额；对于不能确定货物损失数量的，或受损货物仍有部分完好或经加工后仍有价值的，要估算出一个合理的贬值率来确定损失程度。

(3)认定被保险人的求偿权利

保险合同中规定的被保险人的义务是保险人承担赔偿责任的前提条件。如果被保险人违背了这些事项，保险人可以此为由不予赔偿。例如，当保险标的的危险增加时，被保险人是否履行了通知义务；保险事故发生后，被保险人是否采取了必要、合理的抢救措施，以防止损害扩大等。

4. 赔偿给付保险金

保险事故发生后，经调查属实并估算赔偿金额后，保险人应立即履行赔偿给付的责任。对于财产保险合同，保险人则应根据保险单类别、损害程度、标的价值、可保权益、保险金额、赔偿原则等理算赔偿金额后方可赔付。

保险人对被保险人请求赔偿或给付保险金的要求应按照保险合同的规定办理，如保险合同没有约定时，就应按照有关法律的规定办理。赔偿的方式通常以货币形式为多。在财产保险中，保险人也可与被保险人约定其他方式，如恢复原状、修理、重置等。

5. 损余处理

一般来说，在财产保险中，受损的财产会有一定的残值。如果保险人按全部损失赔偿，其残值应归保险人所有，或是从赔偿金额中扣除残值部分；如果按部分损失赔偿，保险人可将损余财产折价给被保险人以充抵赔偿金额。

6. 代位追偿

如果保险事故是由第三者的过失或非法行为引起的，第三者对被保险人的损失必须负赔偿责任。保险人可按保险合同的约定或法律的规定先行赔付被保险人；然后，被保险人应当将追偿权转让给保险人，并协助保险人向第三者责任方追偿。如果被保险人已从第三者责任方那里获得了赔偿，保险人可承担不足部分的赔偿责任。

8.6　我国房地产保险的现状与不足

房屋在生产、交换、消费的过程中，时时刻刻受到各种风险的威胁，风险事故的发生有可能造成房屋的损坏或灭失或可能产生某种责任，给人们带来经济上的损失、经营上的困难或使日常生活受到影响，而保险则能消除或削弱这些可能的不利影响。比如：房地产保险可以保证居民在房屋遭受自然灾害或意外事故而发生损失时，获得一定的经济补偿，从而保证人们日常生活的稳定。房地产保险也可化解房地产经营者的经营风险，推动房地产的生产、交易活动。而更为重要的是，房地产保险可增强被保险人的信用程度，有了房地产保险做后盾，银行在个人购房贷款的额度、期限、品种上将不再过于谨小慎微。房地产保险不但可以给保险业本身以更大的发展空间，而且将为银行业、房地产业的发展铺路搭桥，对整个国民经济的发展起到巨大的推动作用。

然而，目前我国的房地产保险却处于一种供求“双冷”的尴尬境地，一方面，房地产保险品种单一，几乎仅限于抵押住房保险，这是购房者按照贷款银行的要求向保险公司投保的一种保险，抵押的住房在火灾等自然或意外事故中所遭受的保险责任内的损失由保险公司赔付，这实际上是购房者花钱保障银行的利益；另一方面，公众对这种单一品种的房地产保险反应冷淡，不少消费者认为住房作为一种不动产不可能丢失，所以其风险很小，且银行是受益者，要投保也该由银行来支付保险费，个人没有投保的必要。这种由险种单一而引起对房地产保险的片面认识严重制约了对房地产保险的需求。

1. 发达国家和地区房地产保险的成功经验

(1)房地产保险险种众多、齐全

如美国房地产保险包括房屋保险、产权保险、抵押贷款保险、委托保险、从业人员人身保险、交易保险等十几种险种，而且在险种的开发和应用上体现了普通公众意识，即在险种的选择、设计上迎合了广大投保人的利益需要。因而房地产保险对投保人有很强的吸引力，普通公众对房地产保险反应亦十分强烈，房地产保险现已成为美国人生活中不可或缺的一部分。

(2)建立了十分完善的住宅抵押贷款保险体系

以美国为例，首先，政府凭借实力雄厚的国家信用，积极牵头，实行双管齐下的保险策略，一方面，联邦住宅管理局(FHA)和退伍军人管理局(VA)积极为广大借款人提供担保，有力地增强金融机构的贷款信心；另一方面，联邦储蓄保险公司(专门从事住宅金融保险业务的公司)同时为金融机构提供存款保险,保证居民储蓄的安全,有力地吸引了资金向住宅抵押市场流动,保证了资金的来源。其次,私人住宅抵押保险公司在政府政策和法律保证下蓬勃发展,现已成为美国住宅抵押贷款保险体系中的重要成员。

(3)推出新的金融工具

荷兰实行住房贷款利息和人寿保险收入免征税政策。一般住房抵押贷款是借款人从银行获得贷款的同时将住房抵押给银行,然后每月还银行一笔固定的金额,若干年后房子就是自己的了。在荷兰,80%以上的住房抵押贷款是采取住房抵押贷款与人寿保险相结合的办法,借款人将贷款利息按期还给银行,不偿还贷款本金,但要购买一份与抵押贷款期限相同、本金数额相等的人寿保险,借款人按月付给银行贷款利息,同时将本金交给保险公司,由保险公司不断地增值运用,由于保险公司按复利计息,同时又有增值手段,最后这笔钱支付本金后还可有一笔盈余(盈余的多少视贷款利率、期限和保险公司的经营业绩而定),该盈余钱既可充当意外保险费,也可返还借款人。贷款到期后,借款人所购买的人寿保险正好到期,由保险公司一次将本金还给银行。这样借款人在还本付息总量不变的情况下,还可有一笔收入,若出现符合保险条件的原因不能还款时,可由保险公司代借款人偿还贷款。对于保险公司来说,大大扩展了业务空间;对贷款银行来说,放款目的是为了赚取利息,因此更为关心的是定期收回利息,到一定时间再收回本金是完全可以接受的。这种将“住房抵押贷款与人寿保险相结合”的思路是利用保险长期资金的增值优势,将抵押贷款的还款分解操作。

2. 发展我国房地产保险业务的对策

发达国家和地区的成功经验给了我们很大启发,在当前保险业参与住房制度改革的起步阶段,我们可以借鉴国外房地产保险的成功经验,并结合我国的实际,积极拓展与住房相关的保险业务,构造和完善我国的房地产保险体系。

目前,我国房地产保险险种单一,仅仅限于购房抵押贷款保险,而且在险种的开发和应用上缺乏普通公众意识,因而公众对房地产保险反应也普遍冷淡,这一状况远不能适应住房制度改革的需要。因为随着住房分配货币化制度的全面实施,势必带来房屋产权、房屋抵押、房屋委托等合同纠纷,这就要求我们尽快做好诸如房屋产权保险、抵押保险、委托保险等相关险种的设计报批和上市工作。在险种设计时必须注意风险控制的问题,同时也应该认识到,在不同的社会背景下,同一险种的限制条件各不相同,因此不能完全照搬他国的险种设计条款,而应结合我国的实际情况，具体问题具体分析。

国家应带头建立住宅抵押贷款保险的专门机构(类似于美国的 FHA 或 VA)，负责对指定的金融机构发放的住宅抵押贷款提供保险。住宅抵押市场的高风险性使得许多金融机构裹足不前，不敢轻易进入这一市场，因此政府应尽快成立专门的住宅抵押保险机构，对于指定机构贷款的安全性给予担保。在我国，国家信用在广大居民心目中已树立了良好的形象，以其作为经济后盾，当贷款人不能按期归还贷款时，该机构可支付给放款机构未偿债务等额的信用债券，债券本息到期可由政府负担。

在开发新的金融工具方面，主要有：

(1)住房抵押贷款保证保险。即在购买住房保险时，投保人一次性将一笔低于贷款额的保证金交由保险公司，保险公司向贷款银行做偿还贷款的保证，借款人获得贷款。保险公司将这笔钱不断投资使用，所产生的收益为保险收入，当贷款全部还清时，这笔保证金再全额退还投保人。当借款人死亡或完全丧失工作能力时，由保险公司为其偿还全部剩余贷款，并将这笔保证金收归保险公司，使借款人或其家属能保留住房；当借款人暂时失业无法还款时，保险公司在一定时期内负担其每个月应还的款项，但在贷款全部还完后，在退还保证金时，保险公司要根据实际情况适当从其保证金中按比例扣除一部分金额。这种保险工具既满足了银行降低风险、提高资产质量的要求，又免除了借款人因经济拮据丧失住房的危险。

(2)住房贷款寿险。本险种是保险公司向借款人提供的保额递减式的人寿保险。在保险单有效期内，若出现被保险人死亡或丧失劳动能力的情况，则由保险公司代替偿还所欠的贷款余额。这种保险的保额每年递减，以与借款人的贷款本金余额相称。目前美国友邦保险公司上海分公司已推出这种保险险种，并取得不错的效果。

在国内保险市场上，人寿保险、太平洋保险、平安保险等几家大保险公司虽具有相当的实力，但它们涉足房地产保险市场尚属起步阶段，经验不足。各种有关房地产保险的规章、规则、操作程序以及赔偿程序尚不规范。而住房制度改革后，房地产保险市场的潜力是巨大的，所以这几家大保险公司应抓住有利时机，联合组建一些规范的专业房地产保险公司，发挥作用，加快房地产保险行业准则、投保程序、技术规范、赔偿制度的制定和完善，发展我国房地产保险业。

思考题

1.保险的性质和职能是什么?

2.保险经营与一般工商企业的经营有何不同?

3.保险经营中应遵循哪些原则?

4.为什么保险人要进行核保?

5.保险公司应从哪些方面进行承保控制?

参考文献

[1] 易纲.中国的货币化进程.北京:商务印书馆,2003

[2] 曹振良,等.房地产经济学通论.北京:北京大学出版社,2003

[3] 曹建元.房地产金融.上海:上海财经大学出版社,2003

[4] 陆军.开放条件下的中国金融发展学术研讨会综述.国际金融研究,2002

[5] 杨代平.世贸框架下的中国金融法制问题研究.华南金融研究,2003(1)

[6] 朱雨可,李蕴.美国房地产金融机制的启示.中国房地产金融,2003(2)

[7] 曹振良.中国房地产业发展与管理问题研究.北京:北京大学出版社,2002

[8] 张红,殷红.房地产金融学.北京:清华大学出版社,2007

[9] 龙胜平,方奕,徐刚.房地产金融与投资.上海:上海人民出版社,2005

[10] 张健.房地产投资基金实务.上海:上海财经大学出版社,2006

[11] 邓宏乾.房地产金融.上海:复旦大学出版社,2006

[12] 中国人民银行课题组.房地产业的发展与金融的支持.金融时报,2004-3-15(3)

[13] 刘正山.房地产投资分析.大连:东北财经大学出版社,2004

[14] 彭俊,刘卫东.房地产投资分析.上海:同济大学出版社,2004

[15] 马经.金融监管新课题.外生性金融风险.中国金融,2003,(4):2-6

[16] 章辉赞,张红,殷红.现代商业银行风险管理体系与模式研究.中国房地产金融,2005(10)

[17] 刘维新.中国城镇发展与土地利用.北京:商务印书馆,2003

[18] 张永岳.国际房地产概述.上海:上海人民出版社,2003

[19] 张红,陈洁.房地产市场与资本市场结合的房地产投资信托.中国房地产金融,2002(3)

[20] Sirota D. Essentials of Real Estate Finance. 10th edition. Real Estate Education Company, 2000

[21] Streeten P. Inter-dependence and Globalization. Finance&Development, 1998(6)

[22] Bustelo P. Novelties of financial crises in the 1990s and search for new indicators. Emerging Markets Review，2000(1)

[23] Kaminsky G，Reinhart C. On crises，contagion，and confusion. Journal of International Economics，2000(51)

[24] Corsetti G，Pesenti P，Roubini N，Tille C. Competitive devaluation：toward a welfare-based approach. Journal of International Economics，2000(51)

[25] Welch J. Australia's Top Property Trusts. John Wiley&Sons，QLD，Australia，2005

[26] Sim A，Prospects for a Maturing Reit Market. Property Review，Investor，Singapore Edition，2005